從作家到藝術家，從思想家到政治家。三十五位選擇自殺的中外名人，三十五段璀璨卻戛然寂滅的人生……。

選擇自殺。

中外名人的人生苦旅

李冬山 編著

導　讀
如何論述他人的自殺？

　　如何對還活著的人，論述他人的自殺？

　　翻著大陸作者李多山《選擇自殺》，我忽然想到這個問題。當然，李多山先生也許並沒有考慮這問題。對他來說，這是自己解惑的過程（「我發現中外名人中有一些是在功成名就、事業如日中天時忽然辭世的，這使我感到了某些困惑。」），也是檔案工作一般的資料蒐集（「從1992年夏天開始，我把大部分業餘時間花在這些資料的蒐集、整理和未來的寫作上。有時爲了訂正某位名人的生辰年月或是從某個事件的不同說法中理出合理性的觀點，往往要耗費數天乃至數星期的時間。」）至於其他的，一般自殺學所關心的，作者並沒有放在心上考慮。

　　自殺學（suicidology）所關心的，當然是以總體人口爲對象，延伸到某些特殊社群（性別、年齡、階級、族群、年代、地點等等）。它關心的是整體的現象，涉及可能的原因、預防和影響。然而，針對個別案例的，類似病人誌（pathography）的討論，個人自殺故事的討論往往只是一小部分。也許像梅寧哲這位精神科醫師的《生之掙扎》（志文，1977再版），希望從精神動力學瞭解人的自殺行爲，書中一部分處理到某些個案的病人誌；也許像承續艾瑞克遜（E. Erickson）心理史（psychohistory）的理念，只針對一個人一生的歷史、一生的心理活動，至於自殺，雖然是這鋪陳的關鍵性場景，卻也只是場景之一。

　　李多山先生並不理會這些，或許他也從不涉

獵這些。他在書中，以解惑為出發點，以蒐集資料為手段，自然發展出一套「瞭解真相」的思考模式。於是，在他的筆下，所有人的自殺都是有道理可循的。可能是為情所傷，可能貧病交迫，可能理想幻滅，可能政權迫害，也可能只是一種抗議或復仇。

只是，自殺可以這般單純嗎？

李先生是勤於資料蒐集的。他蒐集的資料可能是當時的報章雜誌，可能是傳記書籍，總之，都是可以浮上檯面的說法。然而，面對自殺，活著的人是充滿矛盾情緒的，自責、他責、罪疚、憤怒、找代罪羔羊等等（有興趣者不妨參考《難以承受的告別》，心靈工坊，2002），根據他們說法所完成的資料往往只是將表面可以說的理由加以浮現出來。至於那些深層的，不可以說的或無意識層面的呢？如果讀者要找尋這樣的思考，在李先生的文章裡，恐怕是失望的。

不過，這也可能是《選擇自殺》的好處。也許他知道深層探索的複雜度，將自己的作品僅僅局限為自殺死亡登錄，反而避免了西方或台灣作者可能太容易的分析。西方或台灣的討論，最糟糕的毛病就是將自殺視為簡單的精神疾病診斷，或是套用一些庸俗而簡化的精神分析術語，將所有人的個別性全抹滅了。這樣的不足，單純的登錄，反而成為李先生作品的一項特色。

李先生在資料選擇上，似乎也知道資料可信度有待保留。因此，他反而完整的留下最不容質疑的當事人遺書。譬如阮玲玉寫給不同人的遺書，不像台灣往往只用其中一兩句。這些冗長的文字，李先生全都留下來了。這是不容易的選

擇。遺書內容也許瑣碎，卻是最眞實的瞭解之
道。

　　只是，解釋了一個人的自殺，卻不解釋另一
個人的不自殺。譬如，爲何褚威格自殺而赫曼赫
塞爲何繼續在瑞士提契諾活下來。這樣的不足，
或者，這樣的不說，往往讓自殺這一行爲又不自
覺地浪漫化了。有些時候，眞的，活下來比選擇
死亡還需要更多的理想力量，更多的浪漫。

　　對於繼續活著的人，也許思考某些人爲何可
以不自殺但又繼續堅持，反而更有意義。

　　　　　　　　　　——　王浩威（作家，精神科醫師）

目次

不要忌諱死，坦然面對生

開卷有益。讀罷多山的《選擇自殺》，除多了幾分沉重外，更重要的是啓發了我的思考，或者說，這思考就是我對《選擇自殺》這一文本的一種解讀。

生死相對待，無生亦無死，倒過來說，無死亦無生。正如始終相對待，無始無終，無終無始。因此，人們常說不可有始無終，而應善始善終。對於生死也是這樣。儘管人們忌諱死、畏懼死，甚至還有「好死不如賴活」的說法，但「人生自古誰無死」？既然生著走來，也就必然死著回去。因此，正確的態度是不要忌諱死，而要坦然面對，就像坦然面對生一樣。從這個意義上說，樹立正確的「人死觀」和樹立正確的「人生觀」同樣重要。這樣才會把生和死都當成「喜事」對待，只是感情色彩有所不同罷了。民間謂之紅白喜事，只因都是辯證法的勝利。也只有這樣，才會愛生而不諱死，貪生而不怕死，生命既有一個良好的開端，也有一個良好的結局，所謂好來好去，善始善終。

《選擇自殺》所描述、探討的死，只是死的一種形式CD自殺，也只是自殺這種死亡中的一個群體、一個階層CD名人菁英之自殺。何謂自殺？《自殺論》作者涂爾幹（Emile Durkheim）的定義是：「人們把任何由死者自己完成並知道會產生這種結果的某種積極或消極的行動，直接或間接地引起的死亡叫做自殺。」長期以來，中國文化就有一種貴生忌死的傳統，對自殺更是持否定態

度。後來有人把這種否定提升到政治高度，這就更使人忌言自殺。親人、友人中如有人死於自殺，會被視為極不光彩而極欲隱瞞之。其實，這是認識自殺的一個誤區。古今中外，死於自殺者既不乏名人，也不乏高人。屈原沉江，天華蹈海，可謂死於大義，死得悲壯；就是老舍、上官雲珠等文化、藝術菁英含冤含憤而自殺，也是源於對「文化大革命」的憤懣與反抗，可謂死於「士可殺不可辱」的節氣。當然，自殺者中也確有因犯下錯誤、甚至罪過而深為罪惡感、負疾感困撓，最終自殺以謝之天下者。即便於此，也應該理解其內心的省悟，也應該欽佩其以死謝罪的勇敢和決心。當然，對那些惡貫滿盈、犯下累累罪行而十惡不赦，最終以自殺逃避懲罰者則另當別論。

戈德溫（William Godwin）說，「結束自己生命的力量是我們許多天賦能力之一」。孟德斯鳩更是質問：「我受到痛苦、貧困、蔑視等沉重壓迫的時候，為什麼別人不讓我結束我的苦難，而殘忍地剝奪了我手中的救藥？……上天給我生命，這是一種恩惠；但當生命已不成其為恩惠時，我可以將其退還，因既不存，果亦當廢。」引用這樣的話並不說明要歌頌、讚揚自殺，而旨在表明人類認識自殺還有這樣的視角，這樣的思維，這樣的觀點。更何況自殺者走向自殺的途徑千差萬別：有人死於義，有人死於仁，有人死於節；人有死於榮，有人死於辱，人有死於困；有人死於己，有人死於人，有人死於物；有人死於身，有人死於心，有人死於情……這裡的義、仁、節、榮、辱、困、己、人、物、身、心、

情，也只能是一個大致的說法、可能的推測。總之，對自殺這種伴隨人類而產生、頻率隨著人類文明的發展而增高的社會現象，不可輕言譴責，簡作褒貶。

人為什麼會自殺？眾多的研究表明，社會客觀的原因不可忽視，主觀的心理的原因同樣重要。中世紀著名醫生伊本・辛納（Hunain Ibn Ishak）曾經做過一個實驗，他把兩隻公羊繫在同一個地方，給予同樣的食物，但讓其中一隻公羊經常可以看到惡狼就在身邊窺視，從而使得這隻羊終日提心吊膽、驚恐萬狀，神經一直處於高度緊張狀態。這樣過了不多久，這隻羊就死了，而另一隻沒有見到惡狼的羊卻活得很好。動物之死與人之死當然不是一回事，而此該羊的死也與自殺有別，但這個實驗對於探討生死與環境的關係卻是十分有意義的。顯然，正是因為有狼的存在、窺視，才引起了羊的神經高度緊張；而正是羊的神經高度緊張，才直接導致了羊的迅速死亡。身邊有狼窺視，這是羊直接面對的生存環境，一種恐懼惡劣的生存環境；正是生存環境的可怕、惡劣，導致了羊的生存狀態的恐怖、惡劣，引起了羊的神經高度緊張，最終導致了羊的死亡。這惡劣的客觀環境和主觀的精神緊張，都是羊致死的原因，而且是客觀原因與主觀原因綜合作用的結果，片面強調某一個方面都是不恰當的。但對於不同的個體而言，主客觀原因的重要程度、所起作用大小卻是不一樣的；甚至可以說，更多的時候，主觀心理的原因更為重要、直接。因為面對同樣的客觀環境，並不是所有的人都會選擇自殺來結束生命、脫離苦海。這裡，個

體的心理差異就直接導致了選擇的不同。總之，面對生與死如此重大抉擇，之所以有人棄生就死，肯定是有原因的；原因肯定也是複雜的，成因的過程也是漫長的，對此不可簡單抽象推斷。

以世界之大、物事之繁，你我能成為人而來到世間，實是大幸。何況人生有限，即使活滿百歲，也不過構成自然社會無限中一個緲小而短暫的瞬間；並且只此一回，沒有來世。因此，珍愛生命是生命的本質、生命的本能，也是延續人類無限的責任。儘管「結束自己生命的力量是我們許多天賦能力之一」，但從生命的本義上說，任何人都沒有濫用這種能力的權利。儘管每一個自殺的人都有自殺的充分理由，都有他認為只有以死才能擺脫的煩惱，但看看自殺者留給親人、他人、後人的無限悲傷、不可療治的苦痛、無法彌補的損失，個人的一走了之、一死解脫便顯現出某種忽視他人生命的漫不經心，並有帶給他人生命不可解脫和無以了之的傷痛。

珍愛生命就要為生命創造一個良好、寬敞的生存環境。大而言之，社會的富強安寧、文明進步，是生命生存的良好大環境；這既有賴於社會每個成員的努力，但更依賴社會制度完善和執政當局的英明。家庭、單位、親人、同事、朋友更是生命時刻面對的直接環境。多一點溝通、多一點理解，多一點寬容、多一點關愛，多一點與人為善、多一點和諧溫馨，卻是我們每個人都能做到的，也是我們每一個人企盼需要的。我們都有責任去創造適宜生命生長的直接環境、現實氣候。

珍愛生命更要為自己創造一個良好心態。實

踐證明了自閉、過敏、多疑、抑鬱、變態是導致自殺不可忽視的心理因素。開放者開朗，寬容者寬廣，仁者愛人，仁者壽。注重培養良好的心態，及時調整異常的心態，像關心身體健康那樣關心心理健康，人就有了坦然面對外部世界驚濤駭浪的氣魄，就有了吸收消化人生旅途坎坷苦難的定力，真正臨危不懼，處變不驚，從容化解。

東坡先生云：「人之難知也，江海不足以喻其深，山谷不足以配其險，浮雲不足以比其變。」儘管隨著人類實踐的不斷發展，人對人自身以外的世界之認識在不斷深化，人對自身的認識也在不斷深化，但這終將是一個無限的過程，不會有終極，不會有最後的謎底。因為人類一旦窮盡了對自身的認識，也許就窮盡了人類自身。從這個意義上說，多山的《選擇自殺》只是人對自身認識無限深化過程中的有限探討，但多山能靜下心來研讀大量的書籍，蒐集大量的素材，思考如此深刻的問題，寫下這幾十萬言的文字，不能不使人欽佩。多山家中藏書逾萬，買書、讀書、寫書是其最大樂事。「有益身心書常讀，無益家國事莫為」。多山懷勤奮心，行勤奮事，衷心祝願勤者達，勤者康。

——劉耀傑（長沙晚報社社長暨總編輯）
2002年10月於嶽麓山下

選擇自殺。

──中外名人的人生苦旅

「苦難永遠沒有結束的時候。」

——梵谷

梵　谷

Vincent van Gogh

（1　8　5　3　-　1　8　9　0　）

荷蘭著名現代印象派繪畫大師。
生於荷蘭布拉邦特州的一個牧師家
庭。早年當過店員、教師、礦區傳教
士。二十七歲時開始自學繪畫，先後
畫了上千幅作品，最負盛名的代表作
有《向日葵》、《食薯者》、《鳶尾花》
等。荷蘭阿姆斯特丹建有梵谷美術
館，內藏其精品一百三十餘幅。

1890年7月26日下午，在離法國首都巴黎不遠的一個叫奧維鎮（Auvers）的山坡上，一生窮困潦倒、時年僅三十七歲的荷蘭青年畫家梵谷一邊自語著：「這不可能！這不可能！」一邊從口袋中掏出手槍，茫然地朝自己的胸口開了一槍，隨即沉重地倒在地上……四小時後，他跟跟蹌蹌、滿身是血地回到他的租屋。房東太太發現後，急忙請來醫師爲之救治。然而，儘管採取了急救措施，並且從巴黎喚來了梵谷最親愛的弟弟西奧（Theo van Gogh）親自護理，但因爲失血過多，這位畢生獻身於藝術的人終於在29日深夜帶著無限的遺憾悄然辭世。

梵谷的死，當時並沒有引起轟動，因爲他當時只被人視爲一個精神不太正常的三流畫家。在某些人眼裡，這種畫家，無論是在荷蘭或法國，乃至全世界，實在太多了。

然而，眞金是不會因時光流逝而褪色的。幾十年後，梵谷身爲傑出的後印象派畫家代表的事實漸爲人所接受，其藝術才能愈來愈得到世人的肯定，與他生前只賣出一張畫而且價錢低得可憐形成了強烈對比，作品售價亦隨其聲名大振而日益看漲。他自殺前一年畫的那幅當時乏人問津的油畫《鳶尾花》，在他死後不到一百年裡，售價竟高達五萬四千美元；他的油畫《向日葵》，更是成了價值連城的油畫名作。荷蘭阿姆斯特丹的梵谷美術館（Van Gogh Museum），因收藏了他的畫作精品一百三十多幅，成了觀者如雲的藝術聖殿。

▼《向日葵》。

梵谷的生前身後事實在太具戲劇性。他的自殺，則是提前上演的一齣悲劇。究竟，是什麼原因造成了這位畫壇天才早逝的悲劇？

首先，是他的繪畫藝術不被賞識，因此產生強烈的「大道青如天，我獨不得出」憤世之感。

1853年3月30日，梵谷誕生在荷蘭布拉邦特州（Brabant）北部的贊德特村（Zundert），父親是個牧師。1869年，梵谷輟學，並經由身為美術商的伯父引介，成為古比爾藝術公司（Goupil Art Gallery）海牙分公司的店員，從此開始接觸各種藝術作品。但不久後，他受不了一些對藝術一竅不通的有錢人的叱責與頤指氣使，對當店員失去了興趣。後來，他萌生了當牧師的念頭，輾轉前赴海牙、巴黎、倫敦、布魯塞爾等地述職，結果仍是一事無成。這段期間，做為一種樂趣，他畫了許多人物速寫與礦區街頭小景，並專程到布魯塞爾學習解剖學和透視學，日漸沉迷於他自己創造的這方天地，習畫的熱情與日俱增。

1880年，二十七歲的梵谷終於下定決心要終生做一個畫家。首先，他來到海牙，師從表兄畫家莫夫（Anton Mauve），在他的畫室學畫並從事創作，但因為他的性情乖僻固執，不大聽從老師的指導，因此常發生一些不愉快。有一天，莫夫要他素描阿波羅石膏像，他在畫稿上表現不出自我滿足的那種美，憤而一把抓住石膏像，把它摔成碎片。莫夫忍無可忍，只好請他離開。但梵谷的悟性極高，使他在不停的習作與向前輩畫家——如米開朗基羅、米勒、魯本斯、哈爾斯（Frans Hals）、策爾米特等人——技法的借鏡中獲益匪淺，從而無師自通。他後期受到了印象派的影響，領悟了色彩的運用，因此令作品有更長足的進步。他的水彩風景畫色彩鮮豔，富有生氣；人物素描線條流暢，頗具動感；油畫則層次分

明，亮度極佳，十分有表現力和感染力。「他的
作品不是一件件的，而是一箱箱地創作出來。」
終於創作出今天世人眼中具有巨大藝術價值和收
藏價值的作品，如《悲痛》（Sorrow）、《食薯者》
（The Potato Eaters）、《阿爾勒的郎格洛斯橋》
（The Langlois Bridge at Arles）、《向日葵》（Vase
with Fourteen Sunflowers）、《鳶尾花》（Still Life
with Irises）等。

　　然而，梵谷只是一個畫家，不是生意人。儘
管他的家庭與藝術商業界有直接的往來——弟弟
西奧就是巴黎重要的畫商，但梵谷由於孤傲、太
沉迷於對繪畫藝術的追求與自我欣賞，對藝術商
業界卻很冷淡。當然，藝術商業界也漠視他；他
的畫在表現技法上另闢蹊徑，不合當時的風尚，
因此一開始那幾年，他的畫連一張也未能售出。
梵谷對此一直感到不滿又憂鬱，尤其當他處於經
濟拮据、連買油彩的錢也沒有的困境時，更是深
刻感受到那種被誤解、拒絕與排斥的傷痛，因為
那個社會不能公正評價他的畫作而憤慨。到了
1888年，這種痛苦的憂鬱心情每下愈況，並引發
了不時發作的癲癇症，身心方面的痛苦一齊向他
襲來。

　　1889年初，一位年輕的藝論家奧里葉（Albert
Aurier）在巴黎的《法蘭西信使》（Mercure de
France）文化雜誌上發表了《論梵谷》，文中寫
道：

　　他所有作品的特色是：超乎常軌——超乎常
軌的力，超乎常軌的神經質，粗獷的表現……。
梵谷具有巨人般粗暴的手，以及女性那種歇斯底

里的纖細神經；他是個純正、強健的真正的藝術家。在當今可憐的藝術界，他是個完全獨創、特殊的人。

與此同時，梵谷一幅名為《紅色葡萄園》（The Red Vineyard）的畫在布魯塞爾「廿人畫展」中以四百法郎售出。這兩份「殊榮」終於讓梵谷得到一絲的安慰，但這安慰來得太遲。已經憔悴、心碎、由憂鬱憤懣而發展至精神不正常的梵谷實在擋不住死神的誘惑，一年後終於棄世而去。

其二，愛情追求上的多次挫折，動搖了他對生活的信心。

在愛情生活上，梵谷是一個不幸的情種。早在1874年，他在倫敦學當畫商時，曾經迷上了房東羅耶太太的女兒尤珍妮，當他向這位漂亮姑娘表明心意時，不知她已名花有主。梵谷在知道真相後仍不放手，纏著她取消婚約，最後終於在房東太太母女的冷嘲熱諷下被逐出她們家。

第一次失戀使梵谷差點心灰意懶，幸虧有上帝的召喚，使他這時產生了當牧師的念頭，才逐漸驅散了心頭的愁雲。1881年，二十四歲的梵谷將憐惜與愛情一起給了已年過二十六歲、有一個孩子的寡婦表姐姬。誰知姬一口回絕了他：「不！絕不！」但固執的梵谷似乎認定非她不娶，數次登門求婚，激動時抓住姬的手，「像瘋子一樣亂叫」。姬的母親和父親不讓他見她，梵谷竟把手放到煤氣燈的火苗上燒，聲明若不見到姬表姐就不放開。氣得他姨父關掉煤氣燈，把他趕了出去。

第二次失戀，在梵谷精神上早成很大的打擊，他「感到心中的愛死亡了，取而代之的是一種空虛感、一種無限的空虛」。這次，是繪畫的魔力給了他力量，儘管他該年底赴海牙向莫夫學畫時，失戀的傷口仍隱隱作痛。就在這時，梵谷第一次嚐到愛情之果。他這次遇到的女人叫西恩·克里斯蒂。她是一名身懷六甲的妓女，在擔任梵谷的模特兒時，時常幫梵谷做些家務，聊聊家常，兩人開始有了感情。

梵谷一方面是同情西恩的不幸遭遇，將關心西恩看成是一種對社會的反抗。他在給西奧的信中說：

這種社會、這個時代不憐惜弱者，反而蹂躪弱者。因為我目睹了那麼多弱者遭人踐踏，因此十分懷疑所謂的文明和進步的真實性。我確實信仰文明，但那必須是建立在真正的人性基礎上。至於那種奪取人生命的文明，我視之為「殘忍」，根本不會尊重它。

另一方面，也許是失戀多次的緣故，梵谷不再猶豫，決定同西恩結婚。儘管家人一致反對，他最後還是與西恩同居了，並聲言：

如果我娶不到一個好妻子，那就娶個壞的。有壞的也總比沒有的好。

在西恩生下不知父親是誰的孩子後，他不單照顧西恩母子，還要照顧西恩的母親。梵谷告訴西奧：

有時，我感到遺憾，和我一起生活的這個女人既不會讀書也不懂藝術，但是我的生命依然和她的生命緊密相連──這不正說明了在我們倆之間存在著某種真誠的東西嗎？

梵谷的心地是善良的，考慮問題卻未免有些理想化；他忘記了饑餓對精神造成的衝擊。兩年後，靠弟弟接濟的梵谷經濟窘迫，全家常常餓肚子，西恩感到日子艱難，時常與梵谷發生口角，再加上西恩的母親從中搬弄是非，兩人感情逐漸變淡。最後，西恩回到娘家並重操舊業。無奈的梵谷只得離開海牙赴努能（Nuenen）繼續作畫，這段「理想化」的關係終於不理想地結束。

1884年，也就是與西恩分手的第二年，在努能的梵谷受到畢吉曼家三十九歲的老姑娘瑪戈琳所追求，「平生第一次感到一個女人傾瀉的愛情是如此甘美，能為心靈創傷帶來如此的撫慰」。兩人感情日漸加深，甚至論及婚嫁。不料，瑪戈琳有四個姊妹此時均仍待字閨中，瑪戈琳談婚論嫁讓這些自命不凡的女人感到極大的恐慌。她們與母親一起以梵谷「曾與妓女鬼混過」、「無經濟來源」為由，反對這門親事，並打算收回瑪戈琳繼承的遺產，藉此斷其後路。可憐的瑪戈琳不知如何是好，最後在走投無路的情況下決定以死抗爭。她吞下了致命的馬錢子鹼，可是為了減輕痛苦又吞吃了既可止痛又可解毒的鴉片酊。她被救後醒來的第一句話是：「我終於愛過了。」的確，在此之前，她從未愛過其他男人。只是梵谷這下成了眾矢之的，因為他「引誘一個好姑娘差

點送了性命」。

梵谷的災難還不止於此。恰好這時，房東太太的女兒斯蒂恩與人私通懷了小孩，因為梵谷有與瑪戈琳的「前科」，因此該地鮑威爾斯神父斷定此事是梵谷所為。這下把梵谷惹火了，他跑去大聲質問神父：「你憑什麼把這榮譽授予我？」神父沉默以對，不屑與這個「道德敗壞」的人理論；努能人都站在神父那一邊，對梵谷側目。梵谷的心情十分痛苦。在這種情況下，他與心愛的人已不可能結合，又受到不白之冤，對愛情可說已不抱任何希望。此次事件後，他心灰意懶，對愛情從此採取漠然的頹廢態度。後來，他在阿爾勒城（Arles）尚特街一號的托雷倫斯妓院結識了妓女瑞雪，雖然他喜歡這位十六歲的煙花女子，但也多是逢場作戲。這時，他已感受不到真誠愛情的甜蜜，有的只是不堪回首的痛苦；愛情之花在他心中已完全枯萎，生活的信心與生存的勇氣也隨之喪失，以致他在無限惆悵中曾這樣歎息：

上帝啊，我的妻子在哪裡？上帝啊，我的孩子在哪裡？孤獨的生活值得嗎？

生活的貧困與疾病的折磨是造成梵谷悲劇結局的第三個原因。

梵谷一生幾乎沒有固定收入的職業，貧窮與他似乎早有緣分。在當牧師赴礦區佈道期間，他把自己當作上帝派來拯救窮人的使者，挨家挨戶訪問窮苦人家，把自己的衣服與家裡寄來的錢全都分給他們，自己則穿著袋子，袋子上還有「小心搬運」的字眼，人們一看到就取笑他，當他是

個瘋子。他回答：「主耶穌也是瘋子！」但是從他走上畫家之路開始，主耶穌似乎便離他而去，只把貧窮留給他。梵谷學畫之後，生活來源全部依靠弟弟西奧供應。因為他只知道作畫，而畫又賣不出去，因此為西奧帶來沉重的經濟負擔。幸虧西奧是個心腸極好的弟弟；一方面，是出於對兄長的關心與愛護，另一方面也由於長期從事畫作買賣，獨具慧眼，知道梵谷一定會有出頭的一天，因此一直在藝術創作上鼓勵梵谷，在經濟上也盡力幫助他。西奧的薪水有限，但仍保證每月按時給梵谷寄一百法郎，從不間斷。梵谷對於靠弟弟維持生活深感內疚，卻又別無他法，而且由於他作畫速度太快，所需的繪畫原料更多，有時還得應付與女朋友交往的開銷，因此那一百法郎常常是入不敷出，不到二十天便花光了，以至於偶爾西奧晚點寄錢來，他便得去信催問。他在信中鼓勵西奧對他投資：「我一定會努力，使你永遠不會為自己的慷慨而後悔。」梵谷從不添購新衣，也不買暖氣設備，甚至不吃飯。為了作畫，他一切都可捨棄：

　　為了繪畫，如果有必要，我願意永遠忍受貧困。
　　我愈來愈相信，為藝術而創作是所有傑出藝術家的原則，即便快要餓死，儘管與所有物質享受無緣，也不灰心氣餒。
　　我把習作看成是種子，播種愈多，就愈可望豐收。

　　遺憾的是他的「種子」老是不發芽，西奧的錢也有限，因此梵谷餓著肚子畫畫是常有的事，

▼《奧維的教堂》。

有時甚至幾天靠喝水充饑。這種貧困艱難的生活，終於使西恩離他而去，讓他無力拿起畫筆。梵谷有時真感到憂傷與茫然，他曾說：

> 我忍受不了這樣的生活，因為我再也看不到未來的光明，我無法用語言來表達自己，我不明白為什麼自己沒有成功，我已經把自己的全部心血都放在工作上了——至少此刻的我覺得那是一個錯誤。

超過負荷的疲憊與嚴重的營養不良，使梵谷的身體日益虛弱，有時竟病得躺在床上不能動彈。人的忍受力畢竟有限；事業的失敗、情場的失意與生活的困頓，使憂鬱成疾的梵谷患上了痛苦的癲癇症，並且日趨嚴重。1888年12月，他在與畫友高更的一次爭吵中，癲癇症發作，竟割下了一隻自己的耳朵。梵谷為自己患上這種病感到異常痛苦，不時擔心自己舊病復發，因此精神上特別緊繃，而這又進一步加重了病情。1889年，梵谷自願住進了聖雷米精神病院（Saint-Remy asylum）治療。一年後出院，他仍不敢大意，又到奧維鎮接受嘉舍醫生（Paul Ferdinand Gachet）的監護調治，但癲癇症的陰影始終未能驅散。

1890年7月，他去巴黎探望長期供養他的弟弟西奧，看到侄兒病重並得知西奧即將被公司解雇。弟弟經濟拮据的窘況令梵谷無比焦慮，精神上再次受到強烈刺激。回到奧維鎮後，他整日顯得精神恍惚、惴惴不安，終於舊病復發，在精神不正常的狀態下開槍自殺。他生前曾歎息：

▼《自畫像》。

我內心的空虛和難以形容的痛苦使我想——是的，我能夠理解有些人為何會投河自盡——但我絕不贊成這麼做。我在前輩米勒的話中，找到了力量。他曾說：「我永遠認為自殺是一個不誠實的人才會做的事。」

　　遺憾的是，梵谷說這些話時，神志是清醒的；當他不清醒時，他就忘了這些話。

　　梵谷死後，人們把他埋在奧維鎮上俯視著青翠迷人的蓬圖瓦茲河谷之處，並在墓的周圍種上他喜愛的向日葵。他的弟弟西奧為兄長的自絕而心碎，日夜悲痛不已，終於精神崩潰，不久後也被送進了沃特勒奇精神病院。此時，梵谷的舊情人瑪戈琳也已經在那裡接受治療。六個月後，西奧與世長辭，葬在沃特勒奇。有一天，西奧的妻子讓娜（Johanna van Gogh-Bonger）無意中在《聖經·撒母耳記》中看到這麼一行文字：

　　他們死後，永不分離！

　　讓娜似乎從中獲得了神的啓示，立即請人掘出丈夫西奧的遺骨並運往奧維鎮，將他重新安葬在他哥哥身旁。「在奧維的烈日下，在麥田環抱的小公墓裡，西奧欣慰地在梵谷墓旁濃密的向日葵花影下安息了。」

▼梵谷兄弟的墓地。

「他的死，使世界有失去一團火熖之痛。」

——美國詩人馬坎姆

傑克·倫敦

Jack London

（ 1 8 7 6 - 1 9 1 6 ）

美國寫實主義作家。

生於加州舊金山。早年做過報童、罐
頭工廠工人、水手、鐵路工人。1897
年到阿拉斯加淘金，因病回鄉，開始
從事文學創作。初期發表短篇小說
〈老頭子同盟〉、〈熱愛生命〉等，並
積極參加工人運動和社會黨活動。
1908年發表美國第一部具有無產階級
性質的小說《鐵蹄》，次年寫成一自傳
體小說《馬丁·伊登》，成為其代表
作。1910年後，開始脫離現實鬥爭，
追求物質享受，創作熱情明顯減退。
1916年正式聲明退出社會黨。

1916年11月22日星期三，早晨7點，明媚的陽光輕柔地灑在美國加州奧克蘭「美的牧場」（Beauty Ranch）上，花兒吐著清香，鳥兒開始了歌唱，幾隻小羊在草地上歡快地追逐，一切顯得恬靜、和諧。

　　就在這時，牧場主人的日本僕人關根跑進女管家伊麗莎的臥室，面帶驚惶地叫道：「小姐，快來！老爺的樣子不對了，像喝醉了酒。」

　　伊麗莎快步跑到主人的寢廊，發現他已失去了知覺，趕緊打電話請醫師過來。

　　醫師檢查發現，牧場主人失去知覺已經有一些時候了，現在正進入麻醉狀態。接著，醫師在地板上找到兩個標有嗎啡和顛茄精的空瓶子，又在寢室桌上找到一個本子，上面有一些數字，標明用毒劑量的計算。很顯然，牧場主人現在的狀況是服毒所致。醫師與兩個助手趕緊爲牧場主人洗胃，並一面施打強心針，一面按摩他的四肢。在急救中，牧場主人只有一次似乎有點反應，眼睛緩緩睜開，嘴唇也蠕動一下，但隨即又失去了知覺。到了晚上7點鐘後不久，牧場主人終於抵擋不住上帝的召喚，匆匆告別了人世。

　　第二天，這位牧場主人辭世的消息震驚了全美國，全國報紙對此發布的消息與評論比前一天逝世的奧地利皇帝弗蘭茲‧約瑟還多。噩耗引發了美國的悲哀，一些娛樂活動自動取消，校園中的熱鬧嬉戲也不復見。逝者生前的許多崇拜者流下了悲傷的淚水，美國著名詩人馬坎姆❶（Edwin Markham, 1852-1940）甚至說：

　　他的死，使世界有失去一團火焰之痛。

社會反應如此大不是沒有原因的，因為死者是美國赫赫有名的大文豪傑克‧倫敦。英年早逝的他，享年僅四十歲。

然而，在傑克‧倫敦短暫的一生中，憑著頑強的努力，竟創作了五十部作品；他將全部心血傾注在寫作生涯中，終於攀上了美國文學的顛峰。不知內情的人對他主動從顛峰上消失，給予無限的惋惜。同時，他的死又引發了種種猜疑。他們想了解：一個曾對生活充滿希望、創作熱情異常旺盛的人，怎會捨得過早地離開他曾如此動情描繪過的世界。

傑克‧倫敦可以說是一個從逆境中奮鬥出來的英雄。他的出身很不幸，母親弗羅拉雖然家世很好，又受過高等教育，但不知何故在二十五歲時離家出走，不久後便與一名叫詹尼的男人同居，生下了傑克‧倫敦。事實上，傑克‧倫敦是一個私生子。詹尼並不承認傑克‧倫敦是他的兒子，理由是弗羅拉在與他同居時，也與別的男人有關係，因此這個小孩究竟是弗羅拉與誰的結晶，還有待求證。但後來傑克‧倫敦的長相與體格都與詹尼酷似，因此詹尼無疑是他的父親，而他充沛的活力與廣泛的興趣，似乎也都遺傳自他的父親。

傑克‧倫敦八個月大時，因為詹尼不承認兒子而曾經自殺未遂的弗羅拉，帶著他嫁給一位名叫約翰‧倫敦的人。約翰‧倫敦不怕工作，但辛辛苦苦賺來的錢卻讓弗羅拉拿去搞投機生意而揮霍一空，因此傑克‧倫敦連小學也無法繼續上，十歲便被迫出去打工，先後當過報童和罐頭工廠

小工，也曾幹過偷生蠔的小賊營生。儘管如此，他仍然沒有忘記當初上學讀書的樂趣，強烈的讀書慾使他在辛苦勞動之餘，還提起精神在小鎮上的公共圖書館如饑似渴地讀書。貧困鍛鍊了意志，辛勞促進了勤奮；他除了讀書，還刻意將在日常生活中遇到的新奇事物、人物、語句與方言留心地記下來，然後詳細寫進他的筆記本中。這當中的許多素材與語句後來都融入了他的作品內，使之更充實與生動。

隨著讀書慾的增長，他的創作慾望也隨之而起；這個全靠自學的小夥子終於拿起筆來，投入了寫作者的行列。在那段一開始籍籍無名的日子裡，他的稿件很少被採用，退稿信倒有幾封。那時候，他有時一週工作七天，每天執筆十九個鐘頭，廢寢忘食是常有的事。他曾在牆上貼了一張寫有以下詩句的座右銘，藉此鞭策自己，盼望成爲一個出色的作家：

現在工作正鞭策著我，主啊，請勿讓我起了偷懶之心；我的生命縱使將於黃昏以前結束，主啊，請讓我的工作得以圓滿完成。

功夫不負有心人。若說他十四歲時創作的第一篇作品〈日本口岸外的颱風〉（Typhoon Off the Coast of Japan）在《舊金山晨呼》（San Francisco Morning Call）雜誌上發表對他是一個鼓勵，那麼，舊金山《荒地月刊》（Overland Monthly）於1898年11月發表他的阿拉斯加系列小說之一的《給獵人》（To the Man on Trail），以及《黑貓》雜誌發表了他的另一篇小說，則爲他開啓了一扇通

▼傑克‧倫敦在「美的牧場」上寫作。

往作家之路的大門。他的創作從此一發而不可收。《野性的呼喚》（The Call of the Wild）、《白牙》（White Fang）等優秀作品相繼出現，《鐵蹄》（The Iron Heel）奠定了他創作無產階級文學的寫實主義作家地位，《馬丁·伊登》（Martin Eden）則爲他帶來了更崇高的聲譽。傑克·倫敦的名聲愈來愈響亮，收入愈來愈高，排場也愈來愈大。這位昔日的小苦力終於憑著一支筆脫離貧困的深淵，一躍成爲名噪一時的大文豪，一償夙願。

然而，名利雖爲傑克·倫敦帶來一時的榮耀，但由於主觀或客觀的種種原因，煩惱與憂愁也跟著降臨他的頭上。在傑克·倫敦生命中的最後幾年，他的精神世界已滑落到崩潰的邊緣，最後導致了悲劇的結局。分析家認爲，促使他自殺的原因至少有下面幾個：

首先，是這位曾經歡呼「社會主義是世間的偉大事業」的寫實主義作家，後來放棄了自己最初的信仰，陷入精神空虛的苦悶與彷徨而不能自拔。

傑克·倫敦由於家境貧寒，很早便進入社會謀生，社會的黑暗與生活的種種磨難在他年少的心靈上留下了種種創傷。他當過童工，參加過向華盛頓進軍抗議的失業「工人軍」，還被警察當作無業遊民逮捕並罰做苦力，甚至爲了求生活而不得不漂洋過海，差一點連性命都丟掉。這些生活經歷使他親身體會且廣泛瞭解到美國廣大勞動群眾掙扎在饑餓線上的苦難。因此，從十九世紀的九〇年代起，傑克·倫敦參加了以「替勞苦大眾謀福利」爲宗旨的社會黨活動，還成了奧克蘭社會黨的候選人。他在〈我如何變成社會黨人〉一

文中表示：他之所以相信社會主義，是因為「發現自己已經躍入社會的深淵，正在滑向屠宰場的底層」。他先後寫了〈階級的戰爭〉等不少譴責資本主義制度的文章，尤其是美國無產階級文學的經典名著《鐵蹄》，向人們昭告：革命者必須擺脫資本家所支配之艱苦乏味的勞動，必須推翻那以剝削、壓迫大眾為基礎的社會經濟制度。這在美國文壇上是前所未有的言論。

傑克‧倫敦除了宣傳社會黨人的政治主張，還尋求將對社會主義的信仰落實到行動上。他利用寫作收入建立了「美的牧場」，使它變成了窮人的「中途之家」。許多朋友、熟人或不知名的來訪者紛紛向他「化緣」，而他體諒窮人的痛苦，總是來者不拒、慷慨解囊。比如一個窮漢向他討一夜的住宿費，他立即給了他五元；囚犯寄來他用不著的手工編織馬勒，他以每條二十元的價格買下，並說他不能謝絕一個想賺幾塊錢的坐牢的人；勞工組織有人被捕入獄，他出錢為他們請律師辯護；各地罷工需要籌款，他也積極捐資；聽說有一個在第一次世界大戰失去兩個兒子的澳洲女人生活困難，他不經當事人的請求，便每月給她寄五十元生活費，到他死去為止，不曾間斷。

傑克‧倫敦每年收入七萬五千美元，支出卻達十萬元，因此常入不敷出；除了他自己花錢無節制和援助他人外，借錢給人也是其中一個重要的原因。幾乎他所有的朋友都向他借過錢，有的因寫長篇小說耗時甚久，生活發生困難而向他請求借款支援；有的有錢喝酒但無錢訂報，因此請求借訂報費；一個來自奧利崗的「同志」寫信說，他要把懷孕的妻子和四個孩子送到「美的牧

場」來，以便自己能去醫院調養肺結核病。儘管牧場當時的住房已很飽和，可是當那位男子將妻兒五口一齊送來時，傑克·倫敦二話沒說就立即為他們安排住處，直到照顧他的太太生下第五個孩子，最後將她們送回那位痊癒的男子身邊；還有許多「同志」要求到他的牧場來定居，請他分配給他們若干財產，並為他們安排一個工作。對於這一切，傑克·倫敦總有求必應；如果自己沒有，他便去借，以滿足同志的信任與看得起他。雖然許多借錢的人都立下了借據，但很少有人來還款取走借據，倒是僕人常看見他把借據撕成碎片從書房撒出去。

除了在經濟上支援別人，傑克·倫敦在寫作上也能理解初學者的苦心，儘量幫助他們提高寫作水平。他常常不得不放下自己的創作，為他人改稿、寫回信，或代為向報刊推薦。他誠摯希望朋友和同志都能像他一樣，用筆來美化生活、獲得財富。

隨著時間的推移，傑克·倫敦發現自己的一番努力總是難以達到社會的需要。來向他借錢的人愈來愈多，如若一時無法借出，便會有風言風語傳來。而他有一次因急用向有錢的同志借五十元，他們不是推託沒有就是顧左右而言他，終於使他未能如願。他花了許多時間幫一些人修改稿子，但有人因他的回信短了一點或未能代為推薦成功，便散布不滿意的言論。個別投機者甚至利用他的名義兜售劣質稿件而大發橫財，其中有些稿子恰巧又是抄襲他人之作，令傑克·倫敦因此背上了「抄襲者」、「文賊」的罪名。最使他痛心的是，他一生樂於助人，以鄰為友，可是鄰居卻

為了牧場用水問題控告他，迫使他到法庭作了四個鐘頭的供詞，身心因此受到很大打擊。他漸漸對自己信賴的這種「讓全民幸福」的信仰產生懷疑，尤其當他看到人們對自我解放不很感興趣、缺乏奮戰精神，為此更覺苦悶。加上他自己由於家庭、身體狀況和處世態度的改變等原因，致使他後來已無意於任何政治運動。

1916年1月，傑克‧倫敦終於作了退出社會黨的決定。他在聲明中寫道：

> 我脫離社會黨，因為它缺乏熱情和鬥爭，也不再注重階級鬥爭了。我原來是過去那個革命的、勇敢的、戰鬥的社會黨一員；我在階級鬥爭中受過訓練，我相信工人階級，接受了戰鬥，接受了永不軟化與永不與敵人妥協，將可以解放自己。既然近年來，美國國內的社會主義運動的總趨向是溫和、妥協的，我覺得我的思想不再容許我繼續作一個黨員了。因此我要退黨。

傑克‧倫敦把退黨的原因歸結於社會黨的軟弱與無所為，固然有他一定的道理，但實際上此時的他，對社會黨的任務已失去信心與熱情。他滿足於建立他的安樂窩「狼舍」，沉溺於醉酒的一時痛快。他的開銷很大，不得不連續生產能賣得出去的稿子；為了掙錢，他甚至到了不得不買他人的初稿進行加工創作以早日獲利的地步。可以說，為了維持他的用度，他已經無暇顧及政治鬥爭和工人運動。他在創作上的寫實主義批判手法成了昨日黃花，作品失去了往日的精彩。信仰的危機、生活的窘迫與創作上的失敗加重了他的精

神痛苦，而他已經無法擺脫這一切。

除此之外，家庭生活的問題也是導致傑克‧倫敦精神憂鬱、思想苦悶、生存了無意義的原因之一。

傑克‧倫敦是私生子，心靈上很早就受到創傷。繼父雖待他還好，但又早早離開人世。直到他後來遇上熱情又體貼人的貝西（Bessie Maddern），才使他嘗到愛情與家庭生活的歡快。貝西與他於1900年結婚，並為他生了兩個可愛的女孩：柔安與貝絲。但是，傑克‧倫敦並沒有珍惜這難得的家庭溫馨。在創作收入頗豐、追隨者眾的情況下，他忽視了感情的嚴肅性，開始周旋於燈紅酒綠之間，因此被多情高雅且具藝術家氣質的查彌安‧吉特力治（Charmian Kittredge）所吸引，終於在1903年6月與貝西分居，一時成為美國各報的頭條新聞。傑克‧倫敦極力為自己辯護，聲稱愛情不建立於理性上。

為了早日同查彌安結婚，傑克‧倫敦簡直無所不用其極，情感外露近於瘋狂。

同年的11月18日，他接到一封電報，表示與貝西離婚的判決書已經發下時，他立即電話通知在愛荷華州的查彌安趕快前來芝加哥與他結婚。

第二天是星期天，查彌安如期趕到，但傑克‧倫敦沒有結婚證，因為發證的機關休息關門了。

傑克‧倫敦立即雇了一輛馬車，全速馳過芝加哥的街道去求朋友幫忙。最先見到的兩位沒辦法，第三個朋友認識本市一個官員，於是被傑克‧倫敦從餐桌前拖走。趕了一段長路，他們來到那個官員家中。官員表示願意幫忙，但說不必這樣匆忙，等明早頒發證書的機關一開門，他可

▼傑克‧倫敦與他的兩個女兒。

以立即為傑克‧倫敦辦妥一切。但傑克‧倫敦不肯，運用他偉大的辯才終於將那個官員勸進了馬車，一同趕到芝加哥市南端，將發結婚證的書記從床上趕下來。那個書記驚愕得幾乎說不出話，但在傑克‧倫敦的堅定意志「感召」下，只好穿上衣服陪他們去市政廳辦公室，填妥結婚證書。

此時傑克‧倫敦心中的愛火燒得更旺了。幾經嘗試，他們終於找到一名保安官，由他在自家的圖書室裡主持了傑克‧倫敦先生與查彌安‧吉特力治小姐的結婚儀式。這種近乎滑稽的「馬拉松」過程，使傑克‧倫敦終於如願以償。

傑克‧倫敦十分溺愛這位嬌妻，有一段時間沒與其他女人來往。他想再當父親，尤其盼望查彌安能為他生個兒子。當她懷孕三個月時，他甚至開始為兒子的誕生興建一座豪宅。但查彌安生下來的是一個女嬰，而且三天後便夭折了。這給傑克‧倫敦不小的打擊，他因此開始酗酒，並打算到牧場外去找為他生兒子的女人。

查彌安對傑克‧倫敦的熾熱情感也日益退燒，而她的高傲與世故給傑克‧倫敦帶來了許多尷尬：家裡已發生財務危機，她卻一下子買回幾匹上等綢布添置自己的新裝；傑克‧倫敦的朋友來了，她非但沒主動熱情接待，反而表現出一種漠然的冷淡，有時甚至女客人要上廁所，也要傑克‧倫敦去引路。查彌安對傑克‧倫敦的私生活尤其嚴苛，不許傑克‧倫敦與前妻和孩子見面，傑克好不容易勸動貝西帶著孩子來牧場野餐，她卻故意騎馬從他們身邊疾馳而過，馬匹激起的灰塵全落在野餐的食物上。她也不許傑克‧倫敦雇請女秘書，有關這方面的電話她一聽就掛斷，但

她自己卻在黎明前的時分與一個年輕小夥子躺在草堆上看日出。

傑克‧倫敦感覺缺乏家庭溫暖，於是想起了貝西與孩子，曾幾次要貝西回到他身邊，甚至表示可以從頭開始，但貝西回絕了；他想要柔安承認他這個父親、與他住在一起，但柔安表示希望獨立生活。傑克‧倫敦盼望重獲家庭溫暖的願望沒有實現，相反的，他最貼心的日本僕人田中這時卻要離開他去學牙醫。傑克‧倫敦感到被現實遺棄和被生活嘲弄的痛苦，孤獨與冷寂使他的心情更加沉重與沮喪，厭世情緒也與日俱增。

還有一個重要原因爲傑克‧倫敦帶來無窮煩惱和巨大打擊，以至趨向絕望，那就是他數次創業卻屢遭失敗與災難。

說來也巧，傑克‧倫敦一生在寫作上雖頗爲成功，經手的幾次豪舉卻總是禍不單行，難遂人願，無一不讓他受到精神的磨難。

有一次，在讀過一本某位船長獨航世界的書後，他突然心血來潮，也想仿照該人建造一條自己的船，以七年的時間環遊世界。他說幹就幹，用寫作籌來的七千元迅速聘請工匠、買了材料、聘雇了水手，在一個造船廠租了個地方就動起工來，並將船命名爲「斯拉克」。

誰知此事一開始就碰上不好的兆頭；舊金山發生地震與火災，已付過錢的材料全燒掉了，船的龍骨無法安放，結果，等他花了一萬元，船仍只造了一半。當時有許多人甚至拿這艘倒楣的船打賭，認定它下不了水。傑克‧倫敦不甘示弱，又投入大筆資金，增聘了十幾名工人，並付給工人「驚世駭俗」的高工資，外加一天一元的獎

金。他還以牧場爲抵押四處借貸，只爲加緊趕造，力求勝賭。就這樣，眾人總算將船體搞定了。傑克‧倫敦見那個造船廠的設備不足，決定把船駕到檀香山完工，可船一下水就爆開了一條縫，修好後移向滑道時，竟又因夾在兩條駁船中而受到重創。工人們費盡全力總算把它移向滑道準備下水，但此時滑道竟又裂了開來，船尾因此陷入泥中。傑克‧倫敦發動工人連續一個星期每天兩次在漲潮時，用兩隻汽曳船來拖「斯拉克」號，想把它從泥裡拖出來。他親自操縱絞盤來協助，但絞盤不堪重負散了架。絕望中的他開動了七十匹馬力的馬達來拖，結果連馬達也被震碎。截至這時，傑克‧倫敦已經花了兩萬五千美元在這艘破船上。

儘管如此，傑克‧倫敦還是不肯放手，繼續花錢組織人力，終於把船拖出滑道，停靠在碼頭上。就在準備啓航時，美國政府的執行官在「斯拉克」號的船桅上貼了一張告示，表示因爲傑克‧倫敦積欠一位名爲塞勒斯的人兩百三十二元未還，故必須扣留「斯拉克」號。傑克‧倫敦別無他法，只好上岸借錢了事。結果，直到花完三萬元，傑克‧倫敦才得以將「斯拉克」號駛出碼頭。

這艘勉強下水的船很快就暴露出許多問題：採購者買了高價劣質的木料，船體因此在風浪中受損嚴重；而工人偷工減料致使壓縫不嚴密，海水很快滲進艙裡。傑克‧倫敦曾在海水淹至小腿高的艙中歎息不止，可又無可奈何。這艘船的花費如此驚人，除了爲傑克‧倫敦帶來數不清的煩惱之外，在航行一段旅程回來後，竟只賣得三千美元。

然而，「斯拉克」號的遭遇比起「狼舍」遭焚毀，只是小巫見大巫，後者給傑克・倫敦的打擊更是沉重。

　　建造「狼舍」的目的是因為查彌安懷孕了，傑克・倫敦再一次感到做父親的喜悅，決定在「美的牧場」山谷中選一個地方打造一個「歷史性的家庭」。那裡周遭有名貴的樹木，還有漂亮整齊的葡萄園。屋舍裡除了臥室與客廳，還有遊戲室、圖書室、音樂室、工作室等共二十三個房間，還要裝修豪華、佈置新穎，使之別具風味。阿拉斯加的印地安人曾把從事征服的白種人喚為「狼」，傑克・倫敦因此覺得自己正是那頭以征服為目標的「狼」，並曾刻意在自己的《狼之子》（The Son of the Wolf）、《海狼》（The Sea-Wolf）等書名中引用。現在，他要以此為名來建造白種人的「狼舍」了。他盼望查彌安給他生一個兒子，以便他在「狼舍」中開創一個受世人永遠傳誦的「傑克・倫敦王朝」。

　　受極端個人主義支配的傑克・倫敦要在美國建造最偉大的皇宮，而身為社會主義者，他又要給工人好的待遇，這無疑需要一筆龐大的資金。他的牧場上本來就有五十多人，建造「狼舍」時又增加了三十五人，再加上負責包工的一百多名工人，連同家屬總共多達五百多人。這些人都靠傑克・倫敦發工資過活。傑克・倫敦每月支出的工資總額達三千多美元，因此他修建「狼舍」的資金有不少是靠借貸與預支稿費而來的。

　　「狼舍」從1901年開始興建，直到1903年8月才大抵完成，歷時達三年，花費了七萬多美元。整座建築巍峨壯觀，氣派不凡。傑克・倫敦雖然

沒有得到兒子，但他得到了「狼舍」，喜悅使他忘記了憂傷。誰知禍從天降，8月19日凌晨3時，一場無名大火突然在「狼舍」中燒起，等工頭領班與傑克‧倫敦先後趕到時，剛剛完工的「狼舍」已成了一團巨大的烈焰。傑克‧倫敦一下被擊倒了，他在床上一連躺了四天都沒有動彈。雖然後來指控有人縱火，但事情最終仍不了了之。傑克‧倫敦最偉大的人生夢想之一歸於毀滅，他寄希望於未來的理念也隨之消失無蹤。

此後的幾年內，傑克‧倫敦想打起精神再做點什麼來彌補失去「狼舍」的創傷，但接下來的卻又是一連串的打擊：他先後花了三千元修建了一座先進的「豬宮」，還計畫投入五萬元再建一個屠宰廠、冷藏廠與其他設施，厄運卻立即打碎他的如意算盤：牧場上的豬隻不久後全得了肺炎死亡；上等的短角種牛在欄裡摔了一跤，折斷脖子死去；安格拉羊群成了瘟疫的犧牲品；得過獎的負重種馬也莫名其妙地死在田裡；還有因為決策失誤，買進的負重馬都不適於多天工作，等於一群廢物；而他牧場上的十四萬株油加利樹，本來可以在二十年後成為一筆可觀的收入，卻在幾天裡變成了除了作柴燒別無它用的東西。

傑克‧倫敦再也經受不住打擊了，但打擊仍在進行著。這時的他已欠債十萬多元，而他創造收入的唯一手段——寫作，似乎也到了江郎才盡的地步，每天無論再怎麼努力也寫不出一千字。討債的、催款的、因水源告上法庭的、依舊厚著臉皮來求助的，以及一些幸災樂禍的人，無時不刻糾纏著傑克‧倫敦。加上這時的傑克‧倫敦因精神折磨與過度勞累，身體狀況已經很差。他得

了毒尿症，致使體形浮腫，臉也腫脹起來，眼神也失去了光彩。他的模樣比起實際年齡蒼老許多，人也變得陰沉、沮喪，酗酒的情形也更屬害了。「痛苦使他喝酒，喝酒使他痛苦。」許多人看見他在奧克蘭裡醉酒，在公共場所發酒瘋。昔日的大文豪變成了一個令人厭惡的酒鬼醉漢。

精神空虛、病債交迫的傑克·倫敦似乎已到了山窮水盡的地步，在他的眼前，沒有一絲「柳暗花明」的希望。他回首往事，除了苦澀，再無喜悅。他對這個世界完全絕望，也對自己完全絕望了，終於在一夜之間悄然從美國文學顛峰上消失。

傑克·倫敦的骨灰後來運回他的牧場，哀歌在「狼舍」廢墟的上空縈繞。人們將他埋在他兩星期前指定的一個山丘上。當時聽到他以調侃的口吻言及後事時，旁人以為只是個玩笑，誰知笑語不久便成眞。他的墓上壓了一塊紅色的大石頭，傑克·倫敦生前曾為它取名為「匠人棄而不用的石頭」。傑克·倫敦是想藉此隱喻自己在人世間的處境嗎？除了他自己之外，大概只有上帝才知道了。

編按

❶馬坎姆（1852-1940），在加州一個牧場中長大，先擔任教師，後任學校行政管理人。1899年，〈扶鋤者〉（The Man with the Hoe）在《舊金山考察家報》上發表，使他聞名全美國。馬坎姆從米勒的一幅法國農夫畫中得到啓發，使〈扶鋤者〉成為全世界默默忍受壓迫與剝削的工人階級之象徵。

▼傑克·倫敦的骨灰埋葬在「美的牧場」的紅色大石頭下。

「切切心頭記，世上本無路，茫茫荒野地，空空置君足。」

——有島武郎

有 島 武 郎

(1 8 7 8 - 1 9 2 3)

日本近代著名小說家，白樺派代表作家之一。

出身貴族世家，大學畢業後曾入伍服役。1903年入美國哈佛大學研究所就讀，專攻經濟和歷史。後確立以文學創作為志向，於1910年參與《白樺》的創刊，代表作有《該隱的後裔》、《與生俱來的煩惱》、《一個女人》等。1922年發表論文《無產階級與文學》，成為日本最早倡導無產階級文學的作家之一，留有《有島武郎全集》十卷。

1923年7月中旬，日本《讀賣新聞》、《朝日新聞》等許多報刊均在顯著位置刊登了一條令日本社會──尤其是日本文壇──震驚的消息：

6月9日，著名小說家有島武郎與女記者波多野秋子雙雙在北海道輕井澤自縊身亡。

據報導，當時文壇的寵兒有島武郎與《婦女公論》的美麗女記者波多野秋子，是在有島武郎位於輕井澤的別墅「淨月庵」自縊的。此時的有島武郎四十五歲，波多野秋子三十歲。有島武郎七年前喪妻，有三個幼小的孩子，波多野秋子也有丈夫。

他們並排吊死在別墅的橫梁上，因為死後也沒人去，遺體就一直吊在那裡。大約過了一個月，即7月7日，別墅的管理人員前去才發現。由於當地正逢梅雨季節，兩人的遺體已完全腐爛。

噩耗始傳，許多人對此半信半疑。因為近兩年來，身為白樺派代表作家的有島武郎不但參與創辦了進步文學雜誌《播種人》，大張旗鼓地宣傳無產階級文學，同時還將自己在北海道狩太農場約四萬五千公畝的土地無償分發給佃農，從事社會主義性質的實踐，有大幹一番事業的雄心與幹勁，怎會忽然間輕生？

由於有島武郎死時還帶了一個女人，因此有島武郎為情而死的說法在探討其死因的諸多說法中一時占了很大比重。但也有不少人認為有島武郎對自己的事業看得更重，決不會為一個女人而撒手西去。這種意見不無道理，但只是使有島武郎的死因更撲朔迷離。

究竟有島武郎爲何要走上絕路？

1878年（明治十一年）3月4日，有島武郎出生於日本東京小石川水道町的一個名門之家，乃有島武與有島幸子的長子。有島武是明治政府官吏，從鹿兒島藩士起家，歷任橫濱海關關長、大藏省書記官等職，轉入實業界後，更進一步發揮了經營才能，在北海道經營一座很大的農場。母親幸子是南方沒落藩士的女兒，愛好文藝，因此對有島武郎後來投入文學創作產生很大的影響。

身爲長子的有島武郎，從小在《論語》、《大學》等儒家理論和日本的武士教育下耳濡目染，同時也受到以基督教精神爲基礎的西洋教育。這些教育增長了他的知識，但也帶來了苦惱，因爲日本武士的捨己奉獻精神與歐美的個人主義思想是格格不入的。他後來意識到，與雙親截然不同的性格一樣，這「兩條道路」正如同靈與肉、理想與現實、人與神、東洋與西洋等二元價值觀的對立。

1887年，有島武郎進入貴族院就讀，寄宿在神田學生宿舍。第二年，他被推薦爲皇太子的學友。這種貴族式的榮耀使他從小有一種優越感，也使他在接觸勞苦大眾與無產階級思想後產生一種沉重的罪惡感。

有島武郎十九歲那年，進入札幌農校預科五年級，寄宿在新渡戶稻造❶的家中。在這裡，他結識了同學森本厚吉，後來兩人共同出版了描寫英國探險家兼傳教士利文斯通（David Livingston）生平經歷的《利文斯通傳》。

這時，有島武郎經森本厚吉推薦，反覆閱讀了宗教思想家內村鑑三的著作，成爲虔誠的基督

教徒，並加入札幌獨立教會。他還在以基督教的博愛為宗旨、為貧民子女創辦的「遠友夜校」中擔任教師的工作。在這裡，他接觸到最下層人民的各種生活，開始思考西方資本主義固有的各種矛盾。

當時，日本女工的勞動繁重，每天工作十四小時以上，但報酬很低，於是便傳下「南京米，黑海帶，細紗紗怎麼紡出來」、「女工也是人，委屈就要哭，有病要休息」這類的歌謠。這些歌謠在報上登出來後，有島武郎在1901年4月22日的日記中以「觀想錄」為題，抄下這些歌謠，並以難以抑制的悲憤心情寫道：「詩人啊，閉上你的嘴，折斷你的筆，聽聽這些大詩人的悲歌吧！」隨著對社會的持續瞭解，有島武郎對冷酷的資本家與地主的憎恨，以及對勞苦大眾的同情之心與日俱增。

大學畢業後，二十三歲的有島武郎獲徵召入伍。他對軍營的禁錮生活十分反感，並對為軍閥作戰之必要性提出質疑。參軍那天早上，他憤然寫下了「哭笑非男子，一載服役事，若不變頑石，我身何堪此」的詩句，並在日記中寫道：「從今天起，我來到了斷絕了一切自由的××軍隊……我的頭腦，我的心肯定要被束縛住的。這是對國家應負的義務嗎？國家是什麼？對國家應負的義務是什麼？」字裡行間，對沒有人性的軍隊與扼殺一切人間感情的軍隊生活進行抗議與詛咒。

1903年，任陸軍步兵少尉的有島武郎服役期滿，遠涉重洋，進入美國哈佛大學研究所深造，專政經濟與歷史，並開始對宗教信仰產生懷疑。

原因之一是因爲基督教徒對當時的日俄戰爭不僅不發起反戰運動，反而嘲罵提倡停戰論的俄國作家托爾斯泰，這使有島武郎看清了基督教的虛僞與功利。另一個原因是有島武郎日益感到宗教對於貧困現象的無能爲力。他在《利文斯通傳》的序文中表明了這種觀點：「如果認爲目前這樣的貧富懸殊、安樂不均，大多數是因近代經濟結構所造成的話……從根本上加以推翻，是理所當然的事。」他還指出：「若不顧利害關係衝突的兩個階級之實際存在，則無論如何強行要求從精神上（即宗教式的博愛）去對財富進行分配，都是行不通的」，「我開始覺得爲了將少數人的幸福分給多數人，在實務上應如社會主義所主張的那樣，在思想上則應如唯物主義所主張的那樣」。毫無疑問的，有島武郎已逐步放棄宗教信仰而轉向接近社會主義。

在此同時，有島武郎對文學發生了濃厚的興趣，熱衷於美國詩人惠特曼、挪威劇作家易卜生和俄國大文豪托爾斯泰等人的作品。以前他一直苦於靈與肉的矛盾中，但從惠特曼的「只有肯定自己——包括情慾在內的一切罪惡和弱點，完全按著自己的意願去生活，才是眞正愛的體現」論點中，他找到了一條出路，從而由基督教「罪」的意識中解脫出來。也由於他此時結識了社會主義者金子喜一，在他的影響下，開始閱讀馬克思的著作，並參加集會，進一步瞭解了社會主義；後來，他又在英國訪問了無政府主義者克魯泡特金❷（Peter Kropotkin），因此在他的思想上，社會主義是與無政府主義並存的。有島武郎在留學結束前夕，已決定要以文學形式來表達自己的思

想與觀點，喚醒民眾以挽救社會。1906年，他發表的處女作〈硬殼蟲〉已透露了他這方面的才華。

後來他在談到創作的緣由時說：

第一，我因為寂寞，所以創作……
第二，我因為欲愛，所以創作……
第三，我因為欲得愛，所以創作……
第四，我又因為欲鞭策自己的生活，
　　　所以創作。

1907年，在遊歷過歐洲後，學成回國的有島武郎出任札幌東北帝國大學農科學院英語教師與倫理學教師。他冒著危險積極參加了該校的社會主義研究會活動，經常主講歐洲各種新思想，很快就成此一團體的核心人物。兩年後，有島武郎與大家閨秀神尾安子結婚，在論議國事的同時亦開始考慮家庭生計問題。

1910年，有島武郎與作家志賀直哉❸、武者小路實篤❹等人一起創辦了文學雜誌《白樺》。這幾位大都是貴族家庭出身，在貴族學校「學習院」受過良好教育，生活優裕，對人生抱著天真、明朗和坦率的態度。但他們不滿於自然主義對日常生活客觀的、沉悶的描寫，而在自己的作品中宣揚近代人道主義、個人主義和自由主義的理想，因此他們的文學又被稱為「理想主義文學」。

有島武郎曾在《白樺》發表的評論〈兩條道路〉中，闡明自己的政治觀點與文學主張。他這段時期發表的作品有短篇小說〈鏟鏽工〉（1910）、長篇小說〈一個女人的一瞥〉（1911）、

中篇小說〈宣言〉(1915)、〈迷路〉(1916)及三部曲劇本〈大洪水之前〉、〈薩姆松和丹麗拉〉、〈聖餐〉等。這些作品不同程度地觸及了資本主義的腐朽與罪惡，對貧苦的下層人民給予關注與同情，加上其文風清新、文筆流暢，因此很快得到了廣大讀者──尤其是貧民階層讀者的歡迎。有島武郎由此逐漸聲名鵲起。

與此同時，有島武郎宣布退出札幌獨立教會，徹底放棄基督教信仰。

1916年，有島武郎的家庭發生了一連串不幸事件，妻子神尾安子與父親有島武相繼去世，使有島武郎深感悲痛。哀思過後，有島武郎也似乎有某些解脫。因為在面對社會與職業的選擇上，他與父親、妻子曾有某些分歧。在他們重病期間，他花了很多精力去照顧他們。如今，這些束縛解除了，也更堅定了有島武郎投身創作活動的決心。到了年底，他辭去教職，回到東京專事文學創作。

1917到1920年間，是有島武郎創作生涯的鼎盛期。這幾年裡，由於俄國十月革命的成功，馬克思主義在日本的傳播和工人運動的發展，令有島武郎逐步意識到「無產階級是有希望的，前途是光明的」，而「資產階級沒有希望」。在這種思想下，他先後發表了短篇小說〈該隱的後裔〉、〈誕生的苦惱〉，與長篇小說〈一個女人〉及評論集《不惜奪愛》等作品。其前期作品，較多宣揚資產階級的人道主義，後期則注重體現社會主義思想、同情工人和農民運動，並致力揭示生活在社會低層的農民、漁夫和受社會壓迫的女性等族群的憂鬱。題材廣泛，內容豐富，表現出有島武

郎對社會矛盾和階級矛盾之敏銳洞察力。後期作品中，由於作者思想矛盾的苦惱，以個人主義為基礎的無政府主義色彩亦愈來愈濃。

在短篇小說〈該隱的後裔〉中，透過佃戶仁右衛門到松川農場投奔親戚謀生，後來因為破產，被迫離鄉背井到處流浪的悲慘遭遇，以及披露農場主人對佃戶的殘酷剝削和壓榨，有島武郎展現了北海道佃農困苦的生活以及他們與惡劣的自然環境和社會邪惡勢力的抗爭。該隱是《聖經》中人類始祖亞當的兒子，因嫉妒而殺害了弟弟亞伯。有島武郎雖同情貧苦農民，在作品中為讀者提供了一幅農民悲慘的生活畫面，有助於我們認識當時社會制度的本質，但他借用《聖經》中的故事，把仁右衛門的破產和流浪生活，比喻為像該隱那樣骨肉相殘的結果，說明了有島武郎思想上仍受到人道主義的影響。

小說〈誕生的苦惱〉反映的是立志獻身於藝術的青年，在嚴酷的生活中產生之苦惱與彷徨，被認為是有島武郎根據自己的創作體驗，反省並剖析自己藝術創作過程的一部作品。

長篇小說〈一個女人〉為有島武郎的代表作，被譽為日本近代「真正具有小說結構」的寫實主義傑作。這部小說描寫一個年輕女子早月葉子勇敢掙脫封建家庭的束縛，在社會上尋求個性解放的出路，但她只憑自己的個性和本能反抗所憎恨的不幸世道，結果反而被畸型的日本資本主義社會所吞噬，最後抱病而終，成為日本知識婦女尋求個性解放的悲劇。作品無情地揭露日本資本主義道德文明的虛偽，替日本婦女的不幸際遇鳴不平。此作品在寫作上也體現了有島武郎構思

縝密嚴謹、文筆華茂遒勁的藝術特點,即他「對
人物的觀察十分深刻,表現手法豐富,在描寫和
構思方面具有雄渾、油畫般的色彩,具有獨特的
大陸文學之藝術風格」。

　　1921年,有島武郎參加新文學刊物《播種人》
的創刊,後在東京《讀賣新聞》上發表〈無產階
級與文學〉論文,使他成爲日本最早倡導無產階
級文學的作家之一。有島武郎還以行動貫徹自己
的信仰,將自己在北海道狩太農場的四萬五千公
畝土地無償分配予佃農,把莊園住宅分給農民居
住,並變賣私產做爲工人運動的經費。他這些思
想與行動在日本社會──尤其是日本文壇,引起
很大震撼,而他在論文中論及「文學與政治以及
知識階級」等問題時,認爲「只有社會主義才能
實現人類眞正自由的理想,而原帶有貴族階級烙
印的知識份子難以進入革命陣營」的論點,卻迅
速引起日本文壇左右兩翼的非難。

　　其實,有島武郎只是說出他的內心話。多年
來,「歡迎革命但又不能完全理解革命」的苦惱
與浮躁一直困擾著他。有島武郎出身貴族世家,
但受新思潮影響而難以安享這種生活;他眼看工
人運動高漲,並相信革命一定會勝利,資本主義
一定會滅亡,但自己卻不能爲革命而奮鬥,因爲
他的階級出身與他所受的特權階級教育,在他思
想上形成尖銳的矛盾。有島武郎思想與文學的實
質,便深刻表達了這種複雜心態。他不能統一而
具體地掌握人與社會之間的變革關係,也無法對
未來持堅定的信心。社會及文壇對他的非難與不
理解,則更加重了有島武郎思想上的痛苦。

　　1918年時,有島武郎曾在小說〈給幼小者〉

中，對失去母親的孩子發出充滿激情的呼喚：

> 我將會竭盡全力去完成我的使命……。你們
> 必須在我倒下的地方再重新前進。路怎麼走？朝
> 哪個方向走？雖然道路茫茫，但是你們會從我走
> 過的足跡中探索出來的……。前途渺茫且暗淡。
> 但不要害怕，在無畏者面前的道路是寬闊的。前
> 進！勇敢前進吧，孩子們！

文章雖然蘊透出對前途的某些憂慮，但反映出有島武郎並未完全喪失對未來的憧憬與信心。

但是，五年後的1923年6月間，有島武郎卻在極度的思想矛盾中感到絕望了。他在遺書中無奈地對他的母親和三個孩子寫道：

> 這些年來，我盡力奮鬥了。我知道這回的行
> 為是異常的行為，也未嘗沒感受到諸位的忿怒與
> 悲哀。但是沒有辦法，因為無論我怎麼抗爭，終
> 不能逃脫這個命運。我用衷心的喜悅去迎接命
> 運，請宥恕我的一切。

女記者波多野秋子崇拜並深愛著正直而有才華的有島武郎。她對戀人心中的美好願望與思想痛苦非常理解並深表同情。當有島武郎因無法抗拒精神壓力而決心自絕以徹底解脫時，她也毅然作了陪他同赴黃泉的準備。

有情侶或因生活所迫，或因男女身分懸殊，或因世人所不容才被迫自殺。但有島武郎與波多野秋子卻沒有這些苦惱，至少在外人看來，他們沒有什麼必要選擇死亡。正如當時報刊評論所

言：「作家與女記者相愛並不稀奇，但愛到一起去死，實屬古今罕見。」對此，有島武郎在自絕前寫給弟妹的信中表明了自己的觀點：

　　我可以告訴你們一件開心的事，就是這死亡絲毫未受到外界的壓迫。我們極自由、極歡迎這死亡。現在，火車即將抵達輕井澤，我們還是笑著、說著。請暫時擺脫世俗的見地來看待我們。

　　查閱有島武郎臨死前的日記，也記著這樣的句子：

　　現在，我們兩人感受到幸福的絕頂，因此決定迎接死亡。

　　不是爲了金錢，不是因爲道德倫理，只是因爲幸福到了絕頂，才走向人生的盡頭。
　　有島武郎終於走了，他的思想困境與自有的愛情觀造成了他的死亡。他的遺書上以短短的詩句說明了他對人生這一遭的體認：

　　切切心頭記，
　　世上本無路，
　　茫茫荒野地，
　　空空置君足。

編按

❶新渡戶稻造（1862-1933），明治時期至昭和初期非常活

躍的教育家、農學家與政治家。1901至1903年任職台灣總督府農業事務官員，並曾任聯合國副秘書長與知識協作國際委員會的負責人，著有《農業本論》、《自警錄》、《偉人群像》、《武士道》等書。為日本目前發行的五千元紙幣上之肖像人物。

❷克魯泡特金（1842-1921），歐洲無政府主義的主要理論家。生於莫斯科一個古老的貴族家庭，1871年投身革命活動。1874年被捕入獄，兩年後逃到西方，在當地的激進圈子裡備受尊崇。1917年俄國革命成功後，才得以返回其祖國。他反對目的可以將手段合理化的原則，並認為互助才是自然與社會進化的根本法則，而非達爾文主義的競爭；而大量生產、功能專門化、和強制權力的中央集權國家乃暫時的脫軌現象，必遭社會革命掃除。著有《生計論》（The Conquest of Bread, 1892）、《田野、工廠、與工作坊》（Fields, Factories, and Workshops, 1899），以及《互助論》（Mutual Aid, 1902）。

❸志賀直哉（1883-1971），日本小說家。出生於先是封建官僚、後為實業資本家的家庭。十七歲即參加白樺派文學活動，在《白樺》雜誌創刊號（1910）上發表短篇小說《直到網走》。曾一度信奉基督教，接觸過社會主義民潮。他的唯一長篇小說《暗夜行路》是他前半生的記錄。志賀直哉一生創作以短篇小說和隨筆為主，短篇具有代表性者有《直到網走》、《海角之城》、《小僧的神樣》、隨筆《在城之崎》等。所寫多為家庭糾葛、身邊瑣事、植物動物、花鳥魚蟲等，皆為親身經歷和親眼觀察過的事物，往往於恬淡閒適中，漂浮著對弱小人物和婦女的同情，體現其人道主義思想。

❹武者小路實篤（1885-1976），日本著名作家、思想家，被視為夏目漱石唯一傳承者。1918年，他在九州的日向建立「新村」，是一個社會主義的實驗地，周作人赴日時曾前往參觀，並為文將武者小路的劇作《一個青年的夢》推介給中國讀者。武者小路二十六歲時與志賀直哉共創「白樺派」，取代之前的自然主義，擺脫日益流於頹廢的隨興派。他重視人道主義與自主精神，受俄國作

家托爾斯泰影響甚巨。二十八歲躋身白樺派行列的他，是當時年紀最輕的青年才俊，師事夏目漱石，並與文壇知名作家相琢磨。武者小路不只寫小說，也留下許多新詩、傳記與劇本，同時精於繪畫，有人稱他爲全才畫家，也有人譽他爲宗教家。而因爲他的長壽與豁達，更有人譽他爲日本的「幸福作家」。

「……在我們的生活中，死不算新奇，可是活著更不算奇蹟。」

——葉賽寧

葉　賽　寧

Aleksandrovich
Esenin

(1 8 9 5 - 1 9 2 5)

俄羅斯抒情詩人。
生於梁贊州柯茲敏鄉一個農民家庭。
1912年開始詩歌創作生涯，1916年發
表第一部詩集《掃墓日》。十月革命
後，創作進入旺盛階段，代表作有
《同志》、《宇宙的鼓手》、《列寧》、
《大地的船長》和《波斯曲》等。在他
短暫的一生中，共創作了四百多首抒
情詩，十多部長、短敘事詩與兩部詩
劇，是受俄羅斯人民鍾愛之「獨特的
抒情詩人」。

1925年12月28日淩晨，蘇聯列寧格勒裡朔風凜冽，冰雪覆地，清冷的街道上罕見人蹤。在面對聖伊薩克廣場（Saint Isaac's Square）的安格特爾飯店五號房裡，俄羅斯著名的青年抒情詩人葉賽寧將繩子一頭繫在房間中央暖氣系統的管道上，另一頭則在自己的脖子上繞了兩圈，然後一腳踢開墊在腳底下的床頭櫃……

　　很快的，葉賽寧用繩子勒死自己的噩耗傳開，頓時親友呼號、詩迷灑淚，眾人扼腕歎惜：俄羅斯詩壇上一顆耀眼的明星隕落了。

　　葉賽寧於1895年出生於俄羅斯梁贊州柯茲敏鄉（Ryazan）康斯坦丁諾沃村（今名葉賽寧諾村）一個貧困的農民家庭，但是成長於富裕的外祖父家中。1909年小學畢業後，他考入斯帕斯－克列皮克（Spas-Klepiki）教會師範學校，1912年畢業後沒有按照父母的意願留下來當小學教師，反而隻身到了莫斯科，先後做過肉店與書店店員和印刷廠校對員，參加過蘇里科夫（Surikov）文學與音樂小組，並在沙尼亞夫斯基人民大學（Shaniavskii University）裡就讀。

　　就在此時，葉賽寧開始了他的詩歌創作生涯。1915年3月，他前往聖彼得堡，結識了著名詩人勃洛克❶（Aleksandr Aleksandrovich Blok），在詩歌形式和抒情詩方面得到了不少啓示，寫作大有長進。葉賽寧前期創作的詩作多描寫農村自然風光；1916年，他的第一部詩集《掃墓日》（Radunitsa）出版，洋溢著濃郁的大自然氣息，優美抒情，質樸純真，得到了許多詩歌愛好者的好評，稱之為「獨創的抒情詩人」。著名文學家高爾基（Maksim Gorky, 1868-193）十分欣賞葉賽寧的

詩，說他是「造化者專為詩歌創造的喉舌，借其表達祂傾吐不盡的『田野的哀愁』、對世上一切生命的愛，以及人類高尚的慈悲」。

　　十月革命爆發後，葉賽寧滿腔熱情地表示歡迎，說自己是「整個人站在十月那一邊」，並先後創作了讚頌革命的〈同志〉、〈宇宙的鼓手〉等詩作。1924年至1925年，是葉賽寧創作的新高潮期，他不但創作了歌頌列寧的詩歌〈列寧〉、〈大地的船長〉和歌頌無產階級革命的詩集《俄羅斯與革命》、《蘇維埃俄羅斯》這類洋溢政治熱情的詩篇，並寫出既誠摯又熱烈的抒情組詩〈波斯曲〉。他在詩中如此讚頌列寧：

　　　　我從來沒有為誰唱過頌歌，
　　　　誰也不曾支配過這個地球。
　　　　只有他說過，世界是一個家庭。

　　　　他這樣說，高高地舉起一隻手。
　　　　他按照馬克思主義不斷地思考，
　　　　但他完成的卻是列寧式的創造。

　　同時，他熱情激昂地歌詠蘇維埃政權：

　　　　我透過石頭的和鋼鐵的巨物，
　　　　看到了我的祖國的強大威力。

　　此時，葉賽寧已經創作了四百多首抒情詩，十多部長、短敘事詩和兩部詩劇，其獨特的詩歌風格更趨成熟，表現出情感真摯、語言清新、形象鮮明、意境雋永、富於生活氣息和抒情色彩的

特點，因此深受喜愛。在俄羅斯詩壇，葉賽寧的名聲愈來愈響亮。

然而，就在詩人事業的鼎盛期，葉賽寧親手編就的那個繩索圈套像一個無情的句號，沉重地印在了他三十歲短暫人生的履歷上。是什麼原因使葉賽寧走上自絕之路？

首先，是葉賽寧因主觀意願與革命進程發展不一致，因此感到悲觀失望，對理想與命運失去信心。

葉賽寧早年生活在農村，對農村和自然景色有豐富、細膩與真實的感受，但是他除了經常對日益凋零的鄉村表示惋惜與哀愁外，卻看不到農村裡階級對立的殘酷現實。十月革命的洗禮，使葉賽寧對社會多認識了一些，其詩歌創作也萌發了新的生機。

然而，葉賽寧尚未從根本上瞭解革命和蘇維埃政權。他雖然歌頌革命，對革命理解卻不全面、不深刻，政治上則缺乏堅定的遠大目標與明確的生活目的。他太鍾情於他的「鄉村情結」，期望革命最後建立的是烏托邦式的「農民天堂」。他自顧自憂心地將城市與農村對立起來，因此對於未來的「機器王國」可能征服農村而感到惴惴不安。葉賽寧的世界觀顯然是矛盾的，當革命進程與個人意願不一致時，這種矛盾便更形尖銳，使他陷入苦悶與彷徨。他對革命的發展與結局感到失望，最後在不可自拔的悲觀中棄世而去❷。誠如魯迅先生所說：

對於革命存有浪漫蒂克幻想的人，一和革命接近，一到革命進行，便容易失望。聽說俄國的

詩人葉遂宵（葉賽寧）當初也非常歡迎十月革命，當時他叫道：「萬歲，天上和地上的革命！」實際上的情形，完全不是他所想像的那麼一回事，終於失望、頹廢，葉遂寧後來是自殺了的，聽說這失望是他的自殺的原因之一。

另一個使葉賽寧辭世而去的原因，是其愛情生活的不幸。

葉賽寧是一個情感豐富的人，詩人氣質使他對愛情生活抱持一種浪漫態度。他曾在組詩〈波斯曲〉中吟道：「世界上只要有人群的地方／愛情的歌就會反覆地詠唱！」他喜歡結交女友，崇拜他的姑娘也特別多。他先後有過三次婚姻，還有一次與親密女友長時間同居，卻沒有一次能夠有始有終。

他的第一任妻子是黎荷（Zinaida Riykh）。1918年，他應《人民事業報》編輯部之約去談詩稿的事，在那裡遇見了一位具古典美的女子，即編輯部秘書黎荷。兩人一見傾心，三個月後閃電結婚。可是由於戰爭、困苦和生活的不安定，以及葉賽寧周旋於玩世不恭的意象派詩人圈，使他們婚後幸福的生活逐漸出現裂痕，終於在1921年離婚。幾年後，黎荷與別人重組家庭。葉賽寧追悔莫及，與黎荷無法重圓情夢，成了他這一時期一系列憂傷抒情詩的基調，〈致一位女子的信〉、〈夜晚皺起了濃眉……〉、〈鮮花對我說「別了」……〉等都是失去黎荷後為她創作的。

第二任妻子是美國著名舞蹈家鄧肯（Isadora Duncan）。那是1921年秋天，四十三歲的鄧肯應邀赴俄國演出，葉賽寧與她一見鍾情，相見恨晚，

▼黎荷像。

很快就在言語不通、年齡相差懸殊的情況下結婚。葉賽寧先是陪鄧肯在蘇聯許多地方巡迴演出，後一同出國旅行，先後到過德國、義大利、法國、比利時、美國。然而這對戀人無論是出身或所受教育都相去甚遠，兩人間的矛盾無法解決，三年後仍宣告分手。

回國後，葉賽寧與長期愛慕自己的秘書卞尼絲拉夫斯卡婭（Galina Benislavskaya）同居。這位「準夫人」的文學修養很高且有獨特的藝術見解，全部精力都用在整理、編輯與出版葉賽寧的作品上，同時也對葉賽寧兩個正在上學的妹妹給予無微不至的關懷。在這個溫馨和睦的新家庭裡，詩人找到了心靈的慰藉。這段時期內，葉賽寧創作的熱情特別旺盛，但他沒有珍惜這難得的幸福生活。1925年5月，葉賽寧向卞尼絲拉夫斯卡婭暗示將同她分手，因為他此時與俄國大文豪托爾斯泰的孫女索菲雅（Sophia Tolstoya）之間的感情已如膠似漆。

葉賽寧與索菲雅是在一次家庭舞會上認識的。索菲雅是個受過良好教育、秉性聰慧的女子，容貌出眾又嫵媚動人，得到葉賽寧的好感。半年後，詩人搬進了她古色古香的大宅與她完婚。索菲雅成了他的第三任妻子，但這次婚姻仍未維持很久，因為葉賽寧生性好動，喜歡交友，不拘小節且厭惡拘束，索菲雅卻事事有意見，自恃富有且名氣大，對葉賽寧的言行都有一定限制，使葉賽寧很快感受到寄人籬下的壓抑與束縛。

他寫信告訴他的朋友：「我所期待和希望的一切都幻滅了……」，並在詩中寫道：「我願承受

▼卞尼絲拉夫斯基在家中。

一切／來吧／快來吧／讓所有的災難和痛苦統統降臨。」不久後，醫生診斷出葉賽寧患有精神抑鬱症。

在與索菲雅關係日益惡化時，葉賽寧對與他共同度過一段美好時光的卞尼絲拉夫斯卡婭又重生了深切的愛意。在他自殺前，曾割破手指以鮮血寫了一首八行詩形式的絕命書：

再見吧，我的朋友；
再見吧，你永銘於我的心中；
我親愛的朋友，即將來臨的永別，
意味著，我們來世的聚首。
再見吧，我的朋友；不必話別，也毋須握手；
別難過，別悲戚——
在我們的生活中死不算新奇，
可是活著更不算奇蹟。

詩中「親愛的朋友」，指的就是卞尼絲拉夫斯卡婭。

現實婚姻的不幸與思念戀人的痛苦，使葉賽寧的抑鬱症更嚴重了，他已失去了生存的勇氣。葉賽寧這個年輕的詩人，雖然來自農村，但他踏進城市不久，便儼然成了紅塵中的風流才子。他有許多崇拜他的女性，也有過多次使他陶醉一時的婚姻，給人的感覺始終是在不停地戀愛，希望獲得更多女性感情的撫慰。遺憾的是，最終他還是因收緊的感情之網窒息而死。

值得指出的是，葉賽寧對革命前途的悲觀與對家庭生活喪失信心，其實與他受到外界某些不

▼在俄國作家協會裡，葉賽寧躺在靈柩中。帶黑帽者是索菲雅。

良影響及長期以來養成之頹廢、放任的「葉賽寧性格」分不開。它不但影響了他的政治生命、家庭幸福，對他的詩歌創作也帶來了不良的後果。

葉賽寧早年雖熱中於田園牧歌的抒情詩創作，但又經常置身思想上和創作上與他格格不入的貴族資產階級頹廢文人的包圍中，成為上流社會沙龍的上賓，還受到了無政府主義思想的有害影響。他曾在意象派宣言上簽名，成了信奉「形象戰勝思想」、「形象本身就是目的」之形式主義的意象派詩人。雖然不久後，他意識到自己步入歧途，因而逐漸脫離意象派，但資產階級的頹廢世界觀對他產生的影響並未徹底清除。他曾熱情歌頌過十月革命，但是當革命進程與其意願不一致時，悲觀憤世的態度又占了上風；當他苦悶時，頹廢派文人也乘隙而入，使他在「過分與虛假的美」中一度陷入了寫作色情詩、頹廢詩的泥沼。這期間，葉賽寧創作了組詩〈不堪視聽的莫斯科〉，充分說明了他精神上的極度頹唐與創作上的嚴重危機；它致力於反映主人公孤獨而憂傷的情緒，並美化了流浪者與無賴漢的精神境界。有人後來據此將心緒委靡、放蕩不羈與玩世不恭名之為「葉賽寧性格」。這對葉賽寧的形象而言，不能說不受到損害。

我們可以說，葉賽寧一直生活在思想的極端矛盾之中。而這種可悲的、無奈的「葉賽寧性格」又加速了此一矛盾的激化，為詩人帶來更大的痛苦。最後終於使葉賽寧只得用自殺來尋求徹底的解脫。

葉賽寧辭世後，人們肯定他的藝術成就，仍深深懷念他。他具有民族特點的優秀抒情詩，許

多後來都被譜成了歌曲，有的直接被作曲家格‧斯維里多夫選入其創作的大型聲樂交響詩〈懷念葉賽寧〉中。作家高爾基更是為葉賽寧的逝世感到惋惜，說他的許多詩都銘刻在「自己心裡」，並稱他的死是「最令人難過的悲劇」。一直崇拜著他、曾與他相愛的女友卞尼絲拉夫斯卡婭，採取了一種極端的方式來表達自己的悲痛——在葉賽寧逝世一周年時，她在他的墳前朝自己開槍，殉情自盡。

編按

❶勃洛克（1880-1921），俄國詩人暨戲劇家，象徵派主要代表人物。早期推崇普希金十九世紀初的浪漫主義詩歌，以及俄國詩人與神秘主義者索洛維耶夫（Vladimir Sergeevich Solovyov, 1853-1900）的基督教啟示哲學，代表作有《美女詩草》詩集；後期的創作則否定了資產階級象徵派的唯理智論，轉而接受布爾什維克運動，卻得不到詩界與俄國社會的認同，因此晚期創作反映出他心中希望與絕望心理的交互作用，例如〈報應〉、〈祖國〉、〈西徐亞人〉等詩。

❷葉賽寧期待革命可以為農民帶來更好的生活與嶄新的時代，這些理想在詩作〈原鄉〉（Inoniya, 1918）中表露無疑。不久，在〈無情的十月革命愚弄了我〉一詩中，他表達了他對布爾什維克的失望。到了1920年，葉賽寧意識到他是「農村唯一僅存的詩人」；長篇詩劇〈原鄉普加奇約夫〉（Pugachyov, 1922）便是受當時的時代精神影響下誕生之作品，藉此榮耀俄國十八世紀農民叛軍的領導。

「思想而不自由，毋寧死爾。」

——王國維

王　國　維

（ 1 8 7 7 - 1 9 2 7 ）

中國近代著名學者，國學大師。

浙江海寧人，字靜安，一字伯隅，號觀堂，亦號永觀。1898年到上海，進《時務報》工作，後入羅振玉主辦的東文學社，不久赴日本東京物理學校攻讀自然科學與哲學、倫理學。1902年夏天回國，後在蘇州等地執教。1907年赴北京，任學部所屬圖書局之翻譯和名詞館協修。辛亥革命時，隨羅振玉走日本。後返上海，在猶太富商哈同創辦的倉聖明智大學任教。1922年再赴北京，先後任北大通訊導師、前清廷「南書房行走」、清華大學教授。王國維是新史學方法的倡導者之一，主張結合近代西方學術方法發展出新史學方法，最大貢獻是提出「二重證據法」，即史學研究除了使用文獻之外，還要重視地下出土的文物。生平著作六十多種，多記入《觀堂集林》、《海寧王靜安先生遺書》中。

1927年6月，國民革命軍的北伐大軍已逼近北京，隆隆的炮聲不時從遠處傳來，亦令人感覺到大地在顫動。24日，激戰的火藥味越來越濃，北京市民為避戰火和兵匪打劫，大都躲在家中，街上偶爾有行人出現，也多是匆匆而過，彷彿擔心炮彈會呼嘯而來。

這時，一個身著長衫的人坐著人力車，穿街走巷，悄悄地來到頤和園。昔日金碧輝煌、鶯歌燕舞的皇家園林，如今變得灰暗、靜寂、渺無人跡，一副凋零破敗的慘狀。加上此時天上烏雲密布，雷聲滾滾，暴雨即將傾盆而至，整個園中的氣氛給人一種肅殺淒清之感。那人似乎觸景生情，緩步移到昆明湖邊，緊閉雙眼，長歎一聲，翻身躍入湖水之中……

這個投水自盡者，就是前清遺老、當時的清華大學研究院教授——王國維。

王國維想自殺的念頭由來已久，早在1924年便嘗試過，但他為什麼如此執意要及早結束自己的生命，緣由得從頭說起。

十九世紀末，中國正經歷著新舊交替、翻天覆地的動盪與變化。民主思想為這個長期封閉的古老國度吹進了一陣新風。

就在這時，二十一歲的王國維放棄了科舉考試，離家出走來到上海謀生。恰好《時務報》招聘工作人員，王國維有幸得到錄用。

《時務報》的主編是梁啟超，此時正同康有為等人一道鼓吹變法維新，利用《時務報》大造輿論。對封建文化不滿的王國維對此極感興趣，思想上受到很大影響。無奈戊戌變法在清朝政府的血腥鎮壓下很快就失敗，譚嗣同等六君子遇

害，梁啓超等人倉惶出逃，《時務報》被迫改刊，王國維於是悲憤失望地離開了報館。

不久，王國維經人介紹，到當時的古器收藏家羅振玉❶辦的上海東文學社幹雜務。王國維十分欽佩羅振玉的學識，看見櫃子裏陳列的那些古董、甲骨文，更像是發現了一個新天地。而由於王國維勤快、好學，並且很尊重羅振玉，羅振玉因此很喜歡他。有一次，羅振玉把王國維叫到跟前，指著那些古物說：「年輕人就該好好研究祖宗留下的這些遺產，將來好發揚光大。變法，變什麼法？禍國殃民的敗家子！」他並表示要收王國維爲弟子。

王國維對於能成爲羅振玉的弟子感到受寵若驚。他完全爲羅振玉的滿腹經綸征服，依照羅振玉的訓導，一頭鑽進舊紙堆，終日考證古文字與古詩文，求所謂在社會上「立足的本事」，再無當年立志變法救國的高昂激情。

1901年秋天，王國維經羅振玉推薦到日本東京留學。臨行前，羅振玉對這位得意門生說：「到日本要專心學習數理化，不要受那些異端邪說影響，咱們大清帝國不缺主義，只缺技術。你要牢記，中學爲體，西學爲用，好好學習技術，歸來報效朝廷。」王國維沒有辜負羅振玉的一番苦心，到日本後刻苦學習，各科成績俱佳。無奈半年後，患了嚴重的腳氣病，只得回國療養。

回國後，王國維鬼使神差地迷上了西方古典哲學，開始了如他自己所說的「自是以後，遂爲獨學之時代」，終日與康德、尼采、叔本華等哲學家爲伍。

1903年，爲了生計，王國維先後到南通、蘇

州等地的師範學校教授哲學、心理學、倫理學課程。他說古道今，評西論中，還特別注意介紹西方資產階級各種思想觀點與流派。學生大開眼界，十分歡迎他的講學。王國維由此聲名漸振。

見到王國維熱心西學，羅振玉不禁心中焦急。1906年，他設法推薦王國維到清政府的學部總務司做一名小官，後又讓他到京師圖書館與名詞館等文化學術機構工作，專攻中國戲曲史和詞曲研究。就這樣，王國維再一次在「恩師」的誘導下，鑽進了舊紙堆。

1911年，辛亥革命爆發，封建王朝終於崩潰。視革命為大逆不道的羅振玉帶領王國維與其他清朝遺老、遺少出走日本。王國維對革命雖心懷不滿，但大勢所趨，也無可奈和，只好終日潛心研究甲骨文、金文和漢簡。幾年下來，竟有不少收穫。

1916年，王國維應猶太富商哈同❷（Silas Aaron Hardoon）之聘，回到上海編輯《學術叢編》雜誌，並繼續研究甲骨文。不久後，完成了具有重要學術價值的《殷卜辭中所見先公先王考》及《續考》，在學術界引起極大轟動。羅振玉等一批遺老學者藉此大加慶賀。羅振玉在慶功會上盛讚王國維的成績，隨即轉口大罵革命黨把一個好端端的中國搞得四分五裂。王國維等人也跟著咒罵，繼而痛哭流涕，紛紛朝北方跪下，遙拜他們被廢的主子宣統皇帝。結果，一場學術的慶功會演成了一齣鼓吹封建復辟的滑稽戲。

▼王國維（左）與羅振玉。

1922年，王國維接受北京大學的聘任，來到北京。第二年，由蒙古貴族升允舉薦，應召任清廷「南書房行走」，效忠廢帝溥儀。在破敗的故宮

裏，他整日爲溥儀講古說經，但溥儀對王國維不識時務的陳年老套並不感興趣。沒多久，當清華大學想聘王國維擔任研究院院長時，溥儀立即「恩准」，趁機把他打發了出去。

1924年11月，馮玉祥的國民軍進駐故宮，把溥儀逐出紫禁城。這無疑給那些幻想清朝復辟的遺老遺少一個沉重的打擊。王國維聽說後，如喪考妣，痛不欲生，跑去找此時在溥儀小朝廷入值南書房的羅振玉和前清遺老柯紹忞，三人抱頭痛哭，認爲這是奇恥大辱。最後，王國維提議三人第二天一起投入故宮禦河，以死抗議國民軍「暴行」並向溥儀一表忠心。王國維回家後坐臥不安，並寫下了遺書。他的反常舉動爲家人所警覺，片刻不離地加以監視，終使王國維未能自殺。羅振玉和柯紹忞本不想死，只因學生決心已下，老師不得不奉陪。後來見發起人未能死成，他們也趁機下臺階，得以體面地活下來。

1927年6月，北伐軍已打到北京城邊。王國維深感復辟無望，於是死意再起。他預先寫了一紙遺書給三兒王貞明並告訴家人：

五十之年，只欠一死，經此世變，義無再辱。我死後當草草棺殮，即行槁葬於清華塋地。汝等不能南歸，亦可暫移城內居住。汝兄亦不必奔喪。因道路不通，渠又不曾出門故也。書籍可托陳（寅恪）吳（宓）二先生處理。窮人自有人料理，必不至於不能南歸。我雖無財產分文遺汝等，然苟謹慎勤儉，亦必不至餓死也。

6月2日，他悄然至頤和園投入昆明湖，終於

▼王國維遺書手跡。

「在水裡將遺老生活結束」（魯迅語）。

編按

❶ 羅振玉（1866-1940），浙江上虞人，字式如、叔蘊、叔言，號雪堂，永豐鄉人，晚號貞松老人、松翁。十五歲舉秀才。清光緒十六年（1890年）在鄉間爲塾師並著書。光緒二十二年與蔣斧等在上海創立農學社，開辦農報館。光緒二十四年，羅創辦了東文學社，最初目的是培養日語翻譯人材，王國維即是該校的學生。宣統元年（1909年），羅在北京的伯希和（Paul Pelliot 1878-1945）住處看到他購得的敦煌手卷，並得知藏經洞仍有數千卷文書，乃力促學部電令查封石室，將洞內所餘遺書悉數解送京師。這批寶藏於宣統二年秋運抵北京，最後入藏於京師圖書館。他對流散的敦煌文也留心求購，所得文書及海外藏卷照片大多收入《鳴沙石室佚書》、《鳴沙石室佚書續編》、《鳴沙石室古籍叢殘》、《敦煌石室遺書三種》、《貞松堂西陲秘笈叢殘》、《敦煌石室碎金》、《敦煌零拾》、《沙州文錄補》、《敦煌石室遺書》、《佚籍叢殘初編》、《石室秘寶》等書中。他與王國維將斯坦因（Marc Aurel Stein 1862-1943）在敦煌、羅布泊等地發現的漢晉木簡照片彙爲《流沙墜簡》，並另撰有《雪堂校刊群書敘錄》二卷、《補唐書張義潮傳》、《瓜沙曹氏年表》等多種敦煌學論著，爲文化的綿延留下輝煌的功績。1911年辛亥革命爆發，羅振玉與王國維等避居日本，從事學術研究。1919年歸國。1921年參與發起組織「敦煌經籍輯存會」。1924年奉溥儀之召，入值南書房。1928年遷居旅順。九一八事變後，他參與策劃成立僞滿洲國，並任多種要職。1937年逝於遼寧省旅順。

❷ 哈同（1849-1931年），英籍猶太人，出生於巴格達（今伊拉克首都）的一個商人家庭，於1874年由香港輾轉來上海謀生。1884年中法戰爭爆發，上海的房地產價格猛

跌。看準這個機會，哈同傾囊而出，以低價購進今南京東路一帶大量房產。中法戰爭結束，這些房產價格大增，哈同在上海地位陡升。1887年，哈同擔任法租界公董局董事。1897年，擔任英美租界工部局董事，從此成為滬西的顯赫人物。他倚仗著英、法帝國主義在上海的勢力，拉攏清政府官員和北洋軍閥，經營房地產。隨著上海逐步開發，地價不斷上漲，營利愈來愈多。哈同的交遊廣闊，除了有學者羅振玉、王國維、章太炎、蔡元培，或軍閥陳炯明、楊善德、盧永祥、何豐林等，還有前清湖廣總督。1931年，哈同去世，據英國駐上海領事館估計，留下的遺產達一億七千萬美元。

「人生比地獄還要地獄。」

——芥川龍之介

芥川龍之介

(1 8 9 2 - 1 9 2 7)

日本著名作家。

別號柳川隆之介，澄江堂主人。1913年進入東京帝國大學英文系學習。1914年與菊池寬等人復辦《新思潮》雜誌，發表處女作〈老年〉、劇本〈青年之死〉。1916年發表短篇小說〈鼻子〉而一舉成名。在短短幾年內，寫下了一百四十八篇小說與大量文學評論、遊記和隨筆。1935年，《文藝春秋》雜誌社以芥川的稿費設立了「芥川文學獎」，今已成為日本文學獎中的最高榮譽。

1927年7月24日凌晨，像往日一樣，東京此時已車水馬龍，人聲鼎沸。然而，座落在這京畿鬧市一隅的日本著名文學家芥川龍之介的寓所，卻異常清寂。此刻，這位似有滿腹惆悵的文壇才子已吞服了過量的安眠藥，正靜靜仰臥著，等待死神將他引去……儘管有人發現時他時，他尚有體溫，但趕來救治的醫生診斷後，卻除了歎惜，再無他言。

人稱「鬼才」的芥川龍之介自殺離世時，年僅三十五歲。

芥川龍之介，1892年出生於東京一個農場主人家庭。他的生父姓新原，但他出生九個月後，因母親突然精神失常，便將他過繼給舅父做養子，易姓芥川。養父在東京府任土木科長，家境尚好，喜愛文學藝術，使芥川龍之介很早即接觸日本和中國古典文學。讀中學時，他廣泛涉獵歐美文學，尤其喜讀波特萊爾（Charles Baudelaire, 1821-1867）、法朗士（Anatole France, 1844-1924）、易卜生（Henrik Ibsen, 1828-1906）等作家的作品，使他深受世紀末文學的影響。

1913年，芥川龍之介考入東京大學英文系學習。1914年與後來也成為作家的菊池寬❶、久米正雄等人復辦了《新思潮》雜誌，發表處女作〈老年〉、劇本〈青年之死〉。翌年，他在《帝國文學》上發表名作〈羅生門〉。1916年，芥川龍之介在大學畢業前，於復刊第四期的《新思潮》上發表短篇小說〈鼻子〉，一舉成名，受到日本著名作家夏目漱石❷的讚賞。同年，他還發表了〈芋粥〉和〈手巾〉，從而奠定了新進作家的地位。

大學畢業後，芥川龍之介到鎌倉海軍機械學

校任教三年。1919年，他進入大阪的「每日新聞社」，專門爲該報社撰稿。芥川龍之介對中國較瞭解，1921年時曾以報社海外特派員的身分前往中國，先後遊歷了上海、廬山、長沙、武漢、北京等地，並寫成了《上海遊記》、《江南遊記》等作品。

芥川龍之介進入文壇時，正值風靡日本一時的自然主義文學開始衰退。他與菊池寬等《新思潮》友人反對自然主義呆板的純客觀描寫方法，主張文學可以虛構，題材應該多樣，重視鮮明的形象和生動的語言。文壇據此稱他們爲「新思潮派」。又因爲他們都很講究技巧，擅長心理刻畫，冷靜而理智地探討現實人生，於是又稱之爲「新技巧派」或「新寫實主義」。而芥川龍之介在他的作品中，尤以典雅的語言和細膩的心理描寫、巧妙的佈局、含蓄的命題，以及機智幽默富有情趣的文學特點見長，使其成爲最具該派特色的代表作家。

芥川龍之介的創作生涯不長，前後不過十一年，但已寫出了一百四十多篇小說、幾十篇小說，以及不少抒情哲學扎記與文學評論。他的小說以歷史題材居多，常借古喻今，以古代人物、事件、故事來表達自己對現實生活、人生與藝術等諸多複雜問題的見解。如小說〈竹藪中〉寫的雖是日本平安朝末年某位下人違背道德鋌而走險的故事，寓意卻在表現社會上的弱肉強食與人類的利己主義本質。小說〈地獄變〉則透過一個崇尚藝術至上的名畫師良秀，親眼目睹親生女兒活活燒死，竟還能從中受到感染及啓示，爲老爺完成畫稿《地獄變》的情節，描寫出一個爲藝術而

藝術的畫家之悲劇。作者雖然在作品表現了藝術家爲追求藝術上的完美，須超越世俗、不計一切利害得失，此小說同時也無情地揭露了造成這個悲劇的統治者——那幅地獄圖——正象徵作者所處的社會現實之黑暗。

俄國十月革命後，日本無產階級文學開始萌芽。芥川龍之介在時代的影響下，後期創作也基本上從歷史轉向現代，題材更加廣泛，社會意義也更深刻。其中有描寫勞動人民純樸、眞摯情感的〈桔子〉、表現現代男女青年苦悶的〈秋〉、描寫農村中人與人之間關係變化的〈一塊地〉，還有對監獄裡非人道行徑表示憤慨的〈寒冷〉、嘲諷軍國主義的〈將軍〉、對下層士兵生活境況表示同情的〈猴子〉，以及對資產階級的政治、經濟、戰爭、藝術作廣泛諷刺的〈水鬼〉等。作家的世界觀有了新的變化，他已由揭露個人利己主義之弊，轉向剖析自己的靈魂。這在當時的作家中，確實是難能可貴的。

1927年初，芥川龍之介發表小說〈玄鶴山房〉，透過纏綿病床的老畫家之死，批露家庭的糾葛，展示人生的慘澹和絕望，暗示舊事物的衰亡和新時代的即將來臨。寫這篇作品時，長時期承受沉重現實壓力與精神負擔的芥川龍之介已萌生了自殺的念頭。他後來寫的〈齒輪〉、〈河童〉等作品，則明顯反映了他「對未來模模糊糊的不安」、不戀棧人世的精神狀態。

芥川龍之介爲何在事業有成之日走上絕路？其中最主要的原因是，雖然芥川龍之介才情橫溢又具有浪漫氣質，但他對現實的態度卻是嚴肅的。他深入生活，探討人生，期盼社會文明，結

果卻「看到了資本主義產生的罪惡」；他也曾不斷地追求理想，得到的卻只是幻滅的悲哀；他雖然看到二十世紀無產階級力量的興起，並且接受了一定影響，但又認為「自己的靈魂上打著階級的烙印」，他不能「超越時代」，也「不能超越階級」，從而也缺少「去擁抱新時代的熱情」。他對自己的立場一直感到不安，但又不能像菊池寬和久米正雄那樣轉變成大眾文學作家，他總是在逃避現實又深感內疚中掙扎。因此，他感到極端的矛盾與苦悶，精神上異常痛苦，覺得現實是殘酷的，「人生比地獄還要地獄」，終於在安眠藥中找到了徹底解脫的出路。

除此之外，還有一個原因是，伴隨著激烈的思想矛盾而在長期亢奮下從事創作，令芥川龍之介得到了神經衰弱症，再加上恐懼自己遺傳到母親的精神失常，其精神狀況也就更加頹廢不振。透露出自殺信號的〈玄鶴山房〉所表現的正是這樣一種自我崩潰的狀態，而在這以後發表的〈河童〉等作品，也似乎都蒙上一層陰森森的鬼影，為他的撒手人寰預先唱起了哀歌。

芥川龍之介認為「天國」是自己的永久安身之所，死時枕旁只有一本《聖經》作伴。但他不希望兒輩們繼承他「神經質」的特性而走上同樣的路，因此他的「遺囑」中清楚提出了對他們的忠告：

1.你們千萬不要忘了人生至死都會有各式各樣的爭執。

2.你們不要忘記齊心協力，一定要珍惜你們的力量。

3.把小穴隆一當作你們的父親，遵循小穴隆一的教訓。

4.如果你們成長到與人好鬥的時刻，你們要像你們的父親那樣自殺，但你們也要盡力迴避步上父親不幸的後塵。

5.雖然要揣摩茫茫天命是難上加難的事，但是你們要依靠家族的力量一起努力拋棄慾望。

6.你們一定要憐憫你們的母親，但不要因此而荒廢了你們的意志。

7.你們一定要避免像你們父親那樣神經質，一定要記住這是比較特殊的情況。

8.你們的父親是愛你們的，但是愛也罷，拋棄也罷，生活的道路靠你們自己去走。

芥川龍之介的自殺，在當時震撼了整個日本。文壇更是對此感到惋惜，稱他代表了「從大正到昭和初年，日本知識份子中最優秀的一面」，並認為他的死「是時代的犧牲品」。

為紀念芥川龍之介在文學上的成績，日本文藝春秋社從1935年起，一年兩度以他為名設立獎勵文壇新秀的最高文學獎：「芥川文學獎」，而它逐漸成為日本極少數擁有世界性影響力的文學評獎活動。日本著名作家石川達三、井上靖、堀田善衛、松本清張、三浦哲郎、開高健等，均因創作了反映日本各時期社會問題並具有一定現實意義與藝術水平的優秀作品而獲此殊榮。

根據芥川龍之介1921年創作的名作〈竹藪中〉改編的影片《羅生門》（日本著名導演黑澤明執導），在1951年的威尼斯影展上獲得大獎，從此以後，日本的電影水準才開始為世界影壇所注意。

▼根據芥川名作〈竹藪中〉改編的日本電影《羅生門》劇照。

編按

❶菊池寬（1888-1948），作家與劇作家，文藝春秋社創設者（1923），又於1935年創設了日本兩大文學獎：「芥川獎」（純文學新人獎）、「直木獎」（大眾文學中堅作家獎），獲喻為「日本文壇的太上皇」。代表作品有〈父親回家〉、〈屋頂上的狂人〉、〈藤十郎的戀情〉、〈恩仇的彼方〉、〈無名作家日記〉等。

❷夏目漱石（1867-1916）原名夏目金之助，是日本近代首屈一指的文學巨匠。筆名漱石，取自「漱石枕流」（《晉書》孫楚語）。一生著有兩部文論、大量俳句、幾百首漢詩，若干隨筆和書信。在文學上的最大貢獻，是以他十幾部長篇小說和大批短篇小說推動批判現實主義文學的事業，為後來的作家帶來深刻的啟發。夏目一生堅持對明治社會的批判態度，以他具有鮮明個性、豐富多采的藝術天賦，在日本近代文學史上奪下一席之地，獲喻為「國民作家」。代表作有《少爺》、《我是貓》、《夢十夜》。

「愛情的小舟——在繁瑣生活上撞得粉碎。

我與生活已經結了帳，沒有必要再重提／彼此間的痛苦、不幸和委屈。」

——馬雅可夫斯基

馬雅可夫斯基

Vladimir
Mayakovsky

（1 8 9 3 - 1 9 3 0）

蘇聯早期革命詩人暨作家。
生於喬治亞的巴格達吉。1908年參加
俄國社會民主黨，數次被捕。1911年
在莫斯科學習繪畫，後轉向文學創
作，早期詩歌帶有未來主義傾向。十
月革命後，創作進入新階段。他的詩
直接反映現實，表達革命的主題，代
表作有〈開會迷〉、〈好！〉、〈列
寧〉、〈穿褲子的雲〉等。1930年加入
俄羅斯無產階級作家聯盟。

1993年7月19日中午，莫斯科凱旋廣場的馬雅可夫斯基塑像旁，人潮如海，樂聲陣陣，彩旗與鮮花交相輝映。這裡正在舉行這位詩人誕辰一百周年的慶祝活動。紀念會上，藝術家朗誦了詩人的名作，詩人母親故鄉的合唱團前來演出；剛剛與俄羅斯文學家一起去爲詩人陵墓獻花的馬雅可夫斯基之女葉蓮娜‧湯普森和兒子里查德出現在現場，令群眾欣喜萬分。葉蓮娜懷著激動的心情對塔斯社記者說：「我萬分感謝俄羅斯人如此熱愛和紀念我的父親。」

的確，馬雅可夫斯基是一位深得俄羅斯人民尊敬和喜愛的偉大詩人。他曾有過屬於他輝煌的時代，他的詩篇是俄羅斯乃至世界的珍貴財產。可是，這位才華橫溢的詩壇巨匠只活了三十七歲，便自行結束了自己的生命，成爲令後人惋惜的憾事。

馬雅可夫斯基於1893年7月19日生於俄羅斯高加索庫塔伊斯省喬治亞的巴格達奇村，父親是個普通的小林務官。家庭的薰陶與聰穎的天資，使他在七、八歲時就能背誦普希金、萊蒙托夫等詩人的許多詩作。他特別喜歡鑽到農民裝葡萄酒的大空罈中大聲朗誦詩歌，他的聲音在這裡顯得分外洪亮有力，陣陣回聲則使他感到更有趣味。九歲時，他已進入庫塔伊斯的文科中學讀書。然而，在他十三歲時，父親去世了，平靜的生活從此破滅。安葬父親後，全家帶著僅剩的三個盧布遷到莫斯科。因爲每個月只有撫恤金十個盧布過活，生活十分艱苦。馬雅可夫斯基不得不與姐姐一起打零工，掙幾個小錢維持生計。1906年，在全家的省吃儉用下，他才得以進入莫斯科第五中

學繼續學習。

　　這時，無產階級革命的烈焰正在整個俄國大地上愈燒愈旺。同情窮人並嚮往革命的馬雅可夫斯基從中得到很大的鼓舞。1908年初，他透過莫斯科大學一個學生地下黨員的介紹，加入了俄國社會民主黨（布爾什維克黨），那年他才十五歲。這段期間，他積極參加學校的罷課、遊行與聯絡工友、宣傳革命等活動，深得同志的信任，被選爲布爾什維克黨莫斯科市委委員。但是，鬥爭是殘酷的，不久後他接連三次遭沙皇政府逮捕，先後關押了一年多，每次都是因年紀小而獲釋。但他卻利用在獄中的時間，組織政治犯從事鬥爭，並讀了許多俄羅斯文學作品，大大提升了自己的文學修養。1911年，馬雅可夫斯基進入莫斯科繪畫雕刻建築學校學習繪畫，仍然堅持從事革命活動。三年後，學校藉故將他開除，理由是他鼓吹「批判與騷動」。

　　馬雅可夫斯基毫不後悔自己放棄繪畫，這時的他已迷上詩歌創作。早在幾年前，不忘兒時詩趣的他便已開始嘗試寫詩，並於1912年寫成兩首短詩〈夜〉和〈早晨〉，是他詩人生涯的第一步。然而那時他受「未來派」的影響較大，作品尚未成熟，一些詩作可視爲某種色彩斑駁的城市圖畫；形象模糊，辭彙晦澀，符合未來派形式主義的藝術原則，例如他把「烙鐵在他懷中來回了一百次」故意寫成「一百次地在他懷中／烙鐵／曾經／來回」，讓人難以理解，因此有人得出「馬雅可夫斯基的詩使人莫名其妙」的結論。只是馬雅可夫斯基依然我行我素，作詩的勁頭不減。

　　馬雅可夫斯基的作詩方式也獨具特色。他

「從不手拿著筆伏在桌上工作，而是一連幾個鐘頭流連在街上，邊走邊觀察」，構思時老是自言自語，念念有詞。「他有時突然高聲一嚷，也許是在訂正他的詩句。這種在別人面前打腹稿的事，常常把人弄得不知所措。」他還有一手絕活，就是他所有的詩作都是在腹稿中進行修改、調整、重寫。每一次的修正稿，他都能背誦，直到最後才用小手冊記下來。他的一個好友回憶道：「他的記憶力極驚人，不但能整個背誦自己的著作，也能背出幾本當代與古代詩人的作品。」

與馬雅可夫斯基的創作風格相呼應，他的生活習性也別具情調。他經常穿一件長到腰際的淡黃檸檬色罩衫，不繫腰帶，讓它自然環著身子擺動，或外加一件優雅的大衣，繫條長長的大黑領帶，戴一頂大禮帽，再握一根手杖補襯全身的行頭。他還以這種形象到照像館留影，並在照片上署名「未來主義者馬雅可夫斯基」。他的名片也是黃顏色的，尺寸有一頁小說那麼大，他的名字以超大的字體占滿整個頁面。有人因此戲稱這是他的「招牌」。

社會生活是創作的源泉，也是檢驗作品的標準。經過一段時間的創作實踐，馬雅可夫斯基發現自己的詩與社會生活的距離。於是他嘗試把詩寫得通俗些，形式上也質樸些，特別是在內容上與生活貼近些。他的詩作逐漸直率表達出他對勞動人民的同情和對資本家剝削者的痛恨，開始掙脫未來派所謂的「革命和藝術不能相容」的偏見。人們為此對他刮目相看，喜歡聽他朗誦這類「鬥爭的詩歌」，並給予「熱烈鼓掌的歡迎」。

1914年，馬雅可夫斯基創作了對俄國沙皇社

▼馬雅可夫斯基在家鄉。

會制度和宗教進行無情抨擊的長詩〈穿褲子的雲〉，並把其中的片斷念給無產階級文學家高爾基聽。高爾基認定自己發現了一個詩界新星，聽到激動處，竟高興地流下熱淚。他給予馬雅可夫斯基很大幫助，使這位二十四歲的詩壇新秀在1915年7月出版了第一部長詩《穿褲子的雲》。第二年，他又親自出版了馬雅可夫斯基的詩集《像牛叫一樣簡單》，並熱情邀請年輕的詩人為他主辦的《編年史雜誌》撰稿。

　　「二月革命」推翻了沙皇專制政權，深受鼓舞的馬雅可夫斯基很快創作了新作〈革命〉，熱情歌頌「二月革命」的勝利：

　　公民們：
　　千年的「老套」今天被打破了，
　　世界的基礎今天起要重新考慮。

　　這段期間的某一天，馬雅可夫斯基在街上散步，看見一個頭戴小帽、手提錢包的女人正在人群中散佈污蔑布爾什維克的言論。馬雅可夫斯基十分氣憤，當即穿過人群走到這個女人跟前指著她說：「抓住她，她昨天把我的錢包偷走了！」一聽此言，人群中出現了一陣躁動。那女人面如死灰，驚慌地辯道：「先生，你搞錯了吧？」但馬雅可夫斯基一口咬定：「沒錯，正是她——戴繡黃花帽子，偷了我二十五個盧布。」圍觀的人對這個女人大肆嘲笑。人群不一會兒散去，那女人一把鼻涕一把眼淚地對馬雅可夫斯基說：「我的上帝，您瞧瞧我吧，我真的是頭一回遇見您呀！」馬雅可夫斯基答道：「可不是嗎？太太，

您這才頭一回看見一個布爾什維克，卻已經大談特談起布爾什維克了。」

不久，列寧領導的「十月革命」爆發了。馬雅可夫斯基親切地稱之為「我的革命」。革命後的第二天，他就來到起義司令部斯莫爾尼宮參加工作，並先後為此寫了〈我們的進行曲〉、〈革命頌〉、〈給藝術大軍的命令〉等大量詩篇，熱情謳歌無產階級的偉大勝利，呼籲藝術家與革命結合。

1919年4月到1922年2月，俄國國內革命戰爭時期，馬雅可夫斯基還參加了「羅斯塔（俄羅斯通訊社）之窗」的工作，夜以繼日寫詩作畫，宣傳革命真理。有一名詩人回憶當時道：「在這些日子裡，革命的喉舌馬雅可夫斯基是特別優秀的，他心中燃燒著革命勝利的火焰……。他的每一句話都透露出對資產階級的憤怒、詛咒和抨擊，他的每一句話都透露出對新的工人階級的熱情和歡迎。」

這時，馬雅可夫斯基的思想已發生很大變化，他表示不再以未來主義者自居，並全心投入了無產階級詩歌的創作。

1922年3月5日，馬雅可夫斯基在《消息報》上發了新詩〈開會迷〉，以誇張手法鮮明生動地揭露了不務實際、崇尚空談的官僚主義形象。列寧對此詩給予充分肯定與讚揚。

1924年，俄國無產階級革命導師列寧逝世，馬雅可夫斯基深感悲痛。他懷著對列寧的無比熱愛與崇敬，在這年秋天創作了長詩〈列寧〉——無產階級文學史上的第一篇描寫革命領袖的政治抒情性作品。詩中寫道：

列寧
就是現在
也比一切人更有生命。
他是我們的知識
力量
和武器。

　　詩人以發自肺腑的詩句，抒發了對革命領袖的無限深情，表示「情願交出自己的生命，來換取他輕輕的一息」。這首長詩引起了強烈的迴響。

　　為了更瞭解世界，馬雅可夫斯基在完成長詩〈列寧〉後，曾先後兩次出國旅行，到過法國、西班牙、古巴、墨西哥、美國，寫出了大量具國際觀的詩作。1925年，他寫了《我發現美洲》、《摩天大樓的橫斷面》、《梅毒》、《百老匯》等專題集，以及〈回國〉等一系列關於美國的詩。他以犀利的諷刺筆觸，揭露美國這個金元帝國裡資本對勞動的統治、種族歧視和其他種種弊病，傳達了詩人對資本主義社會的蔑視和對蘇維埃祖國的熱愛。

　　1927年，三十四歲的馬雅可夫斯基又發表了為紀念「十月革命」十周年而創作的革命史詩：《好！》。這篇長詩是詩人創作成果的總結，也是詩人創作的最高峰。馬雅可夫斯基曾三十多次到各地親自登臺朗誦這首新作，為「十月革命」的勝利與英雄的人民、偉大的領袖縱情歌唱，聽眾的反應亦極熱烈。著名文藝評論家盧那察爾斯基稱它是「青銅鑄成的十月革命」。一次，他剛朗誦完「列寧在我們腦中，槍在我們手中」這幾句，

▼長詩《列寧》的封面。

聽眾中一位年輕的紅軍戰士突然站起來說道：
「還有您的詩在我們心中，馬雅可夫斯基同志！」
就在這一年裡，馬雅可夫斯基鄭重地宣布：「我
認爲自己是一個無產階級的詩人。」他在他最後
一次講演中，朗誦他的〈引吭高歌〉時表示：

> 我舉起，
> 我完整無缺的布爾什維克著作，
> 好比一張黨證。

就在詩人事業最鼎盛、聲名大振的時候，一
個潛伏了許久的危險正悄悄向他襲來。

首先，是他明顯的政治傾向，使他時常受到
敵對勢力的威脅；而文學界——尤其是踞於俄羅
斯無產階級作家聯盟領導位置的某些宗派主義領
導人——則對他的才華十分妒嫉，對他不願與小
人爲伍的倔強性格極不滿。他們挖空心思，從政
治態度、創作方法，乃至個人習慣上對馬雅可夫
斯基加以責難、排斥和打擊，使這位曾受列寧讚
賞的著名詩人直到逝世前兩個月才得以加入俄羅
斯無產階級作家協會。馬雅可夫斯基爲極右和極
左的文藝思潮所困擾，體會到做人的困難，由此
產生一種不可名狀的孤獨感。他的生前好友霭爾
莎曾說：「受到別人的諷刺、誣衊、造謠、毀
謗、謾罵時，馬雅可夫斯基總是聳聳肩，認爲不
值得介意。但實際上，它們使他感到痛苦。」她
認爲馬雅可夫斯基的自絕是這一幫人的迫害所
致。

其次是馬雅可夫斯基在巨大的精神壓力下拚
命工作，經常陷入無節制的創作亢奮之中，以至

於「操勞過度，緊張過度，神經衰弱」，活得很累。此時他的風濕症也變得較嚴重，常使他感到疼痛難忍。

其三是他的愛情生活並不順利，許久不能掙脫失戀的陰影和情夢難圓的傷感桎梏。馬雅可夫斯基是一個充滿激情的年輕詩人，他橫溢的才華與詩人的熱情，博得不少女人的愛慕。在他一生中，最值得談及的有兩位女子，一是二○年代中期結識的莉麗婭‧勃里克。她是一個有夫之婦，丈夫奧西普‧勃里克也是個作家，與馬雅可夫斯基是好朋友。他們常在一起吃飯喝茶、談詩論文、議及文學界的相關情況。有時時間晚了，馬雅可夫斯基就留宿奧西普家。久而久之，馬雅可夫斯基竟對賢淑端莊的莉麗婭暗生情愫，並在一封寫給莉麗婭的信中向她坦露了自己的心緒：

　愛，就是生命，這是最主要的東西。由於愛才開啓了詩歌、事業和其他一切。愛，是一切的心臟。如果它停止工作，其他一切也都會枯萎死亡，變成多餘而無用的東西。

莉麗婭是一個詩歌愛好者，對馬雅可夫斯基一直非常關心，款待十分熱情，後來也逐漸由傾慕發展到了愛戀。終於，在1918年秋天的一個晚上投，她投入了馬雅可夫斯基的懷抱。這種曖昧關係大約維持了一年，因爲懷了馬雅可夫斯基的孩子，莉亞婭終於向丈夫攤牌。奧西普其實早已知情，但他仍愛著莉麗婭，也不願意與馬雅可夫斯基翻臉，便回答她：「我理解妳，但請讓我永遠不要離開妳。」他甚至同意馬雅可夫斯基搬到

▼莉麗婭‧勃里克的畫像（馬雅可夫斯基繪於1915年）。

他家來。就這樣，馬雅可夫斯基與莉麗婭在奧西普家中同居了。白天裡，他們三人有時仍在一起用餐、交談；晚上，奧西普與他們打過招呼後，就回自己的房間，留下馬雅可夫斯基與莉麗婭享受美好時光。文學圈中沒有人不知道馬雅可夫斯基這段特殊「婚姻」，但誰也不去直接干涉，因為這是三位當事人自己「願打願挨」的安排。當然，此事對馬雅可夫斯基的詩人形象不能說沒有任何影響。

這種二夫一妻的畸型生活維持了十多年後，馬雅可夫斯基又有了新歡。她也是個有夫之婦，叫薇若尼卡・維托麗多芙娜・波倫斯卡婭，是莫斯科藝術劇院的職業演員，也是詩人的崇拜者。她與馬雅可夫斯基結識於1929年5月，很快便如膠似漆地熱戀起來。那時正是馬雅可夫斯基心情最壞、最需要關心與照顧的日子，而她的熱情與奉獻使馬雅可夫斯基得到安慰。馬雅可夫斯基當然深愛莉麗婭，但他們不是正式夫妻，這種關係畢竟不能登大雅之堂。薇若尼卡的出現，她的漂亮與風度讓馬雅可夫斯基動了建立一個真正家庭的念頭。他向薇若尼卡求婚，要她放棄戲劇事業，立即跟他結婚，擔任他事業的助手。但薇若尼卡不願意離開劇院，也對結婚五年的丈夫還有一些留戀，不忍心立即一刀兩斷，因此一直猶豫彷徨著。

馬雅可夫斯基不敢想像薇若尼卡作出拒絕他的決定，因為他絕不能失去薇若尼卡。為此，他日夜心煩，情緒一天比一天壞。他開始「不停地抽煙，天天喝酒過日子，關了房門，上了鎖，一字不寫。」他逐漸消瘦下去，「在寬大的上衣下

面，可以隱約看出他骨瘦嶙峋的軀幹與肩胛。」多年來，一直迴盪在他心頭的棄世意念在此時突然顯現出來。

馬雅可夫斯基似乎很早就設想過如何結束自己的一生。在1916年的〈脊椎骨的笛子〉一詩中，他寫道：

> 我愈來愈想，
> 拿一粒子彈來作我生命最後的句號。
> 今天，完全湊巧，
> 我開了訣別演奏會。

1919年，他在詩作〈人〉中也寫道：

> 心蹦向槍彈，
> 喉嚨夢想著刺刀，
> 藥劑師，
> 讓我的靈魂，無痛無楚，
> 被引向太空。

1923年在詩作〈關於這〉中，他因失戀的絕望而寫道：

> 爲什麼不讓我，
> 打死自己；
> 不讓我在橋柱上，
> 撞碎我的心臟？

1926年，他在寫給俄國詩人葉賽寧的詩中曾說道：

在這個生命中，
死亡，
是很容易，
建立生命倒是很難。

　　馬雅可夫斯基對蘇聯的前途充滿信心，但對自己遭人嫉妒而無端受辱、心衰體弱又疾病纏身，以及愛情遇挫、婚姻無望的處境卻十分悲觀。馬雅可夫斯基覺得生存的負擔太重了；他想解脫，尋求無憂無慮的永恆安逸。

　　1930年4月14日早晨，馬雅可夫斯基將已與他相處十一個月的薇若尼卡接到他在莫斯科郊外索可爾尼基的一所木屋裡，決定就婚姻問題與她好好談一次。也許是一夜未眠，馬雅可夫斯基的眼睛紅腫，精神狀態顯得不佳。薇若尼卡對他既可憐又無奈，想找些輕鬆的話題打破難堪的沉寂：「您瞧，今天的陽光多美，莫非您又在想昨晚那些糊塗念頭？把亂七八糟的事忘掉吧！……」馬雅可夫斯基答道：「我感覺不到陽光，我現在沒有那種閒情逸致……」接著，他又直截了當提出結婚的事，要求薇若尼卡當場表態，給他一個答覆。薇若尼卡思考了許久，仍拿不定主意。她想到排練的時間快到了，便決定先回劇院，當晚再跟詩人通電話。馬雅可夫斯基只好同意，表示要送薇若尼卡。她笑著拒絕了。

　　當薇若尼卡走出房間向大門走去時，突然聽見小屋裡傳來一聲槍響。她立即轉身奔回小屋，發現屋內彌漫著濃濃的火藥味，而馬雅可夫斯基倒在地毯上，胸口鮮血直冒，兩隻胳臂大張，左

手握著勃朗寧手槍。他的兩眼開始還呆呆地望著她，似有話向她說，但很快就永遠地閉上了。

人們找到了他寫的絕命書，是他兩天前就寫好的：

給大家：

我死了，不要責怪任何人，也不要製造流言蜚語，死者生前最厭憎這一套。

媽，兩位姐姐，同志們，原諒我吧！這不是一個辦法（我不會勸任何人這樣做），但是我沒有別的出路。

莉麗婭──愛我吧！

政府同志，我的家屬有莉麗婭·勃里克、媽媽、兩位姐姐和薇若尼卡·維托麗多芙娜·波倫斯卡婭。如果你們能爲他們安排一種過得去的生活，那就謝謝了。

請把我著手寫的一些詩稿交給勃里克夫妻，他們會搞清楚的。

正如常言所説──

「意外的事已經結束」。

愛情的小舟──

在繁瑣生活上撞得粉碎。

我與生活已經結了賬，

沒有必要再重提

彼此間的痛苦、不幸和委屈。

祝生者幸福。

馬雅可夫斯基

1930年4月12日

馬雅可夫斯基逝世的消息傳開，莫斯科陷入悲痛之中，4月17日在作家俱樂部舉行了葬禮。沃羅夫斯基大街被人群包圍住，不僅俱樂部內擠滿了人，周圍建築物的陽台、窗台、屋簷上也都是人，新聞記者帶了幾十架相機與攝影機進行現場報導。據稱，參加葬禮的人數多達數十萬人，爲他送葬的隊伍延綿幾里路長，不少人留下了悲傷的熱淚。儘管馬雅可夫斯基希望世人不要因他的死責怪任何人，但他的好友、詩人阿謝耶夫仍在一首詩中憤然指出：

　　　　我知道，舉起千鈞重的手槍，
　　　　並把鉛彈對準了你的心口，
　　　　去扳動槍機的，不是你自己，
　　　　而是別人的手把持著你的手⋯⋯

　　史達林對馬雅可夫斯基身爲「紅色詩人」的不朽功績給予充分肯定，在一份批示中曾指出：

　　　　馬雅可夫斯基過去是、現在也仍是我們蘇維埃時代最優秀、最有才華的詩人。
　　　　對他的遺念與遺著不加以重視是一種罪惡。

「……就燒我成灰，
投入泛濫的春江，與落花一同漂去，無人知道的地方。」

——朱湘

朱　湘

（ 1 9 0 4 - 1 9 3 3 ）

中國現代著名詩人。
生於湖南沅陵，祖籍安徽太湖。1918
年考入北京清華學校，曾加入文學研
究會。1927年畢業後，赴美攻讀西洋
文學。1929年回國後，任安徽大學教
授兼英文文學系主任。三年後解聘，
從此顛沛流離。生前與身後出版的作
品有詩集《夏天》、《草莽集》、《石
門集》、《永言集》和譯詩集《番石榴
集》等，以及散文評論集《中書集》、
文學論集《文閒談》等。

1933年12月7日午後，寄居上海北四川路儉德公寓的劉霓君女士，收到一封英商怡和公司「吉和輪」帳房先生的來信：

本月四日有一客，買三等船票，從上海到南京，詎於次日（五）凌晨六時投江。急放救生船撈救，已無蹤影。遺有皮箱一，夾袍一件。夾袍內藏有一信，方知死者名朱子沅。內有貴處地名，故特函來報。希於十三日持信往敝輪可也。

劉霓君頓覺眼前一黑，許久，才轉過氣來，禁不住放聲大哭……原來這死者就是她的丈夫——中國著名現代詩人朱湘。

朱湘，1904年秋生於湖南沅陵，為紀念其出生地，故起名為湘，字子沅，號幼衡。朱湘的父親朱延熙，1886年中進士，入選翰林院，後以四品京堂分派湖南，任鹽法道兼長沙寶慶分巡道。母親張氏是北方女子，賢慧質樸，一生中為朱家生育了五個兒子、七個女兒，1907年逝於長沙。當時朱湘才三歲。幼年失怙，或許是朱湘日後抑鬱性格形成的起因，因為在他最需要母愛時，母親卻驟然而去；這種情感欠缺是永遠也無法彌補的。而他的父親整日忙於公務，操勞過度，終於也在1914年初一病不起，死在老家安徽太湖。雙親亡故，家道中落，使十歲的朱湘倍感孤獨與悲傷。此時，年長他約二十歲的大哥成了他的監護人，把他帶到南京，送入江蘇省立第四師範附小就讀。

1917年秋，因家人安排以及當時實業救國思想的影響，朱湘考入了江蘇省立第一工業學校預

科。

　但不久後，他就逐漸表現出對文學的愛好，爲自己取了個雅號「秋帆」。在曾留學歐洲的二嫂薛琪瑛的極力主張與幫助下，朱湘參加了南京基督教青年會的英語補習班，爲他後來成爲文學翻譯家打下了基礎。

　1918年9月，朱湘考入北京清華學校，以工業學校預科的學歷插入清華中等科三年級。這時，正是新文學剛剛興起之時，新舊文學激烈衝突，勝負未卜。學校裡分成兩派，爭論尖銳，甚至不顧斯文，拳腳相加。朱湘雖對舊文學有依戀，但也從同學那裡借來了《新青年》讀，其中劉半農那封既充滿感情色彩、又深刻洞察舊文學弊端的檄文〈答王敬軒書〉使他大開了眼界，完全爲新文學所折服。不久，將視野「轉到新文學方面」的朱湘又讀到周作人的〈人的文學〉、〈平民文學〉
等一系列文章，十分傾心周作人宣揚的人道主義、民主主義思想及民主主義中所包涵的自由主義主張。這些，對朱湘後來詩作中表現出的民主主義、自由主義的思想基礎，無疑是有影響的。朱湘自己在1924年《文學週報》的「桌話欄」中就曾把周作人比作「我的新文學上的初戀」。

　使朱湘對新詩入迷的，應該是他進清華第二年讀到的中國第一本新詩集──胡適《嘗試集》。後來他又讀到了郭沫若的詩集《女神》，對新詩的興趣更濃，因爲他認爲新詩不像舊詩那樣拘束，是能眞實表現他特行獨立性格的一種文體。朱湘這時也開始嘗試新詩創作。1921年6月，他以朱幼衡爲署名，在《晨報》上發表了〈春雨〉、〈紫羅蘭〉、〈農歌〉三首新詩，構思新巧，格律別致，

語句清新，引起了大眾的注意。

　　1921年11月，「清華文學社」在清華工字廳成立，後來成為中國文壇主將的聞一多、梁實秋、孫大雨等人都是該社的活躍分子，朱湘因在《晨報》副刊上發表新詩也獲邀請入社，幾個人經常在一起切磋詩藝，觀摩詩品。朱湘寫詩的幹勁倍增，常常廢寢忘食，並利用外語基礎的優勢，翻譯了羅馬尼亞民歌與及莎士比亞、雪萊的作品。1922年是朱湘詩歌生涯的正式開始，於改革後的《小說月報》上連續發表了五首詩歌、兩首譯詩和一篇文學通信，諸如〈荷葉〉、〈廢園〉、〈春〉等，多為對自然的歌詠，寫得清新、純淨，顯示出詩人的才華。1923年，朱湘還被推為清華文學社的書記。

　　當時清華的制度很嚴，教學方式卻較呆板，同時，全盤美國化、學生沉迷放洋與輕視國語的現象充斥校園。有著革新思想與孤傲性格的朱湘對這些看不慣，經常做出一些我行我素、令校方惱怒的事來：他常熬夜寫詩，早晨起不來便不去食堂進餐，因而多次誤了點名，先後遭記滿三次大過；又因對文學偏愛，有時便蹺課，令老師不時向校長寫告發信。就這樣，到了1924年冬天，只差半年就要畢業的朱湘終被學校開除。但朱湘對此毫不後悔，反而看作是「對失望宣戰」的勝利。他在給好友顧一樵的信中寫道：

　　　我離開清華的原因，簡單說一句：是向失望宣戰。這種失望是各方面的。失望時做的事在回憶爐中更成了以後失望的燃料。這種精神上的失望，越陷越深，到頭幸有離校這事降臨，使我生

活上起了一種變化。不然我一定要瘋了。

　　後來在寫給學友羅念生的信中，他也指出：

　　你問我爲何要離開清華，我可以簡單回答一
句：清華的生活是非人的。人是奮鬥，而清華只
有鑽分數；人是變換，而清華只是單調；人是熱
辣辣的，而清華是隔靴搔癢。我投身社會之後，
怪現象雖然目擊耳聞了許多，但這些是眞正的人
生。至於清華中最高尚的生活，都逃不出一個
假，矯揉。

　　有趣的是，朱湘被開除後，並未離開清華
園，而是以一種奇特的方式向清華當局示威：他
傲然漫步於西園之中，令不少同學爲之稱奇。這
時，也有一些師生向校長曹雲祥申訴，請他收回
開除朱湘的決定。做過一任駐丹麥大使的曹雲祥
頗爲愛才，但因剛上任亟待立威，勉強同意收回
成命，但朱湘必須悔過認錯。然而生性倔強的朱
湘毫不妥協，他在〈南歸〉中以詩明志：「雖說
早春還有吼空的刀風，那痛快之死不比這鬱結之
生遠強？」，終於1924年2月毅然離開了清華園。
　　南歸途中，朱湘感到了一種久違的輕快。他
像一隻禁錮已久的鳥兒，終於掙脫了清華這個
「玉琢的籠門」，於是便創作了一首〈籠鳥歌〉：

　　我久廢的羽翼復感到晨颸，
　　五彩的朝雲在我身邊後馳；
　　萬里長空都是供我飛的，
　　崇高的情緒泛溢了我的心地。

朱湘回到南京，大哥知他被開除，很是氣惱，但因時近春節，依舊俗不宜動怒，故未發火。這時，一名女子從江西武甯轉道長沙，歷盡千辛萬苦趕到南京。她名叫劉采雲，朱湘父親與她的父親曾將朱湘與她指腹爲婚，現在她父親已死，她便前來找「郎君」完婚。習性一貫蔑視成規、反對強權的朱湘，因感慨劉采雲千里尋夫的勇氣和情意，又憐其爲瘋母愚兄所逼的境遇，竟在大哥徵詢意見時，答應與她完婚。只是在3月舉行的婚禮上，他堅持不肯照舊俗叩頭，只肯鞠躬。大哥覺得沒有享受父死兄爲長的尊嚴，加上朱湘遭開除的惱怒又勾起，一氣之下大鬧「新房」，連喜燭也被打斷成兩截。一場婚禮成了鬧劇，不歡而散。從此，兄弟二人反目再未來往。

朱湘夫婦很快搬出大哥住所，開始獨立生活。爲了表示對妻子的敬重，他還將采雲改名爲霓君。這一時期，他一方面在私立的建鄴大學教英語，一方面作詩、譯詩賣錢，勉強維持了這個小家庭。

1924年夏，朱湘攜霓君來到新文學的大本營——上海，並經鄭振鐸介紹加入了新文學團體——文學研究會，開始爲會刊《文學周刊》撰稿，先後發表了不少評論文章和翻譯小說。1925年1月，他的第一本詩集《夏天》作爲文學研究會叢書之一，由上海商務印書館正式出版，其詩人的地位得到了確立。

1925年6月，朱湘夫婦帶著兒子小沅來到北京，參與創辦了適存中學並在任教於該校，同時繼續進行詩歌創作，寫出了〈雕夜啼〉、〈熱情〉

▼朱湘與劉霓君。

等作品。他們居住在西單梯子胡同，同公寓的還有原清華好友孫大雨等人。朱湘同他們談詩論文，逐漸萌發了辦刊的念頭。經與當時在清華的聞一多、徐志摩等人共同發起，終於在1926年3月30日創辦了詩刊《詩鐫》。只是不到一個月，朱湘因爲該刊第三期竟將他最自豪的〈采蓮曲〉排在左下角而憤然退出。

1926年春節期間，朱湘在羅念生等人的堅邀下，前赴闊別兩年多的清華園，並在那裡住了幾天。這時他剛完成近千行的長詩〈王嬌〉，妻兒回了湖南，他落得自在，心中又勾起了對清華的某種依戀，逐漸萌發了復學的念頭；而羅念生等人早已在爲他的復學籌畫，只等時機成熟。6月初的一天下午，羅念生看見曹雲祥在工字廳前的小溪旁散步，便上前恭恭敬敬地招呼校長。曹當時正仰頭望天，隨意問道這天會不會下雨，羅念生說肯定要下。曹問何以見得，羅舉臂一指道：「有雨天邊亮。」羅念生的機靈頗令校長十分高興，羅趁勢提出朱湘復學的請求。曹校長問：「朱湘眞有天才嗎？」羅念生立即肯定地回答：「絕頂聰明。」校長便說：「那就讓他回來吧。」6月11日，《清華周刊》已登出朱湘復學的消息，但朱湘仍在猶豫。8月底，羅念生找到朱湘，苦苦相勸，打消他去杭州教書以領月薪六十大洋的念頭。最後，羅念生帶著簡單的行李，像押送一般，同朱湘回到了清華園。

清華園風貌依舊，但人生給朱湘開了個大玩笑，如此的轉折不僅使他當年離校的壯舉一下子失去了意義，也讓他復學的勝利者姿態化爲虛幻——盡管他自己認爲復學是他的勝利，在以後的

生活中也更相信孤軍奮鬥的力量，但卻因此得到了更多的苦難。

回到清華插入畢業班後，朱湘除了上課，就是作詩、譯詩、寫論文。每天花十多個小時寫作，十分勤奮。他的英文基礎好，連教莎士比亞課程的老師都允許他不必來上課，只要他在課程結束時參加考試即可，而他也爲之表現出自負之態。當傳聞學校準備請《現代評論》的主筆陳西瀅來畢業班教英語時，朱湘便放出風聲：「我教他還差不多。他來教我，我就退學。」在朱湘的要脅下，加上其他因素的作用，那位陳先生終未敢來。畢業班的課程對朱湘並不造成壓力，他的創作精力更爲旺盛，因《詩鐫》的分裂而遭挫敗的辦刊熱情，又在他心中熾熱地燃燒起來。爲了徹底免除與旁人的糾葛，以隨心所欲發表自己的見解，他決定辦一個自寫自編並包辦訂閱發行的刊物。1927年1月，名爲《新文》的三十二開書型小雜誌，在朱湘省吃儉用和不分晝夜的辛勞下終於面世。一部分交東安市場的一家舊書店發行，訂戶僅有二十人；其他的，他挨家挨戶分送給好友和清華的一些老師。與刊名諧音的〈星文〉表達了作者此時的心境：

我拿筆把星光濃蘸，
在夜之紙上寫下詩章；
紙的四周愈加黑暗，
詩的文采也分外輝煌。

但《新文》只出了兩期便終刊了，原因是每期需賠十多元，對一個窮學生來說實在負擔不

起。詩人在致友人書中說：「《新文》第三、第四、第五各期三稿，久已草就，惟因手頭拮据，不克如期印行，焦灼奚似！」一直到了8月，朱湘才有一筆《英國近代短篇小說集》譯稿費收入，但那時他已經赴美留學在即，只好忍痛割愛《新文》了。這段期間，還發生了一件啼笑皆非的事。當時霓君帶著小沅在長沙居住，朱湘的信均由羅念生代轉。有一次，羅無意中將一個女青年寫給朱湘的求愛信也寄給了霓君，霓君看後，立即隻身上京「捍衛她的妻權」。朱湘對妻子的到來十分高興，只是吃住負擔也加重了。這也是《新文》無力再辦下去的原因之一。

　　1927年8月18日，朱湘與友人柳無忌、郭伯愈等人一道從清華公費赴美留學，專攻西洋文學。此時，他的第二本詩集《草莽集》已經付梓。當中的序詩〈光明的一生〉決定了該詩集反映詩人追求光明、決心與光明同往的基調：

　　　我與光明一同到人間，
　　　光明走了時我也閉眼；
　　　光明常照在我的身邊。

　　11月，《草莽集》作為朱湘自編的「新文叢書」第一種，正式由上海開明書店出版。朱湘認為《草莽集》才能真正代表他的詩作水平，因此日後一直將之視為自己的第一部詩集，從而置《夏天》於不顧了。

　　朱湘於1927年9月10日抵達美國，先在威斯康辛州阿普爾頓鎮（Appleton）的勞倫斯大學插入四年級。為了實現三年取得博士學位的計畫，他

打破每季一般只選三門課的慣例，一口氣選了五門。除了每週上課十七小時外，他平均每天還要讀書八小時，晚上則用來譯詩。短短一個學季中，他發憤譯出了柯律治（Samuel Taylor Coleridge）的《老舟子詠》（*The Rime of the Ancient mariner*）、華茲華斯（William Wordsworth）的《邁克》（*Michael. A Pastoral Poem*）、濟慈（John Keats）的《聖亞尼節之夕》（*The Eve of St. Agnes*）等三篇敘事詩，並將之編成《三星集》，寄回國內出版。然而，勞倫斯大學並沒有留住這位東方才子，原因是當地有明顯的歧視中國人傾向，引起朱湘的憤慨。例如在小鎮劇院演出的一場戲劇中，出現了諷刺中國人的台詞以及華人吸鴉片的情節，正在觀劇的朱湘當場撕毀戲票，憤然退場。另一次則是上法語課讀都德（Alphonse Daudet）的小說時，作者把中國人稱為「猴子」，引得美國學生哄堂大笑，朱湘為之大怒，衝出教室以示抗議，並執意不肯回教室上課，同時向有關方面寫信，要求馬上回國。

經過調解，朱湘於翌年8月轉到芝加哥大學三年級學習。這一學季，他至少廣泛閱讀了十個國家的詩歌創作，其中荷蘭詩歌就借了五本來讀。結果就是他後來出版的《番石榴集》譯詩集中的譯詩範圍大大增加。對英國早期戲劇這門課，他也下了極大功夫，曾在二十五天內一連看了十八個劇本、兩部英國近代戲劇史，最後獲得了「超等」成績。他並從自譯的中國宋詞中選了歐陽修的〈南歌子〉和辛棄疾的〈摸魚兒〉，投到芝大的校刊《長生鳥》上發表，其英譯技巧之嫻熟、詞藻之貼切與優美，使不少人為之折服。但不久

後，朱湘又因鋒芒太露得罪了幾個老師，導致德語老師以朱湘借書未還爲藉口，不准他聽課；法語老師則帶種族偏見，故意給他爲難，連教材也不發給他；英語老師故意給他的成績打D等；甚至有一個美國同學竟不願意與他同坐。朱湘逐漸感到芝大就像一座「墳墓」，他不願再待下去，只好於次年3月轉入哥倫布市的俄亥俄大學，但退課等難堪事仍有發生。

朱湘原本準備在美國讀五年，但他覺得無論到哪裡，都避不開西方人對華人的鄙視眼光，因此只想早日回國。這時，聞一多已在武漢大學任中文系主任兼文學院院長，透過友人給朱湘來信，邀他到武大任教，使僅在美國兩年、未拿任何學位的朱湘下定回國的決心。回國前，他曾寫信給妻子：「只要衣食不愁，何必考什麼博士！老實一句話，博士什麼人都考得，像我這詩卻很少人作得出來。」的確，朱湘並沒有講大話。僅在這兩年裡，他學習了古英語、法語、德語、拉丁語和希臘語，且達到了能直接閱讀原著的程度；他研究了西方各國詩歌、小說、戲劇，也翻譯了英國著名浪漫主義詩歌中著名的三篇敘事詩，以及阿諾德（Matthew Arnold）的《沙場尋父行》（*Sohrab and Rustum*）；另外，他對丁尼生（Alfred Tennyson）的《伊諾克·雅頓》（*Enoch Arden*）、拜倫（Lord Byron）的《西庸城的囚犯》（*Prisoner of Chillon*）已做了大量的案頭準備工作，一本《今古奇觀》也批註得密密麻麻，準備出版英譯本。這些成績都不是只知求取博士、碩士學位之輩所能做到的。

1929年10月，朱湘回到上海。他本是想去武

▼朱湘留美期間在家中留影。

漢大學任教的，在上海卻被當年適存中學的同事余文偉等幾位老友拉到了安慶，當上安徽大學教授兼英文文學系主任。

在安徽大學的頭兩年，朱湘十分愜意：教學上順心，滿足了他在系裡用英文講授世界文學、「迎外以興中」的願望；生活上安定，霓君與四歲的兒子小沅、兩歲的女兒小東均接到了身邊，一家人居住在學校所在地百花亭的聖保羅教堂附近一幢洋房裡。他每月有月薪三百元，除了吃用之外就是購書，書櫥中卷帙燦然陳列著許多精裝原著，如喬叟、斯賓塞、彌爾頓和莎士比亞全集。他還有餘資購買古董，如一錠明墨、一尊新出土的陶馬以及鄭板橋的墨竹畫軸等。

令朱湘失望的是安徽大學內部的派系縱橫，一直爭吵不休，使許多名教授紛紛離校，例如中文教授郁達夫被文學院長氣走，哲學系的屠孝實則因不堪忍受人事糾紛而憤然離去。朱湘因全家在此，只得忍氣吞聲，儘量不介入派系之爭。誠如他在〈捫心〉中所言：

> 唯有夜半，
> 人世間皆已入睡的時光，
> 我才能與心相對，把人人我我細數端詳。

1932年春，安徽大學開始積欠薪資。朱湘平時不事積蓄，薪金一斷，全家便陷入拮据之中。他先是變賣典當了一部分家產應付，後來再無他法，日子過得逐漸艱難。這年夏天，朱湘的第三個孩子——出生於安慶的朱塔士，在斷奶後因朱湘餵養不當導致消化不良而死去，致使他十分傷

感。霓君當時因事不在家，回來見此情景，又急又氣，帶著兩個小孩回長沙去了。本就已憂鬱孤獨的朱湘，這時又發生三件事使他更加消沉：一是他出面請幾個友人來校任教遭到校方拒絕；二是他的「英文文學系」改名為「英文學系」；三是與朱湘有隙的新校長程演生上台後，不但沒有發給朱湘下一學年的聘書，發欠薪時竟又優先發給新聘人員。這一切使得朱湘的自尊心受到極大傷害。個性倔強的朱湘忍無可忍，於1932年秋天憤然離開了安徽大學。

朱湘從安慶先到了北京（此時已改名北平）。他待了兩個多月，身上的錢所剩無幾，工作仍毫無著落，只好求助於在師大任教的徐霞村，誰知徐資助他的一五〇元竟在他折回武漢時被竊，朱湘只好在武漢一家小客棧每天賒兩碗麵條吃，其餘時間披著毯子睡覺。最後，連麵也賒不到了，他只得向原安徽大學同事蘇雪林求救。蘇小姐受聘於武漢大學，但她除了給他點路費外，也別無他法。這年年底，疲憊不堪的朱湘只好回到了長沙，等待各地同事傳來聯繫工作的消息。

這一段，朱湘是痛苦的，而這種顛沛流離的漂泊生活使他的詩變得更激憤。後來於1934年由商務印書館出版的《石門集》，便反映了詩人此時黯然的心緒與他對人生困境的直率解答：詩人在詩歌寶窟之中，卻遭命運之門封鎖，這人生困境化作的詩歌寶窟便成了他的葬身之所。

朱湘仍想衝破這道惡運的「石門」。1933年初，他又去了北平，想在開學前尋找受聘的機會，結果一無所獲，他只好南下。在由南京開往上海的輪船上，身無半文的朱湘被茶房查出沒買

船票，受到了船主和茶房的譏諷與白眼。船到十六鋪後，船主扣下行李，讓茶房跟著朱湘去找人借錢，聲言拿到錢後才能放人和贖取行李。受押的朱湘簡直無地自容，無奈只好到北新書局找老友趙景深求救。趙景深見昔日衣冠楚楚的朱湘如此慘狀，不由大吃一驚，待朱湘附在他耳邊講出窘況後，趕緊替他付了錢，讓他去碼頭取回行李，還幫他置了件新衣，並留他寫稿、幫忙。事後朱湘說：「這一次所受的侮辱可謂盡矣，我簡直不好意思寫文章。」

這年6月，朱湘由北平寫信給已受聘爲南開大學英文系主任的同學柳無忌寫信，暗示柳可否爲他找份工作。但此時，柳無忌夫婦正在四川旅行。到了9月，各校已經陸續開學，焦急的朱湘再一次給柳無忌寫信，直截了當要他幫忙找事做。此信中彌漫著悲哀與絕望：「若是一條路也沒有，那時候，便可以問心無愧了。」10月6日，朱湘坐早班車來到天津，找到柳無忌的寓所。老友彼此五年未見，寒暄之中，朱湘向柳無忌表示，這十年來實在是做文章害了他，在中國現在靠做文章活命是件不可能的事。柳無忌明白他的來意，但當時學校已經開學，人員已基本聘定，加以柳無忌新來乍到，對南開人事關係並不熟悉，因此對安排朱湘工作一事表示無能爲力。最後，只好挽留他在下午爲南開大學英文系學生作一次講演，並籌集了一筆車旅費給他。懊喪的朱湘當晚便返回北平。

11月，朱湘返滬，從二嫂薛琪瑛處得知尋他的霓君也在上海。她因花費殆盡，正在勝家公司學縫紉謀生。夫妻相見，喜怨參半，暫在北四川

路儉德公寓住了下來。看到自己身懷絕技，竟不能撫養妻兒，朱湘深感懷才不遇，天絕人路。他常對霓君暗示將要先她而去，囑託她好好撫養小沉與小東。霓君由於每天趕工的緊張、疲憊，以及目前夫妻關係的和諧，竟沒能體會出丈夫話中隱含的深意。

12月4日，朱湘夫婦在薛琪瑛家吃午飯。朱湘說要去南京一趟，向二嫂借了二十元作路費。回儉德公寓時，他與霓君發生一些小衝突，當晚便帶著悲寂的心緒登上英商怡和公司的「吉和輪」。

第二天淩晨，一夜未眠的朱湘拿出隨身攜帶的一瓶酒、一本海涅（Heinrich Heine）的原版詩集以及經過他仔細修訂的《草莽集》，在船舷旁坐下，一邊飲酒一邊默誦詩篇。六時左右，船駛近南京，朱湘已遠遠地分辨出燕子磯凸出江岸的黝黑身影，彷彿也能看到留有自己幼年、新婚、自立等各種回憶的那座六朝古都城垣了。一種無言的悲憤襲上心頭。在死一般的沉寂中，他越過船舷，縱身一躍，投向冰冷的江水之中……

早在1925年2月2日，朱湘便寫過一首〈葬我〉。它儼然是詩化的遺囑，是詩人後來悲劇性結局的應驗。

葬我在荷花池內，
耳邊有水蚓拖聲；
在綠荷葉的燈上，
螢火蟲時暗時明。

葬我在馬纓花下，
永作著芬芳的夢。

葬我在泰山之巔，
風聲嗚咽過孤松。

不然，就燒我成灰，
投入泛濫的春江，
與落花一同漂去，
無人知道的地方。

　　朱湘生前極敬重中國古代的詩人屈原，並曾
在一首詩中寫道：

　　這白雲暮秋時令的白太陽，
　　還照著，不知在何處，你的魂魄。
　　你留下了「偉大的源泉」，我慶賀；
　　我更慶賀你能有所為而死亡。

　　當朱湘為屈原「有所為」的死亡慶賀時，已
注定了要效法屈原，決意尋找自己的汨羅江。他
還寫過一首《殘詩》，其中一節是：

　　雖然綠水同紫泥，
　　是我僅有的殮衣，
　　這樣滅亡了也算好呀，
　　省得家人為我把淚流。

　　這可說是他為自己預作的輓詩。朱湘也許認
為他的悲情詩歌是最宜於在水中吟唱的。

「人們在室內掛著蒼白、貧血、
無生命的劣等畫，那都是關在畫室裡塗抹出來的。」

——基爾希納

基 爾 希 納

Ernst Ludwig
Kirchner

(1 8 8 0 - 1 9 3 8)

德國現代著名表現派畫家。
美術團體「橋社」創始人之一，柏林
普魯士美術學院院士。出生於德國阿
沙芬堡。先是學習建築專業，後轉向
繪畫和木雕版畫創作，強調繪畫「必
須表現畫家的個人幻想與趣味」。代表
作有《美術家和他的模特兒》、《柏林
街頭》、《街頭的女人》、《俄羅斯舞
蹈家》等。晚年僑居瑞士達瓦斯。

1905年初夏的一天，德國德瑞斯頓市（Dresdon）發生了一件新鮮事：在德瑞斯頓技術學校原修習建築專業、後轉向繪畫的幾個青年學生，宣布成立一個以表現主義爲創作手法的畫家團體——「橋社」（Die Brucke），宣稱要打破傳統的自然主義表現手法，形成自己獨特的藝術風格。當時德國畫壇的學院派權威對此毫不在意，將他們的挑戰言論當作囈語。誰知幾十年後，「橋社」這些不知天高地厚的青年畫家竟以其創作的豐碩、手法的新穎與風格的奇異，在德國乃至世界畫壇自成一派，形成氣候，產生極大影響。「橋社」創始人與組織者之一，就是後來成爲德國著名油畫與版畫家的基爾希納。

基爾希納於1880年5月6日出生於德國阿沙芬堡（Aschaffenburg），1904年進入德國德瑞斯頓技術學校攻讀建築，後來專注於藝術上，曾赴當時德國主要的藝術中心慕尼黑學習繪畫。基爾希納的最高理想就在這段期間成形；他立志要找回德國藝術的青春，並走出一條不同於法國式藝術風格的新路。

基爾希納之所以產生這樣的抱負與理想，是因爲二十世紀初，現代藝術的各種風格爭相競現，紛紛擺脫自然主義的純寫實手法，藝術家在主觀想像與觀察角度上展現了很大的活力。當時，力圖開創藝術新風的是法國的巴黎與德國的慕尼黑、德瑞斯頓的藝術家。當中，法國的畫家畢卡索和馬蒂斯以新穎的創作手法，勇敢地向傳統挑戰。受此環境氣氛的感染與影響，基爾希納認定「毫無生氣的學院繪畫已與眞實生活沒有共通之處」。他「決心攫住生活，將它與藝術結合起

來」。正是在這種情況下，他與同校的三位同學——羅特魯夫（Karl Schmidt-Rottluff）、布萊爾（Fritz Bleyl）、黑克爾（Erich Heckel），一同發起成立了「橋社」。所謂「橋」的含義是「將一切創新與激動的因素聯合起來」；「橋社」的宗旨則是：藝術必須有生命，必須生氣勃勃。因此，他們崇尚梵谷、孟克（Edvard Munch）的畫風，反對繪畫摹仿自然。基爾希納在談到自己的觀點時表示：

有不少繪畫的主題非常乏味，構圖和技法也都死氣沉沉，觀眾對此顯然已經厭煩。人們在室內掛著蒼白、貧血、無生命的劣等畫，那都是關在畫室裡塗抹出來的；可是室外卻充滿生命，響亮而又快樂，在陽光中閃閃發光。

因此，基爾希納特別強調繪畫：

必須表現畫家的個人幻想與趣味。

這恰恰反映了「橋社」成員的心聲。

基爾希納十分欣賞陳列於德瑞斯頓人種學博物館中、於非洲森林或太平洋島嶼上所發現的原始藝術，其古樸、抽象的表現手法使他如醉如癡。他與「橋社」成員黑克爾、羅特魯夫等人用自己的畫裝飾簡陋的房間，並製作刻意強調原始風味的家具；研究人體繪畫時，他們以自己的女友做模特兒，不一本正經地擺姿勢，改而致力於以線條抓住人物動感，揭示人物神態中最具特點的東西。這一時期，基爾希納的代表作有《日本

▼《同模特兒在一起的自畫像》（油畫，1907）。

傘下的女郎》（Girl under a Japanese Umbrella, 1909）等。

　　1906年，「橋社」的作品首次在德瑞斯頓展出，也是二十世紀德國表現主義的首次展出。可惜當時人們尚未意識到這種繪畫技法的重大意義，甚至連展出目錄也沒有留存下來。

　　基爾希納並沒有氣餒，他堅持「藝術是將內心衝突轉化為視覺最直接最有力之手段」的觀點，還認為「色彩不出於自然，而只是畫家的創作意圖」，因此始終在色彩表現主題上下功夫。人們從他的《藝術家和他的模特兒》（The artist with his model, 1907）可以看出他是如何運用色彩來達到視覺效果的，而他的《柏林街頭》（Street Scene Berlin, 1907）與石版畫《男人頭與裸體》（1908）則在運用色彩效果分別表現人的作惡心理、色情，以及凸顯表現性狂想上作了盡情的發揮。

　　1909年夏天，「橋社」成員在巴黎野獸派的色彩創新啟示下，終於發現了他們一直在尋找的表現手法：以粗放的筆觸和活潑的色彩創作出新的繪畫。基爾希納的《躺臥的裸女》（1909）等作品成熟地發揮了這個時期的風格，即「對比的色彩並列，橙和藍、紅和綠──把互相矛盾的色塊夾在其間，使人聯想到馬蒂斯」。

　　1910年，基爾希納與「橋社」的一些成員遷往柏林。面對大都市快節奏的生活與迅速發展的工業科技，基爾希納深深感覺到人性的壓抑，因此經常在作品中表現人的孤獨與空虛。同德瑞斯頓時期以曲線構成的節奏相比，他「此時的作品線條顯得毛糙，有棱角的形體在傾斜的透視中更強調了人物的緊張感」。

▼《戴帽子的裸女》
（油畫，1911）。

1913年至1915年，基爾希納在柏林畫了《柏林街頭》、《街頭的女人》（Women in the Street）等許多街頭場景的油畫作品，在他看來，夜晚街道上的人顯得較不完美、病態、陰沉，甚至彷彿缺乏人性。在揭露這些相似的風格時，他往往以紫色為主色來處理，但仍有些不同的變化，街上有的女人也從綠色調轉變為藍黑色，像是處在舞臺的暖色燈光下。「大街」這一主題予人以都市生活的動亂和生命遊移不定的感覺，可視為基爾希納的特色。

在此同時，基爾希納除從事油畫創作外，還對木刻版畫的復興作出重大的貢獻，使木刻版畫成為二十世紀一種強有力的藝術表現手段。他曾為第一次世界大戰前德國先鋒派刊物《暴風雨》創作過不少木刻版畫，也曾為查米索（Chamisso, Adelbert von, 1781-1838）的小說《彼得‧施萊米爾奇遇記》（Peter Schlemihl）、《奇妙故事》和表現派詩人G‧海姆（Georg Heym, 1887-1912）的詩作《閒適生活》作過插圖，被公認是二十世紀最佳的木刻作品。

第一次世界大戰中的1914年至1915年，基爾希納曾被迫入伍服役，戰火的災難與居食不安的生活使他的身體與精神都受到創傷，一直未能完全康復。創傷扭曲了他的性格，他變得更加內向、懷舊。在治療與休養期間，他研究大自然，並反過來尋求自我；他愈來愈熱衷於純粹的繪畫藝術探索，畫面的自然形態削弱，主觀性的設計和創造增強，具有更抽象的特點。

為了避開德國國內日趨激烈的政治鬥爭，基爾希納在1917年離開柏林到瑞士定居。這段時間

1　2　3
基　爾　希　納

▼《俄羅斯舞蹈家》（布面油畫，1920）。

內，他創作了油畫《俄羅斯舞蹈家》（Russian Dancers, 1909）等作品。

1933年，德國法西斯派把表現派藝術視為墮落腐朽的藝術，不准許展出，並取消了基爾希納於1913年當選的柏林普魯士美術學院院士資格。這使基爾希納感到十分氣憤，無法反抗則使他深感憂鬱。到了1937年，德國政治上的專制與其對藝術的摧殘已達到瘋狂的地步；納粹當局將基爾希納的作品列為「禁品」，沒收並從各美術館移走他六百多幅畫作。此一打擊使基爾希納痛徹心腑，再也難以忍受。他多年來追求的即是自由，包括從學院規則解放出來的藝術自由，以及從帝國禁錮中解放的人的自由。如今，這種自由的願望成了烏托邦式的幻想。無奈人生與失意之感終於使他萬念俱灰，1938年6月15日，基爾希納在位於瑞士達瓦斯附近的鄉間住宅裡服毒自盡，享年五十八歲。

1980年，基爾希納一百歲冥誕，德國和瑞士都舉行了紀念活動和回顧展，各界人士對基爾希納重新給予肯定的評價，他在瑞士的鄉間住宅則吸引了許多觀光客。住宅中除了油畫、版畫和素描之外，還有手刻的工具等。德國政府從這裡借去他的巨幅油畫《星期天的山區農民》，安置在波昂新建的總理辦公大樓裡。對於表現派藝術終於為社會所承認並登上政府大雅之堂的榮耀，曾經含悲忍辱的基爾希納在九泉之下會否有話想說？

「飛蛾已翻過身去，極其優雅體面、
毫無怨怒地躺臥在這兒。哦，不錯，牠似乎在說，死亡是比我強大。」

——吳爾芙

吳　爾　芙

Virginia Woolf

(1 8 8 2 - 1 9 4 1)

英國著名女作家，意識流小說理論與
創作的積極倡導者與實踐者，女性主
義文學的先驅。

從小接受家庭教育，後參與布倫貝利
文學團體。1915年發表處女作《遠
航》。1917年，與丈夫一起創辦霍加斯
出版社，是《泰晤士報》、《紐約先驅
論壇報》、《耶魯評論》、《大西洋日
報》等重要報刊雜誌的特約撰稿人，
一生創作各類作品四百餘部（篇），達
數百萬字。代表作有《海浪》、《燈塔
行》、《戴洛維夫人》、《自己的房間》
等。

1962年，美國知名戲劇家阿爾比（Edward Albee）創作了一部名為《誰怕維吉尼亞·吳爾芙》（*Who's Afraid of Virginia Woolf?*）的劇作。劇名有意摹擬了美國迪士尼動畫片《三隻小豬》中的主題歌《誰怕大惡狼》（*Who's Afraid of the Big Bad Wolf?*），以此戲謔地影射劇中女主人公——英國著名女作家維吉尼亞·吳爾芙是一頭狼。也許這是他對這位咄咄逼人、令大男子害怕的強硬女權主義者的認識與詮釋，認為她受此「狼」譽，當之無愧。然而，吳爾芙這樣一名歷經滄桑的女子，儘管事業有成，心中一直充滿悲哀與痛苦，並由此形成好強又懦弱的憂鬱性格，加以病魔的長期困擾，終於在不能忍受時毅然決然走向死神。

維吉尼亞·吳爾芙原名艾德琳·維吉尼亞·斯蒂芬（Adeline Virginia Stephen），吳爾芙是她結婚後冠上的夫姓。她於1882年1月25日生於英國倫敦的一個文學世家，祖上幾代曾任達官。父親萊斯利·斯蒂芬（Leslie Stephen）爵士是英國著名的學者與作家，也是劍橋大學的元老之一，曾主編《國家名人傳記大辭典》和《康希爾》雜誌。他的原配是寫過《浮華世界》（*Vanity Fair*）的大作家薩克雷（William Makepeace Thackeray, 1811-1868）之女瑪麗安·薩克雷。1875年，瑪麗安病逝，因此他於1878年與一位名叫朱莉亞·德克沃斯的寡婦結婚，她就是維吉尼亞·吳爾芙的生母。

維吉尼亞的童年既幸福的，也是不幸的。

因為家境殷實，維吉尼亞從小生活在吃穿無慮的舒適環境中，但她從來沒有上學接受過正

規的學校教育，而是在父親的指導下自修。她的父親自認學識淵博，家中又有大量藏書，認為自己親手調教會比起外界的團體訓育更實在。他往來的全是文學界、學術界名家，諸如小說家哈代（Thomas Hardy, 1840-1928）、麥瑞迪斯（George Meredith, 1828-1909）、亨利‧詹姆斯（Henry James, 1843-1916），美術學家兼評論家羅斯金（John Ruskin, 1819-1900）等，均是他家的座上客。每當這些貴賓臨門，父親都要讓小維吉尼亞在旁聆聽，以便耳濡目染，受到啓迪與教誨。維吉尼亞正是在這種濃郁的文學和藝術的氛圍中長大，得到高層次的藝術薰陶與高雅審美情趣的栽培，為她日後的創作打下堅實的基礎。

但是這種生活實在太單調乏味，維吉尼亞等於沒有童年，從沒有與同年夥伴同樂的感受。她太早踏入繽紛複雜的世界，她像生下來就成為成年人而進入另一個天地。雖然她因此擁有高超的智力、特異的悟性與洞察力，但也失去了童眞，失去了歡樂。

父親對維吉尼亞的要求十分嚴厲，經常的呵斥令她無比驚恐。他自認學識過人，容不得不同意見，因此經常粗暴、任性地強調自己的觀點，在家中唯我獨尊；但在生活上他又是弱者，離不開妻子的照顧，而他更樂意聽到她對他與其作品、觀點的讚美。維吉尼亞從父親身上感受了他思想上的堅強與現實生活中的懦弱。朱莉亞賢淑慈祥，懾於丈夫的威嚴，總是小心翼翼，不敢對丈夫表現出任何不滿。從母親身上，維吉尼亞繼承了她熱愛生命的本能和悲觀厭世的生活態度。就這樣，她在思想與生活遭到無情禁錮中，逐漸

養成了孤僻消沉的性格，內心極度敏感，情緒容易波動，思維迅速到幾乎失控的地步。這些因素日漸形成了日後折磨她一生的痼疾——嚴重的憂鬱症，也使她在社會的風浪搏擊下一番艱難掙扎後，最終無奈地走向自絕之路。

1895年，維吉尼亞的母親朱莉亞逝世。史蒂芬極悲痛，性格由高傲變得消沉。這也使十三歲的維吉尼亞深受刺激，導致她第一次精神失常。

禍不單行，兩年後，維吉尼亞同母異父的姐姐史黛拉（Stella Duckworth）突然去世。接著，父親史蒂芬又因患癌症於1904年病故。維吉尼亞悲傷過度，出現了持續性的頭痛和陣發性的激動。這年5月，她出現了第二次失常精神症狀。她總認為自己沒有照顧好父親，為此感到十分內疚並拒絕進食，企圖跳窗自殺，幸虧窗子太低，才未造成傷害，但她內心的痛苦很長一段時間都未能消失。

1904年夏天，維吉尼亞全家懷著悲痛與惜戀的心情，告別了倫敦海德公園門22號老家，遷往倫敦的文化中心布倫貝利區。新的環境，沒有睹物生悲的氣氛，維吉尼亞的生活從此展開新的一頁。

在兄長索比（Thoby Stephen）的照顧下，維吉尼亞逐漸從父喪的陰影中走出。透過索比的介紹，她結識了許多青年學者，如傳記作家利頓·斯特雷奇（Lytton Strachey）、小說家福斯特（E. M. Foster）、畫家和藝術批評家羅傑·弗萊（Roger Fry），還有哲學家羅素（Bertrand Russel）與經濟學家凱因斯（John Maynard Keynes）等。她家成了學者文人薈萃之所，形成文壇上頗有名

氣的文藝派別，以具有「最敏銳的審美觀」之譽著稱，將其父廣交文友的遺風發揚光大。這個派別中的著名詩人伊修午德對此評論說：「布倫貝利的這些人是由於才能的血緣關係結合在一起的」、「他們的共同信仰是藝術上的嚴格原則性。」後來，人們就將這一支文藝派別稱爲「布倫貝利團體」（Bloomsbury Group）。

維吉尼亞此時已長成一個亭亭玉立的大姑娘，不僅相貌出眾，而且由於她博覽群書、知書達理、談吐不凡且悟性極高，深得年青男子的仰慕，追求者眾，但都遭到她的婉言拒絕。

1912年，政論家暨經濟學家倫納德‧霍加斯‧吳爾芙（Leonard Hogarth Woolf）加入向維吉尼亞求婚的行列。她似乎對這位劍橋畢業、才華橫溢的年輕人一見鍾情，欣然接受了倫納德的鑽戒，並於同年8月與他結成夫妻。

婚後，維吉尼亞的創作慾望開始萌發，她特別欣賞羅傑‧弗萊這位藝評家的美學原則與藝術理論，將之注入作品的創作中，而她採用的散文體則「更適合於她那探幽索微的思維觸角和縱橫無忌的筆頭，更能淋漓盡致表現出她的才華」。

1915年，維吉尼亞創作了第一部小說《遠航》（*The Voyage Out*），主要描寫一個少女在愛情中找到了生活的歡樂，卻又面對死神不能自己。作品無論在內容和敘述風格上，都仍屬於現實主義小說的範疇，但已能一窺她後來採用的意識流手法之端倪。

1917年，維吉尼亞和丈夫一起創辦了「霍加斯出版社」（Hogarth Press），陸續出版漸嶄露頭角的小說家福斯特、曼斯菲爾德（Katherine

▼吳爾芙夫婦（1912年）。

Mansfield），史學家與傳記家司屈雷荃及詩人艾略特（T.S.Eliot）作品。這些人後來都成了文壇大家，可見吳爾芙夫婦的審美眼光與欣賞水平非同一般。他們以卓越的藝術鑒賞力與超群的組織社交才能，在促進現代英國文學家承前啓後的發展中，發揮了極重要的作用。

在與這些文學藝術家的交往與切磋中，維吉尼亞也學到了許多新東西，她的創作視野更寬，題材更廣，數量也愈來愈多。

在小說方面，繼《遠航》後，維吉尼亞又相繼出版了《夜與日》（*Night and Day*）、《雅各的房間》（*Jacob's Room*）、《戴洛維夫人》（*Mrs. Dalloway*）、《海浪》（*The Waves*）、《燈塔行》（*To the Lighthouse*）、《幕間》（*Between the Acts*）等作。這些作品已不單是現實主意的表現，而有更多著重在描寫人物的內心世界與感受。她也描寫外界活動，但更強調意識流的特色：「至關重要的乃是性靈，包括激情、騷動，以及令人驚歎的美與醜的混合。」在這些作品中，她透過人物的內心獨白、情緒變化與瞬間的感覺、感悟，從潛意識去探尋其深層心理，從而表現並揭示人物的獨特性格。此外，維吉尼亞還拋棄了傳統中側重行動的描寫方法，而在作品中展示強烈、抒情的詩歌風格，如在《海浪》、《燈塔行》中表現出的形式與作品的意境，與她欲表現的「直覺的意識和自發的情感」可謂合爲一體、融洽無間，從而使她的作品具有一種詩意，使她當之無愧地成爲意識流小說代表作家之一。

維吉尼亞除了寫小說，還兼寫散文、隨筆、遊記等文章，曾先後在《泰晤士報文學增刊》、

《紐約先驅論壇報》、《耶魯評論》、《大西洋月刊》等英美重要報刊雜誌上發表隨筆、書評、人物專題、遊記以及論文三百五十多篇，總計約一百多萬字。

維吉尼亞的散文極具特色。首先，她非常重視個人的主觀感受。例如，從〈簡愛〉與〈咆哮山莊〉、〈奧羅拉·李〉等評論文章中，讀者可以感覺到作者評論的特點不是分析或評判，而是寫她對作家、作品的感覺與印象，見解新穎且多所啓發。而在那些描繪客觀環境與事物的散文如〈夜行〉、〈夜幕下的蘇塞克斯〉、〈倫敦街頭歷險記〉等文中，她更是色調鮮明地描繪出大自然帶給她的印象與感受。其次，她的散文給人的印象是其想像的奇特與寫作的隨意。例如，她連飛機機艙也未曾進去過，卻在〈飛越倫敦〉一文中，帶著讀者到天空中遨遊了一番：

當人們飛升上來，進入了天空，而天空鋪天蓋地湧來時，這個有著刻痕與紋飾的硬質圓球熔化了、崩潰了，喪失了它的圓頂、它的尖鋒，它的爐邊閒話與它的習慣。人們開始意識到自己身爲恆溫硬骨的哺乳動物。身體內有紅紅的血液，處在這清新的空氣中簡直是一種冒犯，污穢骯髒、令人厭惡，與這美好的天空格格不入。脊椎、肋骨、內臟、血液是屬於地球的，屬於有著湯菜與用四條尖腿笨拙行走的綿羊的世界。

現在，霍普古德中尉推動操縱桿，讓這只飛蛾突鼻子向下飛去。再也無法想像比這更奇異古怪的事了；房屋、街道、銀行、公共建築物以及

習俗、羊肉與湯菜，都變形為粉色與紫色的螺旋體與曲線，宛如一把濕刷子將顏料堆掃攏時的情景。

上面是煙霧，下面是雲朵，所以我們就如浮現在池塘上的鴨子一樣浮游著。不過，我們頭上的煙霧是一片凝聚的白色，彷彿色彩流淌到畫筆的末端一樣，天空的藍色也這樣流注入它下面的那一滴中。

最後維吉尼亞雖然交代了「我們根本未曾離開過地面」，但這種想像出來的空中世界——由色彩、光影、圖景所構成的奇異世界，已形象化地顯現在讀者眼前，真實感如此強烈，不容置疑地展現出妙趣與哲理，達到引人入勝的效果。

維吉尼亞還是一個女權運動者。她的見解是：這個世界是男人創造的，而她身為一個女人，毋須對這個世界的混亂負責。因此，她從來不去考慮改進社會或世界的事。她只是盡力宣揚女權，讓女人在社會上有地位。她竭力為婦女爭取選舉權、教育權、自己單獨有一間房屋的權利等。這些在她的小說《歐蘭朵》（*Orlando*）、《自己的房間》（*A Room of One's Own*）、《三枚金幣》（*Three Guineas*）以及〈笑聲的價值〉（*The Value of Laughter*）、〈女人的職業〉等散文和〈婦女和小說〉等書評中都有反映。雖然她的認識有一定的侷限性，但無論是在文學創作、女權理論的傳布或其他方面，她的觀點都體現著一種歷史的進步在個人身上顯示出來的獨特性。

維吉尼亞就是這樣孜孜不倦地經營著她的事

業。她一生著有長篇小說九部，短篇小說數十篇，還有一部劇本、一本傳記和三百五十多篇文藝評論與隨筆，還翻譯過托爾斯泰的談話錄和情書集。由於她在理論與創作兩個方面探索著改革小說形式的各種可能性，同時在散文創作中極富感受力的表現，因此被稱為「意識流小說與散文大師」、「新散文的開創者」。

維吉尼亞的創作是那樣獨具特色，她的婚姻生活也同樣不同凡響。由於家庭的榮光與家教的嚴厲，她對異性一直抱著居高臨下與謹慎矜持的態度。倫納德在追求她時，就曾在日記中這樣描繪過他對她的印象：「每當我想起艾絲帕夏❶，我的腦海中就出現了背倚著冷冰冰青天、遙遠而清晰地矗立著的山峰；峰頂覆蓋著積雪，沒有被太陽曬融過，也沒有人曾涉足過。」後來，倫納德終於用滿腔情火熔化了維吉尼亞情感上的冰點，兩人得以成婚。

然而，他們之間的關係並非世俗的夫妻關係。倫納德在結婚後雖然無微不至關懷愛護他的夫人，可維吉尼亞這個獨立不羈的女性，卻在某些方面表現出不合情理的行徑；她不僅不和丈夫同房，連工作也是獨立自主的。她單獨寫作，在寫作過程中，從不向丈夫展示她的手稿，也不向他披露作品內容。倫納德有時根本就不知道妻子在房裡做什麼。只有當維吉尼亞將作品完成時，倫納德才可以第一個看到手稿，也才能感到些微做丈夫的快慰。

維吉尼亞不願同丈夫同房不是沒有原因的，因為她在少女時期曾因同母異父兄長的越軌行為而蒙受嚴重的心靈創傷，因此她非常厭惡甚至完

全棄絕性生活，也不願生兒育女。她始終生活在一個自我感覺的世界裡，連身為丈夫的倫納德也無法走入。

維吉尼亞只追求理性的滿足與精神上的愛，使倫納德這個充滿火一般熱情的男子感覺缺少身體接觸帶來歡樂與激情，因此心生遺憾與不滿。有一次，當倫納德在懸崖邊親吻維吉尼亞並詢問她的感覺時，維吉尼亞竟凝視著前方，毫無表情地回答：「不過像塊石頭。」倫納德很感傷，一想起她，就想起在寒冷藍天下的群山，那麼遙遠與陡峭。幸好他已有心理準備而不去計較，只是擔心他們無法溝通彼此的內心世界，她將會愈來愈孤獨與恐懼。

維吉尼亞當然也清楚這一點，但她有逃避孤獨與恐懼的方法，就是不停地寫作。對維吉尼亞來說，寫作沒有功利目的。父親留下的豐厚遺產，使她一直過著安逸與富裕的生活，生計不成問題。她之所以寫作，完全將它視為一種帶來美的、歡愉的精神享受。正如她所言：「在這個世界上，沒有什麼比講故事更令人高興了，它比寫名著的評論更讓人開心。」她似乎從寫作中感悟到了人生的真諦，因而把它當作她的人生目的。她全心投入寫作中，往往足不出戶，廢寢忘食，夜以繼日。她對自己的每一部作品都是那樣投入，彷彿作品就是她自身的一部分。

創作是艱難的，甚至是痛苦的，儘管維吉尼亞曾玩笑似地說過：「只需要把筆從左移到右──從十點鐘方位移到一點鐘」，但事實上，她每一次寫作總是伴著極度的疲勞和身心憔悴的痛楚。每當她殫精竭慮寫完一部作品，人便幾乎要

▼晚年的吳爾芙（1939年）。

精神崩潰。因此,一本書的寫作出版過程,對她來說簡直就是一次可怕的精神折磨。而當她的作品出版後,她又會很長一段時間在「人們將會如何評價這部作品」的焦慮中坐臥不安。她經常因此不吃不睡,出現幻覺,情緒消沉。這種不安情緒的積累,使她在日記中透露,想要「探討瘋狂與自殺的原因,比較常人和狂人心目中的世態」,也終於使她再一次精神失常。1913年9月9日,維吉尼亞趁丈夫不在家的時候,服下了大量的安眠藥,又一次企圖自殺。倫納德回家發現妻子已失去知覺,急忙把她送進醫院。經過醫生的洗胃搶救,她在第二天淩晨6點被搶救過來。

維吉尼亞又能拿起筆來寫作了,儘管憂鬱症痼疾的陰影籠罩著她的心靈並在其文章中隱現。第二次世界大戰的火藥味愈來愈濃。經過第一次世界大戰的洗劫,維吉尼亞已清楚地看到戰爭的殘酷與人性的淪喪。現在,戰火又點燃了,她的親密朋友慘遭殺害,心愛的侄兒也在西班牙陣亡,這使她的精神再次受到打擊。她夜裡常因惡夢而驚醒,開始變得語無倫次、喜怒無常起來,結果又病倒了。

後來戰爭全面爆發,德國納粹的飛機炸毀了她位於倫敦的家與出版社,使她感到極度的恐慌。她甚至想到希特勒會攻占英國,屆時她將如何自戕。現在,這個毀滅性的日子還沒有來,但她仍感覺到末日在臨近。她自身的安全是次要的,重要的是她難以安心寫作。在這個戰火紛飛的年代裡,誰也不會去讀她的文學作品了,誰也不會去關心她這個作家的存在了。

這是她真正無法忍受的。她渴望創作,渴望

認同，但這砲火連天、性命難保的亂世給她的是一個否定的回答，病痛的折磨則又加重了她的絕望。

維吉尼亞此時感覺到自己的渺小，感到「天命難違」。她又想起她創作的〈飛蛾之死〉（The Death of the Moth）。文中那隻小小的蛾對抗巨大的死亡陰影，彷彿正是她病魔纏身、對人生無望的自我寫照：

飛蛾已翻過身去，極其優雅體面、毫無怨怒地躺臥在這兒。哦，不錯，牠似乎在說，死亡是比我強大。

沒有任何東西，能對抗死亡。

1941年3月28日清晨，決心自絕的維吉尼亞起床後來到書房，神志非常清醒。她坐在書桌邊給丈夫寫了一封遺書：

最親愛的：

我要告訴你，你曾經給了我完美無缺的幸福。沒有任何人比你為我出力更多了，請相信這一點。

但是我確信，這次我跨不過去了。我正在耗費你的生命，就是這瘋狂。沒有任何人能用任何言辭說服我。你還能工作，沒有我，你會好得多。你看我甚至連這封信都寫不了，這表示我的選擇是對的。我所要說的歸結為一句話：病魔襲來之前，我們很幸福美滿。這完全歸功於你。沒有人能像你這樣一如既往的善良、好心，人人都知道。

她將遺書夾在日記本的最後一頁。接著，又給姐姐文尼莎（Venessa Bell）留了一封短信。

　　上午約11點半鐘，維吉尼亞悄悄走出屋裡，穿過一片草地，來到了附近的蘇塞克斯的奧斯河邊（River Ouse）。河面是那樣的平靜，在陽光下閃著波光。相對於戰爭的威脅，相對於病魔的殘害，這無聲無息、清澈寂靜的河水深處，實在是一種讓維吉尼亞無法抗拒的誘惑。她相信那裡將是她這個脆弱靈魂最好的安息之所。維吉尼亞把她的帽子和手杖丟在奧斯河畔，緩緩地從地上撿起大小不一的石塊塞滿衣兜，當她感到份量足夠了時，便一步一步地朝著河水深處走去……

編按

❶西元前五世紀左右，雅典一位具有高度文化素養的名媛。

「流亡生活就如維蘇威火山的灰燼，
我整個人像赫庫蘭尼姆城一樣，被埋在灰燼底下……。」

——茨維塔耶娃

茨 維 塔 耶 娃

Marina Ivanovna
Tsvetaeva

(1 8 9 2 - 1 9 4 1)

俄羅斯女詩人。

全俄作家協會會員。生於莫斯科一個
教授家庭。畢業於巴黎大學。八歲開
始寫詩，1910年發表處女詩集《黃昏
詩錄》登上詩壇，爾後發表《魔燈》、
《摘自兩本書》等詩集，聲名鵲起。
1922年出國與丈夫團聚，先後僑居柏
林、布拉格與巴黎十七年。1939年回
國，主要從事翻譯工作。一生共寫短
詩數百首，長詩十二首，詩劇七部以
及自傳、回憶和評論等散文作品達百
餘萬字。近年，俄羅斯與西方評論家
承認她為「二十世紀最偉大的俄羅斯
詩人之一」。

1986年8月22日，蘇聯塔斯社宣布，蘇聯將出版由文學歷史學家安·薩基揚茨撰寫的自殺身亡之俄羅斯女詩人茨維塔耶娃傳記。據稱，這是蘇聯即將出版的第一部帶有批判色彩的人物傳記。

茨維塔耶娃爲何自殺？她的人物傳記爲什麼會帶有批判色彩？且不說這本傳記史料是否翔實、評價是否得當，單就塔斯社對這位女詩人如此關注，便頗引人探究與思索。

茨維塔耶娃，全名是瑪麗娜·伊萬諾夫娜·茨維塔耶娃。1892年10月8日生於莫斯科三塘巷八號。茨維塔耶娃對自己出生和成長的這個地方很有感情，曾在詩中唱道：

> 睡夢還沒有醒來的你，
> 動作還很輕悄的你，
> 如果喜歡我的詩篇，
> 來吧，快來三塘巷裡。

> 開始了我們生命的第一卷，
> 是陽光和星光把我們沐浴；
> 我請你趁著時機未過，
> 來吧，來看看我們的舊居。

茨維塔耶娃的父親是俄國著名學者、大學教授，普希金造型藝術博物館創始人。母親乃著名音樂家魯賓斯坦的學生，是一位造詣很深的鋼琴家。茨維塔耶娃的少女時代是十分美好的，曾隨父母遊歷國外，先後到過義大利、瑞士、德國、法國，飽覽了奇異風光，領略了世界風情，爲她提供了廣闊的想像空間與後來的詩作素材。後

《向日葵》。

來，她到瑞士上中學，十六歲入巴黎大學深造，通曉法語與德語。

　　茨維塔耶娃八歲就開始詩歌創作。1910年，十八歲的她便出版了處女詩作《黃昏詩錄》（*Evening Album*），二十歲時出版詩集《魔燈》（*Magic Lantern*），二十一歲時出版詩集《摘自兩本書》，並得到當時詩壇領袖人物勃留索夫以及許多有影響的詩人和作家熱情讚許的評論，如沃洛申、古密留夫❶（Nikolaj Stepanovich Gumilev）、沙吉尼揚等。1916至1920年間，因缺乏印刷用紙，她的詩作曾一度以抄本形式廣泛流傳。印刷出版後，更是詩名大振。

　　就在這時，茨維塔耶娃的家庭生活出現了危機——她的丈夫艾福隆（Sergei Efron）許久不知去向。她深愛這位莫斯科大學文學系的年輕人，儘管在此之前，十七歲時的她曾與一名美男子尼倫德爾有過一段初戀，並爲他寫了《黃昏詩錄》中的不少篇章。1911年，她與艾福隆結婚。1912年，他們有了第一個女兒阿利雅，1917年又有了第二個女兒伊琳娜。「十月革命」後，丈夫竟未知會一聲便沒了蹤影，有人傳說他戰死了，也有人說他被新政權槍決了，還有人說他逃到國外去了。這些凶多吉少的消息，讓茨維塔耶娃在思想與生活上的承受極大的壓力。她的親妹妹雅‧茨維塔耶娃回憶說：「這種痛苦的思念時時刻刻纏著她、燒灼著她。她的臉變成黃銅色，一雙眼睛現在不再歡樂，任何時候也不正視——總是看著旁邊，看著遠方。她的臉，正如她在《捲煙頌》中所描述的一樣，與烏雲籠著月亮似地一般籠罩著煙霧，遠遠地脫離了所有人。」

▼茨維塔耶娃的俄文詩稿。

1　4　3
茨　維　塔　耶　娃

茨維塔耶娃把對丈夫的思念化作了詩句：

我愛你！愛你！愛你！愛你！
我用天上的彩虹盡情地寫著。
我多麼希望每個人都受我撫愛，
和我一起永遠像花朵一樣開放！
而後來，我把頭俯在桌上，
把名字一個一個勾去。
可是你，被緊緊握在我這出賣靈魂的
作家手裡！你螫痛著我的心！
你沒有被我出賣！你在我的指環裡！
你安然無恙，刻在我心底的碑上！

1920年2月3日，三歲的次女伊琳娜終因營養不良、疾病纏身而死去；而此時八歲的阿利雅則患了三種疾病：疥瘡、瘧疾與肺炎。茨維塔耶娃不能讓死神將這個女兒也奪去，故全心照顧著阿利雅。當時的俄國新政權剛建立不久，白俄軍人在國內製造動亂，時局緊張，物資匱乏，一切都定量供應。茨維塔耶娃雖是個文弱的女人，但她別無他法，只好自己動手鋸柴火與擠買憑券供應的馬鈴薯和白菜，甚至賣掉放在棺材裡的母親畫像相框。她寫信給妹妹說：「凡是人家願買的，我什麼都賣了。記得嗎？媽媽的畫像，收在棺材裡，可怕極了。我想賣相框，想把畫像扯下來——可是它嵌得和鉚上的一樣，只好把畫連同框一起賣了。」

面對夫失兒亡、生活困苦的艱難，昔日榮華盡享的茨維塔耶娃對新生的紅色政權感到迷惑不

解，甚至產生反感。為此，她曾寫了透過白軍軍官妻子的眼睛和感情記錄俄國內戰的抒情詩集《天鵝營》（*The Demesne of the Swans*）。為了生活，也為了排解寂寞，茨維塔耶娃這時與一個「高個子，頭髮半白半黑」，名叫沃爾孔斯基公爵的老人維持一段曖昧關係，兩人時常幽會，她並且寫過獻給他的組詩〈學生〉。她的妹妹雅・茨維塔耶娃對這個老人非常反感，認為「從他身上唯一可以認得的東西，就是『品種』，而且就這麼多了。他有智慧、體面和教養，可是溫暖、靈魂和良心又在哪裡？」但是她同情姊姊，只好保持緘默。

茨維塔耶娃畢竟是個詩人，生活的困苦不能奪去她創作的快樂。白天和大部分的夜晚時間，她總是用在寫作上。扣除了必須睡覺的夜晚，除了照顧孩子之外，就是超時工作，「經常是快到拂曉時才躺下睡覺，一雙手已經不能動彈，眼睛也闔上了」。艱苦的條件磨練了她的意志，更激發了她的創作靈感。這段時間內，她的作品不斷問世，有詩集《里程碑》、童話長詩〈少女之王〉，長詩〈胡同〉，詩劇〈卡薩諾瓦之死〉、〈暴風雪〉等。

她的詩作基本主題是愛情、死亡與藝術，詩中有大量的問號和驚歎號，反映出她內心的矛盾，但在音韻、節奏、意向、句法上卻自成一體，別具風格。正如她自己所言：「我的稿紙在非凡地騷動。」茨維塔耶娃大量的創作成果與表現出的成熟寫作技巧，使她聲名大噪。為此，全俄作家協會吸收了她。

1921年底，茨維塔耶娃得到蘇聯作家愛倫堡

從國外傳來的消息，「艾福隆還活著，他在布拉格，即將大學畢業……」這使她感到無比幸福與激動，決定去投奔丈夫。她對妹妹說：「我相信，他們會放我走，我有熟人──卡甘，那位出版家。作家中也有人……他們會為我擔保。我要把所有的東西都賣掉籌路費去他那裡！他還活著！」茨維塔耶娃猜對了，紅色政權允許她去西方與丈夫團聚，她的愛國熱情為之陡然高漲。她發瘋似地給女兒補充營養，想從「饑餓的俄羅斯」帶去一個「胖乎乎的」阿利雅，藉此向西方世界挑戰。

在出國的前幾天，她在庫茲涅茨基巷裡遇到走在街道另一邊的著名詩人馬雅可夫斯基，她向他喊道：「您好！我要到西方去，有什麼話要轉告那裡嗎？」馬雅可夫斯基笑了：「請您轉告：真理在這裡！」他自信的回答，使女詩人十分興奮。

1922年春，茨維塔耶娃帶著女兒轉道柏林前往捷克首都布拉格，與在那裡讀大學的丈夫團聚。後來，她才知道，丈夫是個白俄軍官，曾與紅色政權作對，失敗後只好流亡。丈夫的觀點與自己在國內的遭遇，使茨維塔耶娃對紅色政權產生更多複雜與矛盾的感受。1925年，他們僑居在法國巴黎，同年2月1日，他們的兒子穆爾出世。

這一段期間，茨維塔耶娃受當時環境的影響，在當地白俄分子主辦的文學刊物發表過一些反蘇維埃政權的詩篇，如〈離別〉（*Parting*, 1921）、〈心靈〉（*Psyche*, 1923）等，也發表過一些詩作，如詩集〈獻給布洛克的詩〉（*Poems to Blok*, 1922），〈在俄羅斯之後〉（*After Russia*,

1928），以及詩體悲劇〈阿理亞德納〉（1924）和〈費德拉〉（1927）等。但過了不久，茨維塔耶娃便陷入孤獨。反蘇流亡者認爲她的詩作似有「異己」的味道：「內容似乎是我們的，但聲音卻是他們的。」在她熱情地寫了一篇關於馬雅可夫斯基的文章後，更被認爲是在「歡迎新俄國」，有「背叛」的嫌疑，從此她便很難再發表作品。

但是除了寫作，她別無生計。她曾在一篇文章中談到她當時的困境：

丈夫有病，不能工作，女兒編織帽子一天賺五個法郎，一家四口以此維生，簡直就是慢慢地餓死。

沒有知音，沒有同道，沒有任何護持、同情，比狗還不如……

這裡的人們對我恣意凌辱，戲侮我的傲慢、我的貧窮與我的無權地位（我是得不到保護的）。

流亡生活就如維蘇威火山的灰燼，我整個人像赫庫蘭尼姆城一樣，整個兒被埋在灰燼底下，年華就這麼白白流逝了。

在厭倦流亡生活的同時，茨維塔耶娃懷念祖國的心情逐日加深。她這時寫成的〈懷念祖國〉（1935）、〈祖國〉（1936）與文學論文〈我所理解的普希金〉，可說是心態的寫眞與反映。二十世紀三〇年代末期，希特勒發動侵略戰爭，對捷克有感情的茨維塔耶娃於1938到1939年間，創作了組詩〈獻給捷克大地的詩〉，對德國納粹侵占捷克的罪惡行徑進行憤怒的聲討。

茨維塔耶娃政治態度和創作思想的變化，有

部分原因與殘酷的現實有關，因此鄙視起西方與流亡生活，但此時她丈夫的變化也是其中一個主要原因。艾福隆這時的政治態度已明顯改變，成了「返回祖國協會」的組織者之一，並且參加了同情蘇聯的政治活動，故無法再在巴黎居留，已先後與女兒返回蘇聯。茨維塔耶娃無疑也跟著下了回國的決心，何況此時戰火已在歐洲大地燃燒，祖國似乎是平安的選擇，回去可以躲避這場災難。

　　1939年初，茨維塔耶娃帶著兒子穆爾回到蘇聯。6月時，一家四口住在全俄作家協會創作之家位於戈利齊諾的別墅裡。8月，東、西方關係緊張，根據統一安排，阿利雅先被疏散了，後來去了西伯利亞。10月，艾福隆也被通知離開，因為此時俄共正在「肅反」，艾福隆曾是白軍軍官，正是嚴管待審的對象。在這種情況下，茨維塔耶娃只好帶著兒子穆爾返回莫斯科。她們先在共產大道的姨媽家居住了一段時間，後來在波克羅夫斯基大樓租房間安頓下來。這裡的狀況不佳，「昏暗的樓頂，粗糙不穩的樓梯，馬上襲來令人愁苦的氣氛，是淒涼，是混亂，有發生事故的可能」。但戰爭正在逼近時，一切只能從簡。

　　茨維塔耶娃總算是幸運的。她有很好的外語基礎，很快便進入了國家文藝出版社從事翻譯工作。這期間，她主要翻譯了詩人麗札・普沙韋拉等喬治亞作家的著作，如長詩〈埃捷里〉──敘述一個王子與一個平民姑娘的愛情，以及兩人如何死亡的故事。另外，還有歌德的歌詞〈迷娘舞曲〉、〈豎琴曲〉等。

　　1941年，蘇聯的衛國戰爭爆發。曾經擔任白

軍軍官的艾福隆毫無音訊，但按照當時「肅反」的規模來看，他肯定是活不成的。茨維塔耶娃知道此一結果，卻不敢相信。女兒已被遷送到了遙遠的西伯利亞，如今只剩下十六歲的兒子穆爾在她身邊。

但穆爾從小生活在西方，受到嬌生慣養，過不慣困難的生活，任性的他根本不太聽母親的話，茨維塔耶娃常常拿他沒有辦法。有一次，她想給正要出門的穆爾理一理圍巾（外面很冷），穆爾氣憤地一扭，猛然推開她的手，並尖刻地說：「別碰我！」氣得她半晌說不出話來。又有一次，他跟母親頂嘴，威脅說：「瞧著吧，我一去就不回來！」這嚇壞了她，幸虧他後來又回來了，讓她虛驚了一場。儘管如此，茨維塔耶娃仍護著兒子，總對人說：「他還年輕，一切都會過去的。」只有當穆爾不顧勸阻、多次衝出掩體去撲滅德國飛機丟下的燃燒彈時，她才感受到真正的恐懼。她認為必須儘快離開敵機空襲的重點——莫斯科，這是唯一挽救穆爾生命的方法。為此，她經常跑到在計畫疏散的陌生人那裡，央求他們帶她和兒子一起走：「我不會成為累贅的，我有糧食，有外國貨……我甚至可以做一名女傭……」當時的規定，像她兒子這樣年齡的孩子都要與父母分離單獨疏散；長女阿利雅便是一例。但茨維塔耶娃不願意與兒子分開，因此前去請求作家協會負責人康斯坦丁‧費定，請他出面不要把她與兒子拆散。終於，決定下來了，允許她帶著兒子穆爾一同疏散到邊境城市葉拉布加（Elabuga）。

茨維塔耶娃忙著做疏散準備，兒子穆爾卻大發雷霆。他不願意去葉拉布加，除了因為他在莫

斯科已有他的小圈子與朋友之外，也因為疏散確實是很辛苦的事。歷來「像奴隸一樣盲目愛著他」的茨維塔耶娃，這回狠下心硬是把兒子帶出了莫斯科。

1941年8月中旬，茨維塔耶娃母子隨作家協會一起疏散到卡瑪河畔的葉拉布加，被安排住在日丹諾夫街十號（今天的沃羅希洛夫街二十號）一棟小平房裡。她住的那間房間連門也沒有，只有一幅鄉村門簾，但有床、沙發與桌子，足夠母子兩人使用。她睡沙發，把床留給了兒子。茨維塔耶娃似乎很滿意，只要兒子與她在一起。

安頓後沒多久，茨維塔耶娃乘船去離葉拉布加不遠的另一個較大的城市契斯托波爾，希望賣掉一些銀食具，並找份工作，但一無所獲，回來後心情很不好。她看到穆爾又與在葉拉布加結識的兩個不太正派的年輕男子混在一起，便對穆爾規勸了幾句。兒子立刻反唇相譏，諷刺她沒有門路，所以不能疏散去契斯托波爾，工作也沒著落，還說不如讓他回莫斯科自謀生路。母親忍無可忍，於是兩人開始了另一場爭論。

最後，穆爾似乎是發出了威脅：「瞧著吧，我們之間說不定哪一個，會被人雙腳朝天從這裡抬出去。」

茨維塔耶娃愣住了：「抬我！」因為抬她的命根子──是萬萬不行的。作兒子的仍在吼叫：「走遠些！到那裡去（指去契欺托波爾），永遠不要回來！」他想要獨處，想要絕對的自由。

母親絕望了，她想與他「在一起」，但兒子不需要她了。

她思念丈夫，但知道希望渺茫。後來事實證

明，因爲「肅反」擴大化，他被槍決了；她想起女兒，但茫茫不知人在何處；她看到兒子，像仇人一樣怒視著她。她傷心地倒在桌邊上哭起來……

她再一次想到自殺。在她的一生中，她已好幾次想到自殺。十七歲時，尼倫德爾離她而去，失戀的她曾寫下了遺書給妹妹：

任何時候，任何事情，都不要憐惜，不要計較，不要害怕。否則，你日後也會和我一樣遭到折磨。

但願繩子別斷了。不然，吊不死，那就討厭了。

在法國的那些孤寂、痛苦、倍感遺棄的日子裡，則是她人生的另一個難關。1934年11月21日，她從法國麗納夫寫信給好友A·捷斯科娃：

這些日子裡，我總想寫自己的遺囑，我根本不想活。無論是與穆爾在一起時，還是我一個人到學校或去取牛奶時——遺囑的句子總是自動從心裡冒出來，不是關於財物方面的——因爲我根本一無所有——我需要的是讓人們理解我：向人們作出解釋。

1940年，她寫信給妹妹：

我惦量著死亡已經一年了，但現在還需要我。

因爲她還要照顧穆爾。她怕兒子成爲孤兒，

被世界所拋棄。

那時，她喜歡盯著天花板上的鉤子看，像是在選擇角度、計算負重，只等時間一到便採取行動。她的〈死亡之歌〉唱出了她當時的心境：

最後一個釘子已經擰入，
是一顆螺釘，
因為棺材是鉛做的。

而她的〈過路人〉則是提前為自己吟唱的一首輓歌：

請你把我埋葬
在四條道路的中間……
那裡，在荒涼的原野
是成群的烏鴉和豺狼——
讓岔路口的路標
成為一個十字架豎在我的頭上……
夜裡，我不逃開
這萬惡的地方
讓無名的十字架
在我頭上高高矗起……

現在，兒子不需要她照顧了，他要自己去闖蕩世界了。作母親的不是保護人，反成了累贅，她或許真的可以走了。

茨維塔耶娃在最後的時刻寫了三封信。她先給好友——蘇聯詩人阿謝耶夫寫託孤信：

請您收留他，與自己的兒子一樣撫育他。他

是值得收留和撫育的。

她給兒子寫了遺書：

原諒我，我瘋狂地愛著你，可是往後會更糟。

要是你什麼時候見到了他們（丈夫與女兒），告訴他們說我愛他們直到最後一分鐘。

她也給丈夫與女兒寫了訣別信：

親愛的艾福隆和阿利雅，原諒我爲你們造成的痛苦，但是……

1941年8月31日，那天是從事義務工作的星期六，穆爾代替四十八歲的母親前去，女房東也去了。她的丈夫準備去打漁，問茨維塔耶娃：「您看家？」

她答應了。

黃昏時分，女房東第一個回家，走廊上的門雖沒有上好門閂，卻似乎是鎖著的。她最後還是把門打開了，發現門裡面左一道、右一道地纏著細繩。她走進去，看見茨維塔耶娃——她用一根結實的細繩吊在從側面釘進橫梁的釘子上，離地板不高。

茨維塔耶娃被葬在葉拉布加的墳場，因爲匆忙，故沒留下任何記號，以至於二十年後她妹妹來掃墓時竟找不到確切地點。1970年，韃坦共和國作家協會在大約的埋葬地點爲她建了一座巨大的花崗岩紀念碑，銘文是「在墳場這塊地方安葬

著瑪琳娜・伊萬諾夫娜・茨維塔耶娃……」而今，茨維塔耶娃與阿赫瑪托娃、曼傑施塔姆和帕斯捷爾納克一同被譽為「二十世紀的俄羅斯詩壇四巨人」。這是一塊更巨大的豐碑。

　　1944年7月，穆爾在服役的蘇軍437步兵團與德軍作戰中陣亡，葬在德魯伊卡村附近。只是，疼愛他的母親已不能為他流淚了。

編按

❶古密留夫（1886-1921），俄國詩人暨文學評論家，革命後被指控密謀反政權罪名，未經審判便遭槍斃。

「⋯⋯我的力量在無家可歸的漫長流浪歲月中業已消耗殆盡。」

——褚威格

褚　威　格

Stephan Zweig

(1 8 8 1 - 1 9 4 2)

奧地利著名作家。

出生於維也納一個猶太富商家庭。
1900年進入維也納大學攻讀哲學與文
學史，後轉入柏林大學，1904年獲博
士學位。主要文學成就是小說創作，
作品構思奇巧，注意細膩的心理分
析，具有強烈的藝術魅力。代表作有
《一個陌生女子的來信》、《一個女人
一生中的24小時》和《棋王》等。他
的人物傳記也十分出色，有《三大
師》、《羅曼‧羅蘭》等名作。此外，
他還創作了不少的詩歌和戲劇作品，
如詩集《銀弦集》、《早年的花環》，
戲劇〈特爾西特斯〉、〈耶萊米亞斯〉
等。他的作品已被譯成五十多種文
字，銷行量達數百萬冊。

1942年2月25日，巴西首都里約熱內盧。

這一天，這座美麗的南美都市顯得不同尋常，商家店鋪停止了營業，一些學校也放假，街上擠滿了人群。

這裡，遵照共和國總統的命令，正在為一位偉大的作家舉行隆重的國葬。

共和國的總統、部長、將軍、大學教授、作家、詩人、大學生等，都參加了在市郊彼得羅保利斯（Petropolis）舉行的葬儀。靈柩被送入公墓，安葬在國王彼得羅二世的墓旁。

但是，這位享受國葬禮遇的作家並不是巴西人，而是奧地利人。在巴西歷史上，從不曾為一個外國人舉行過如此盛大的葬禮。在世界文學史上，一個客死異國的作家能享受如此殊榮亦史無前例。

他，就是奧地利著名作家褚威格。

1881年11月28日，褚威格出生於維也納，父母均是猶太人。父親莫里茲‧褚威格經營一家紡織工廠，母親伊達‧布萊陶爾生於義大利，是一個銀行家的女兒。殷實富裕的家庭使褚威格擁有一個幸福的童年，也使他受到良好的教育並培養出對文學藝術的熱愛。還在中學讀書時，他除了在課堂上暗地注意尼采和史特林堡❶（August Strindberg）的作品與里爾克❷（Rainer Maria Rilke）的詩之外，還經常出入在維也納文學藝術活動中扮演重要角色的咖啡館。在那裡結識了青年人敬仰的作家，與他們共同探討文學藝術的新觀點與新方法——如他自己所言：「如饑似渴地尋找那些屬於我們和只屬於我們的東西，而不是屬於我們父親那一輩或我們周遭的人的東西。」

對新知識的追求以及對一切新鮮事物的熱衷，尤其是咖啡館裡的交際和活動，大大提高了褚威格這個中學生在文學藝術領域中的審美情趣和鑑賞水準。他在判斷和文字的表達能力上——如他在自傳《昨日的世界》（*World of Yesterday*, 1941）中驕傲地說——已超過了那些著名的評論家。

1898年，十七歲的褚威格在雜誌上發表了第一首詩，隨後他的詩歌相繼出現在各種報刊上，到中學畢業時已發表有兩百多首。雖然他在同一時刻也發表了評論和創作小說，但卻是以一個詩人的身分登上文壇。

1900年，褚威格考入維也納大學攻讀哲學和文學史，兩年後轉入柏林大學。此時，褚威格「在柏林尋求的既不是講座也不是教授，而是一種更徹底的自由」。因此，他經常不去聽課，而是用更多時間去從事自己喜愛的文學活動。1901年，他從自己中學時代發表的詩歌中選出五十多首詩歌以《銀弦集》（*Silver Strings*）之名結集出版。1902年，他在維也納《新自由報》上發表了他的第一篇小說〈出遊〉，還出版了他翻譯的法國作家波特萊爾詩文集，開始在文壇嶄露頭角。

1904年，褚威格以〈希波利特·泰納（Hippolyte Taine）的哲學〉為題通過大學畢業考試，獲得博士學位。做為畢業的自我賀禮，他的第一部小說集《伊華德之戀》（*The Love of Erika Ewald*）出版，書中收入了〈雪中〉、〈出遊〉、〈艾·埃瓦特之戀〉和〈生命的奇蹟〉等四篇小說。

為了增長知識、拓廣視野，以及「創作出真正的作品」，此後的一年多裡，褚威格先後去了比

▼《銀弦集》封面
（1901年）。

利時、法國、英國及西班牙、阿爾及利亞旅行，結識了詩人維爾哈倫❸（Emile Verhaeren）、里爾克、葉慈❹（W. B. Yeats）。這些都使褚威格對自己的創作活動有一個更清醒的認知。後來他在評論自己第一部詩集《銀弦集》時曾說：

　　這些表現出迷惘預感和無意識仿作的詩行，不是出自自身的經歷，而是出自語言上的慾望。

　　1906年，褚威格的詩集《早年的花環》在德國萊比錫出版。同時，他還完成了他的第一部詩體劇〈特爾西特斯〉，乃取材自古希臘神話的一部作品。特爾西特斯是特洛伊戰爭中希臘方面一個其貌不揚的小人物，但他在失敗之前保持了氣節與尊嚴。褚威格用這樣一句話概括說明了這部作品的主題：「我劇中的主人公是歷經苦難的人，而不是以自己的力量和堅定的目標給別人帶來痛苦的人。」

　　褚威格這樣的思想顯示出他此後創作道路上一個明顯的傾向：

　　不為英雄人物歌功頌德，反而矚目那些失敗者，那些即使在命運的不公中也保持真誠與道德的悲劇人物。

　　一年後，褚威格創作了和平主義戲劇〈耶萊米亞斯〉，再一次詮釋了他這個觀點。耶萊米亞斯是一個失敗主義者，但他擁有一種強大的道義的力量，這種力量遠勝過勝利者。這部作品是對失敗者的一種讚美，正如劇中耶萊米亞斯所說：

「人不能戰勝那些看不見的！人能殺人，但不能殺死活在他身上的上帝；人能征服一個民族，但永遠不能征服它的精神。」

這事實上是褚威格的內心獨白，他後來的一生印證了此一觀點。

此時正值第一次世界大戰初期，褚威格迫於兵役制的約束，先後在戰爭文獻館和戰爭新聞發表局等軍事資料部門服役。但他從來沒有陷入民族主義的狂熱，並很快成了一個和平主義者。早在1914年8月，他就發表了那封著名的〈致外國朋友們〉書信，希望與國外有志一同者共同建設歐洲文化。1917年，他藉著〈耶萊米亞斯〉在瑞士上演的機會前往瑞士，與法國著名作家羅曼‧羅蘭❺（Roman Roland）及其同行一道，呼籲民族間的和解。他堅定地表示：

　　用我的身體反對戰爭，用我的生命維護和平。

兩次世界大戰之間是褚威格創作的鼎盛期。

這段期間，褚威格完成了一組三部以〈世界建築師〉爲題的作家傳記——《三大師》❻（*Three Masters*, 1920），《與魔鬼的鬥爭》❼（*The Struggle with the Demon*, 1925）、《自畫像》❽（*Adepts in Self-Portraiture*, 1928），以及其他傳記《羅曼‧羅蘭——其人與其作品》（1920）、《福煦傳》（1929）、《瑪麗亞‧斯圖亞特》（1935）、《麥哲倫》（1938）等。評論家認爲，這些作家和政治家傳記在褚威格的著作中佔有重要的地位，他「創作的著眼點在於從更深層次上去揭示這些

歷史人物的性格和風貌，借助心理分析的手段去剖析他們的精神和心態。他將驅動這些人物發展的力量歸之於肉體和靈魂、感官與精神的二元分裂。這些著作既具有一種哲理的內蘊，又有一種美文文學作品的特點」。

與此同時，褚威格創作了最能代表他文學成就的諸多中篇小說和一部長篇小說。身為一個中產階級家庭出身的知識分子，褚威格一生追求的理想就是人道主義和精神自由。他相信只要透過抽象的道德教育，改變人的精神面貌，就可以實現各民族博愛、寬恕的理想；他反對暴力與階級鬥爭，力圖超越政治。因此，在他的這些小說中，多描寫那些超越時代、空間的孤獨個體之奇遇與潛意識活動，用飽蘸同情的筆墨訴說人的不幸，刻畫他們飽經憂患的靈魂，引起世人的關注與同情。褚威格還認為：聽憑命運擺布才是真正的生活，儘管這種生活可能違反道德信條抑或導致肉體毀滅。褚威格無疑是想用這種方法迴避對人類的道德價值進行評判。因此，他筆下的人物多是受神秘命運和不可捉摸力量擺布的對象，中篇小說〈一個陌生女子的來信〉（*Letter from an Unknown Woman*）和〈一個女人一生中的24小時〉即為此種思想的最典型代表作。

〈一個陌生女子的來信〉描寫一位著名小說家亞爾度假回來，當天正巧是他的生日。他從眾多信件中發現一封沒有發信地址和發信人姓名、只有潦草且匆忙的女人字跡的來信。在好奇心的驅使下，他不由自主地讀下去。那個女人寫道，從十三歲開始，她便真心傾慕他這位作家；在十八歲那年，她終於偽裝成一個妓女與他共進晚

▼褚威格與前妻（1902年）。

餐，陪他度過一夜，心甘情願奉獻了自己。作家後來藉故離開了維也納，再沒有找過她。女人後來爲作家生了一個兒子，並記著她心中情人的生日，每年在這一天送給他一朵白玫瑰，因爲他在那唯一的晚上也曾送給她一朵白玫瑰。終於有一天，作家再一次用讚美與貪婪的目光盯著她，卻沒有認出她，女人仍不顧一切隨他而去。一夜交歡後，作家又像對待陌生人一樣離她而去。女人現在告訴作家，她馬上就要死了，她曾陪他過夜、爲他生子，她對他唯一的要求是：請作家在他自己生日時去買一束白玫瑰，代替她的手將花插到瓶內。這樣，她會每年再活一天，在花朵中貼近他。她向他保證，她絕不會讓別人知道這件事，她的死不會傷害他。亞爾的手開始發抖，就在這時：

他的目光落到他面前書桌上那只藍色花瓶上。花瓶是空的，多年來，在他生日這一天，它第一次是空的。他全身發抖般地一怔：他覺得，彷彿有一扇看不見的門突然打開了，陣陣穿堂冷風從另一個世界吹進他安靜的屋子。他感覺到一個死亡，感覺到不朽的愛情。一時之間，他的心裡百感交集，思念起那個看不見的女人，沒有實體，充滿激情，猶如遠方的音樂。

《一個女人一生中的24小時》也描寫了一對男女的故事。在一家旅館裡，六十七歲的C太太向某作家講述了她生命中某一天24小時內發生的奇遇：她在四十二歲時，常去蒙地卡羅夜總會賭場。她不是去賭錢，而是去看賭徒各種各樣的手

——蒼白的手、激動的手、靜止的手——當作消遣。有一天，一雙新手引起她的注意：「一隻右手與一隻左手，像兩匹暴戾的猛獸互相扭纏，在瘋狂的對搏中你揪我壓，使得指節間發出軋碎核桃一般的脆聲。那兩隻手美麗得少見，秀窄修長，卻又豐潤白晰，指甲放著青光，甲尖柔圓而帶光澤。」C太太不由得又去看他的臉，再一次為之震驚。那是一個只有二十三歲左右的青年，從他十分迷人的面孔來看，不太像個成年人，反而像一個熱情任性的男孩子。當這個青年輸光錢急奔出門時，C太太不由自主地跟了出去。她憑著直覺與善心，看出這個青年不像平時在賭輸贏，而是在作性命攸關的冒險。她主動上前去安慰他，並把他安頓在一家小旅館裡，青年的感激與衝動，加上女人對他的關懷與親熱，終於使他們這對年齡懸殊的男女在旅館發生了同宿之事。C太太決心挽救這個青年，拿出錢給他作路費，並親自送他去火車站離開賭城。返回後，若有所失的她再來到初遇青年的賭場，竟發現青年並沒有走，反而回到賭桌旁，將她的錢當作賭資，賭得連她也不認識了，甚至當眾辱罵她。C太太萬分悲痛；她從認識他、協助他、護送他直到挨他罵而逃出賭場，一共經歷了24小時。C太太說：

　　這24小時充滿了種種荒謬透頂的情感變化，此起彼伏有如風雨交摧，我的內心世界從此永遠被摧毀。

　　褚威格這兩部代表作，前者寫一個女人的一生，後者寫一個女人一生中的一天，都是因某一

種慾望式感情的驅使,使她們不顧一切去追求自己熱愛的男人,甚至爲他們獻出生命,而對方連她們的姓名都不知道。作者沒有把他的人物和矛盾衝突放到社會和一定的歷史背景中去說明,沒有寫出這種感情的社會意義,更沒有一定的階級內容,只是從各方面極力渲染這種神奇力量的強大與不可抗拒。在這一點上,可以看出他受佛洛伊德精神分析學的影響。正如他自己所說:「謎一般的心理事物對我有一種不安的支配力量。它們激起我極力去追蹤它們的聯繫;那些奇奇怪怪的人,僅他們的在場就足以讓我燃起一種去認識他們的激情。」另一方面,這兩篇小說可以說最完整表現了褚威格作品強烈的藝術魅力和獨具的藝術特色,即「極擅長以第一人稱的形式,淋漓盡致地對人物的心理活動進行剖析、描繪人物的精神狀態,同時以巧妙的構思、傳奇性的情節與扣人心弦的安排,形成獨特的風格」。羅曼・羅蘭因此稱褚威格是一個「靈魂的獵者」。蘇聯著名文學家高爾基則在讀過《一個陌生女人的來信》後寫信給褚威格:「你寫得眞好,由於對你的女主人公的同情,由於她的形象及其悲劇的心曲讓我激動得難以自制,我竟毫不感羞恥地哭起來。」

1933年,德國納粹上台。褚威格同情人民、熱愛和平,又是猶太血統,因此受到迫害。他在薩爾茨堡的家被強行搜查,作品被沒收並扔進火堆,法西斯報刊對他進行辱罵與恐嚇。當奧地利被德國兼併時,他只得被迫移居國外,開始了無國無家的流亡生活。褚威格後來回憶說:

在我失去我的護照的那天,我已經五十八歲

▼褚威格與俄國作家高爾基(1930年)。

了。我發現，一個人隨著祖國滅亡所失去的，要比那一片有限的國土多更多。

褚威格首先避居到英國，並於1934年寫了〈鹿特丹的埃拉斯姆斯的勝利和悲劇〉，1936年又寫了〈埃斯泰里奧反對加爾文——良知反對暴力〉，對法西斯主義發出強烈抗議。8月，他前赴巴西旅行，並參加了在阿根廷召開的國際筆會，將筆會講壇當作控訴法西斯的陣地。

1937年，褚威格在艱難環境中創作了他唯一的長篇小說《心靈的焦躁》。作品以人的同情心為主題，描寫一個年輕的輕騎兵少尉軍官霍夫米勒，因同情而捲入一名下肢癱瘓的富家姑娘艾迪特的感情生活，最後釀成一場悲劇。小說的結構依然是採用他慣用的倒敘法和第一人稱敘述方式，由一個當作家的「我」開始提問，引出霍夫米勒的自述身世。由於運用了大量心理活動的描寫和意識流的技巧，頗具藝術感染力。小說出版後受到熱烈歡迎，英文版在一週內印了三次，德文版則分別在瑞典和荷蘭出版。

1940年，德國納粹進犯倫敦的戰火逼迫褚威格流亡巴西，最後定居於里約熱內盧市郊的彼得羅保利斯。在這裡，褚威格寫下他最後一篇反法西斯的中篇小說〈棋王〉(*The Royal Game*)。小說以一艘輪船上幾個乘客與世界西洋棋冠軍的比賽為主軸，描寫一位受法西斯精神迫害而成為棋狂的受害者，深刻揭露出了法西斯摧殘人的精神帶來的嚴重後果，同時也反映出褚威格看到法西斯毀了他一生尊崇的歐洲文明而產生的痛苦絕望心情。

做為一個愛好和平的人道主義者、一個正直的作家，褚威格親身經歷了亡國喪家、顛沛流離的痛苦，又目睹了包括猶太人在內的歐洲各國人民之悲慘命運，內心非常痛苦。自定居彼得羅保利斯後，他的精神更加委靡，悲觀的情緒日甚一日。1939年，他在給朋友的一封信中表示：

在上次戰爭中，我還能講話——講反對戰爭的話，因為我有自己的語言、報紙、雜誌，有團結起來的可能性。這一切，我們在中立國家、在法國的朋友們都有。但在這裡，我們卻沒有。

我不願再經歷、再熬過第二次戰爭。

為了擺脫這種精神折磨，他決定自行離開這個讓他不得安寧的人世。1942年1月，褚威格在給前妻的一封信中流露出自絕的念頭，表示要「用一種值得的方式安安靜靜地消逝」。

2月中旬，無線電傳來了新加坡淪陷的消息。面對法西斯強大的囂張氣焰，褚威格的絕望感更趨強烈。他相信曙光的到來，但他無法再忍受黎明前的黑暗。20日，褚威格在給朋友柯崗的一封信中這樣寫道：

您知道，自從我失去了我的祖國奧地利之後，我對生命就厭倦了。我無法再在我的工作中重新找到我真正的生命；自從我成為一個漂泊無依的人以來，內心的痛苦遠比歲月更令我蒼老……您不要為我悲傷，我的生命多年來早就破碎了，能離開一個變得殘暴的瘋狂的世界，我感到快樂。

此時的褚威格不久前剛度過他的60歲生日。

1942年2月22日，褚威格與妻子在彼得羅保利斯的寓所內服毒自殺，留下了一封淒惻動人的絕命書：

絕命書

在我自願與神智清醒地同這個世界訣別之前，還有一件最後的義務需要我去完成：向這個美麗的國家——巴西，表示我衷心的感激。它對我是那樣良善，給予我那樣殷勤的關切，讓我日益深深愛上這個國家。在我自己的語言通行的世界對我來說已經淪亡，而我精神上的故鄉歐洲也已自我毀滅之後，我再也沒有地方可以從頭重建我的生活了。

年過花甲而想再次開始全新的生活，這需要一種非凡的力量，但我的力量在無家可歸的漫長流浪歲月中業已消耗殆盡。這樣，我認為最好是及時且以正當的態度來結束這個生命，結束這個相信精神勞動是最純真的快樂、個人自由是世上最寶貴的財富的生命。

我向我所有的朋友致意！願他們在漫長的黑夜之後還能見到朝霞！而我，一個格外焦急不耐的人先他們而去了。

斯蒂芬·褚威格

1942年2月22日於彼得羅保利斯

褚威格離開了這個他本不願意離開卻又不得不離開的世界，但他的文學成就是不朽的。他的

作品已被相繼譯成五十多種文字，發行數百萬冊，證明褚威格在世界文學中所占的崇高地位，也使他1936年在簡歷中所表述的夙願得到了佐證：

　　正如我感到整個世界是我的家鄉一樣，我的書在地球上所有語言中找到友誼和接受。

編按

❶史特林堡（August Strindberg, 1849 - 1912），瑞典第一位國際知名的劇作家，也是近代劇壇大師。除了小說和非虛構的作品，他還寫了超過五十個劇本。在1895年之前，他的作品都屬於寫實主義學派，代表作有《父親》（*The Father*, 1887）、《茱莉小姐》（*Miss Julie*, 1888）。後來的困境使得史特林堡幾瀕瘋狂，人生觀及藝術觀因此遭到重大的改變。1890年代末期，他開始大量寫劇本，開了表現主義的先河，例如藉著採用做夢者的觀點摧毀時空與邏輯架構限制的《夢劇》（*The Dream Play*, 1902）以及《幽靈奏鳴曲》（*The Spook Sonata*, 1907）。後世尊之爲開創表現主義戲劇的支柱之一。

❷里爾克（Rainer Maria Rilke, 1875-1926），出生於布拉格的德語詩人，大學時攻讀哲學、藝術與文學史，一生居無定所，浪跡歐洲。早期創作具鮮明的布拉格地方色彩和波希米亞民歌風味，如詩集《生活與詩歌》（*Life and Songs*, 1894）、《夢幻》（*Crowned by Dreams*, 1897）等，但內容偏重神秘、夢幻與哀傷。1897年開始旅行歐洲後，他改變了早期偏重主觀抒情的浪漫風格，改而創作以直覺形象象徵人生並表現自己思想感情的「詠物詩」，對人類平等互愛提出烏托邦式的憧憬。著名作品有借讚美上帝以展現資本主義沒落時期精神矛盾的長詩《祈禱書》（*The Book of Hours：Prayers to a Lowly God*,

1905）、《新詩集》（*New Poems*, 1907）和《新詩續集》（*New Poems*, 1908）。晚年，他的思想更趨悲觀，代表作為著名長詩《杜伊諾哀歌》（*Duino Elegies*, 1923）與諸多十四行詩。儘管里爾克的詩歌充滿孤獨痛苦的情緒和悲觀虛無的思想，但藝術造詣很高，不僅展示了詩歌的音樂美和雕塑美，亦表達了一些過去詩歌難以表達的內容，擴大了詩歌的藝術表現領域，對現代詩歌的發展產生了巨大影響，為二十世紀之代表詩人。

❸ 維爾哈倫（1855-1916），比利時詩人、劇作家、文藝評論家，以法語寫作，擅長描寫殘酷、仇恨與悲愴等劇情，著有《菲力浦二世》（*Philippe II*, 1901）、《斯巴達的海倫》（*Helen of Sparta*, 1916）等。

❹ 葉慈（1865-1939），1923年的諾貝爾文學獎得主，被公認是英詩世界中自華滋華斯以來最傑出的詩人，同時也是一位優秀的劇作家，一生關注藝術、愛爾蘭國家主義以及對神祕現象的探索。他十七歲開始寫詩，早期作品洋溢著愁思、神祕，並充滿前拉斐爾派的意象，散發出儼人的美感。葉慈的詩風在三十五歲左右有了轉變，從原先幽微的幻想氣氛逐漸轉向現實世界，並寫下不少重要詩作，形成嚴謹而壯麗的新風格。代表作有《蜉蝣》（*Ephemera*, 1889）、《等到你年老》（*When You Are Old*, 1892）、《湖心小島》（*The Lake Isle of Innisfree*, 1893）等。

❺ 羅曼・羅蘭（1866-1944），十九世紀末、二十世紀初法國著名的批判現實主義作家、音樂史學家、社會活動家。出生於律師家庭，上大學期間曾與托爾斯泰通信，而托爾斯泰「不以暴力抗惡」、「道德上的自我修養」、「博愛」等思想對他產生深刻的影響。代表作《約翰・克利斯朵夫》被俄國作家高爾基稱為「長篇敘事詩」，獲譽為二十世紀最偉大的小說。這部巨著共十卷，全書猶如一部龐大的交響樂，每卷都是一篇蘊有不同樂思、情緒和節奏的樂章。從《約翰・克利斯朵夫》開始，羅曼・羅蘭開創了一種獨特的小說風格。該著作獲得1913年的法蘭西學院文學獎，並於1915年獲諾貝爾文學獎。

❻即巴爾札克、狄更斯、杜斯妥也夫斯基。

❼即荷爾德林、克萊斯特、尼采。

❽即卡薩諾瓦、斯湯達爾、托爾斯泰。

「親愛的高爾基，願上帝保佑你那顆珍貴的心。」

──抽象表現主義畫家德庫寧（De Kooning）

高　爾　基

Arshile Gorky

（1905-1948）

美國當代畫家。

美國抽象表現主義畫派的先驅和重要成員之一。

生於土耳其的亞美尼亞。1920年赴美打工、求學，後在設計學校和中央美術大學院任教。1931年開始成為獨立的職業畫家。前期崇尚古典繪畫，後期追求抽象表現主義，四○年代形成個人特有的繪畫風格，結合了超現實主義的潛意識活動與抽象主義技法。代表作有《藝術家的母親》、《瓦土希像》、《索契的花園》、《肝臟是公雞的雞冠》等。

1940年初夏的某一天，美國著名的社會寫實主義畫家索耶❶（Raphael Soyer）的畫室，來了一個看上去將近四十歲的中年人。他個子不高，臉頰瘦長，頭髮顯得有些凌亂，襯袖稍短，給人一種不修邊幅的感覺。然而，主人卻視之為上賓，給予熱情的歡迎和款待。他，就是美國當代著名畫家、美國抽象表現主義的先驅——高爾基。

高爾基是應索耶之邀來讓他給自己作肖像畫的。兩位老朋友一見如故，寒暄幾句後擺開了作畫的架式。高爾基被安排在靠窗的一張軟椅上，柔和的光線映射在他的右側。他看上去很隨意。索耶凝神屏氣，眼光不時穿梭在高爾基與畫稿間，手中的鉛筆在畫板的稿紙上飛快地抹動……終於，畫家停筆，從畫板上取下畫稿，遞給他的「模特兒」。高爾基用畫家特有的眼光審視了同行的傑作，然後報以會心一笑，當作對老友精湛技藝的肯定和讚賞。

的確，索耶這張鉛筆素描畫得十分成功。它以表現派的激情，透過外形的酷肖描繪，傳神而又帶著預感似地表現出了高爾基這位薄命畫家的氣質，使人透過其外貌看到他受盡折磨的痛苦靈魂。果然，此畫完成後第八年，便傳來了高爾基自殺的噩耗。

高爾基原名亞多伊安（Vosdanik Adoian），1905年出生於亞美尼亞。外祖父是世代相傳的牧師，父親是經營麥子的商人，偶爾也做木匠。

高爾基三歲時，父親為了逃避兵役棄家去了美國，接著兩個姊姊也赴美謀生，家境逐漸艱難。但高爾基在貧困中自得其樂，少年時代的生活充滿了東方牧民的浪漫色彩。他經常騎著馬，

▼《高爾基肖像》（鉛筆畫，1940）。

帶著一隻牧羊犬在山谷間漫步和放羊。但這段生活在他以後的繪畫創作中並未反映出來，因為後來他成了一個僑居美國的異鄉人，很快被美國的文化藝術所同化，變成了一個國際化的藝術家。

1920年，因生活所迫，高爾基攜妹妹瓦土希（Vartuhi）一起到美國謀生。他們先在羅德島找到了父親。這是一個美麗的地方，但找不到工作，兄妹二人只好去麻塞諸塞州的水城（Watertown）投奔已婚的大姊，在當地一家工廠做工糊口。

高爾基的求知慾很強，因從小陶醉於色彩瑰麗的自然風光，對繪畫逐漸發生了興趣。他工餘時間常常畫些習作，有時竟在上班時間也來幾筆，終於被老闆發現而將他開除。

高爾基只好將情況如實告訴父親，並表明了自己的志願。父親對此表示理解，接他回羅德島，並送他進羅德島設計學校學習。高爾基如願以償，如魚得水，勤學苦練，繪畫技巧有了長足的進步。

1923年，十八歲的高爾基來到波士頓，在美琪劇院中擔任速寫畫家，並利用業餘時間在新設計學校（New School of Design）求學。第二年，他因學習成績優異被推薦到新設計學校的人體班擔任繪畫講師。

1925年，高爾基遷居紐約，進入中央美術大學院（Grand Central School of Art）深造。不久後，便被該院看中安排任教。

此時，躊躇滿志的高爾基崇拜義大利文藝復興時期畫家曼帖那（Andrea Mantegna，約1431-1550）、烏切羅（Paolo Ucello, 1397 -1475）、法蘭契斯卡（Piero della Francesca, 1415-1492）和法國

新古典主義畫家安格爾（Jean-Auguste-Dominique Ingres, 1780-1867），並致力於研究與學習塞尚、米羅、畢卡索等藝術家的繪畫風格。他這時期創作的那幅炭筆畫〈藝術家的母親〉（The Artist's Mother）顯示出古典繪畫給予他的影響：大塊而單純的平塗效果和明確的輪廓線，色彩上則採用了土色調。當時他口袋中經常放著一些諸如烏切羅、安格爾或丁托列托（Raphael Tintoretto, 1518-1594）的畫冊。有人看見他經常伸直手臂握著畫冊，以保持從一定距離觀察畫冊中的作品。他尤其喜歡倒過來看這些畫作，為的是要「排除作品情節內容的干擾」。他將畫中的「形」、「色」因素抽離出來，就像拆除機器上的零件一樣。這種觀察方法，為他日後從事抽象繪畫創作提供了有利因素。

高爾基的教學方法也別具一格。例如，為了使學生獲得創作靈感、在畫上表現出情感，他竟雇用提琴師在上課時演奏名曲。就在這一時期，他崇尚起俄國作家馬克西姆·高爾基❷（Maksim Gorky），因此將自己的名字改為阿希爾·高爾基。

1931年，高爾基放棄教職，成了獨立的職業畫家，接連創作了油畫《瓦土希像》等大批作品。因為多採用畢卡索藍色時期的藍色與棕色調以及立體派技法，他的繪畫風格更接近塞尚和畢卡索了。

1934年，高爾基在費城舉辦首次個人作品展，回響很大。第二年，他加入聯邦藝術計畫研究部（WPA Federal Art Project），為紐華克機場（Newark Airport）繪製了大型壁畫《航空：受空氣動力學限制的形式之演進》，接著又創作了油畫

▼《藝術家的母親》
（炭筆畫，1929）。

《桌上的靜物》、水墨畫《無題》等作品，均得到藝術界與社會的關注與好評。

1939年，高爾基與智利超現實主義畫家馬塔❸（Roberto Matta）結識，藝術觀念上得到很大啟發。超現實主義認為繪畫是藝術家的潛意識表現，這使高爾基從中找到自己的表現方法。他開始揚棄摹擬前人自然主義畫風的作法，改而繪製大量將超現實主義的潛意識活動與抽象主義技法結合起來的作品，如油畫《索契的花園》（*Garden in Sochi*）等，充分展現他全新的繪畫風格。

1942年，高爾基初次來到康乃狄克州，在那兒的鄉間作畫。從這時開始，他進入了創作的最後階段，也是他創作的旺盛時期。他在畫面上描繪的多是一些潛意識活動；在色彩方面，略施明亮的薄塗和淡色；在線條方面，則運用了明晰活潑的黑色書法筆觸，優美纖細，表現出一種流動和變化的感覺。例如在其名作油畫《肝臟是公雞的雞冠》（*The Liver is the Cock's Comb*）、《母親的繡花圍裙如何在我生活中展開》（*How My Mother's Embroidered Apron Unfolds in My Life*）等作品中，畫家把植物形象描繪成人體的內臟，漂浮在色彩柔和而無定形的風景裡。這類晦澀難懂的圖畫，看來或許正是為了表達畫家本人的一種複雜的感受。

高爾基的大膽創新博得不少人的讚許，也有一些人感到難以領悟提出詰問，正反兩方面的鑑賞評價經常針鋒相對，反而助長了高爾基的名聲。1944年結識高爾基的著名西方現代藝術評論家布荷東❹（André Breton）對他獨創性的繪畫風格尤其欣賞，曾極力推崇《肝臟是公雞的雞冠》

▼《瓦土希像》（油畫，1933）。

是「新視覺的佳作」，並用「混成」這個字眼來形容高爾基此一時期的作品。曲高並未和寡，這是高爾基值得慶幸的。

二十世紀四〇年代，是高爾基聲譽最高的階段，他在康乃狄克的家中需不時停下畫筆接待慕名而來的各界人士，許多畫品被人們或有關機構收藏，命運之神似乎特別關照索耶筆下的薄命之人。然而，就在這階段的後期，一連串不幸的事件相繼向高爾基撲來，使他防不勝防。

1946年初，他在康乃狄克的畫室莫名其妙地發生了火災。無情的烈焰將他許多作品頃刻之間化為灰燼，像一記重槌猛敲在畫家的頭上。禍不單行的是，二十多天後，他發現患有癌症並立即動了手術，以致數月不能動彈，精神上的壓力也很大，總擺脫不了死亡的陰影。夜裡常被惡夢纏擾，在滿頭冷汗中驚醒。

在這種擔驚受怕的日子中挨過了兩年，1948年6月的某一天，他乘車外出發生車禍，汽車翻下路基，他的頸骨折斷，又平添了許多痛苦，並為生活帶來極大不便。更使他痛心的是，他身體的不平衡使他掌握不了角度；這將直接影響繪畫，而繪畫是他生命的根基……

此時，高爾基真正感覺到了對災禍無法抗拒的恐懼，他已經缺乏堅強的意志來面對個人悲劇不斷襲來的現實。他想擺脫這種痛苦，而長期沉緬於超現實主義潛意識活動中的畫家氣質也促使他下定了最後的決心──向人世訣別！

1948年7月21日深夜，高爾基在康乃狄克的家中，將一根粗繩繫在門欄上後引頸入套，上吊自盡，享年四十三歲。

編按

❶ 索耶（1899－1987），俄裔美籍藝術家，十歲時移民美國後不久，即進入藝術學生聯盟（Art Students League）就讀，1927年出版他的第一本原創平版印刷集，從此確立其在藝壇的地位。身為國際學院（National Academy）的正式會員，索耶的腐蝕版畫、平版印刷與油畫乃美國與國際收藏中的重要作品。

❷ 馬克西姆・高爾基（1868-1936），俄國短篇小說家、傳記作家與散文家，一生與俄國動盪的革命時期密不可分。在史達林統治下的蘇維埃政體下，他儼然成為文化的發言人，並確立了俄國文學以社會主義寫實為中心主旨的教條。這種狂暴、具社會意識的自然主義，被契訶夫（Chekhov）描述為「一種勢必摧毀所有值得剷除事物的毀滅者」。代表作有《母親》（*Mother*, 1906-1907）、《童年》（*My Childhood*, 1913）等。

❸ 馬塔（1911-2002），智利畫家。1933年到巴黎，1936年在西班牙馬德里結識了達利和超現實主義者，1937年有三幅素描參加在巴黎舉行的超現實主義畫展，並曾在超現實主義雜誌上發表建築相關的評論。馬塔初期的畫作採用歐洲超現實主義者在 1920 年代發展出的自發性書寫（automatic writing）；1939到1940年間，遇到高爾基及一些美國的超現實主義者，又初識早期的墨西哥文化，使他有心於巨型作品的創作。1950到1960年間，馬塔的繪畫色彩臻至悚人、犀利和明亮的境界，這時期的作品以太空為主題；筆下的太空彷彿無止境地推進著，為人類太空探險勾勒出一個完全出於想像力的感應。

❹ 布荷東（1896-1966），法國詩人與作家。1916年加入達達主義運動，1924年發表《超現實主義宣言》（*Manifeste du Surréalisme*）一書，表示「超現實主義是純粹的無意識活動，依無意識的活動而透過言語、文章、或其他方法，表現內心世界的真實動向」，超現實主義於焉確立，布荷東獲譽為超現實主義之父，作品包括小說《娜嘉》（*Nadja*，1928）。

「……苦痛愈來愈劇烈，頭腦卻異常清醒，意識清澈，一點也沒有感受到即將失去知覺的前兆。……我，張開雙眼，靜待何時會失去知覺。」

──太宰治《狂言之神》

太　宰　治

（ 1 9 0 9 - 1 9 4 9 ）

日本著名小說家。「斜陽族」的代表
作家。

1930年入東京帝國大學法語系攻讀法
國文學。1935年以《丑角之花》登上
文壇嶄露頭角。第二次世界大戰結束
之際，代表日本文學藝術界的呼聲而
一舉成名。其作品基調陰鬱，有時卻
又以近乎鬧劇的幽默著稱。代表作有
《晚年》、《津輕》、《維榮的妻子》、《斜
陽》、《人間失格》與遺作《別了》等。

1949年6月13日傍晚，日本北部玉川河上游的河畔，出現了一對情意綿綿的中青年男女。他倆依偎在一起，相互攙挽而行。

落日已消失在西邊的盡頭，天空中只殘留一抹斜陽。

他倆緩緩登上河邊稍陡的護坡，望著湍急的河水，沉默著，然後手牽手縱身跳了下去。

伴著飛濺的浪花，奔騰的河水頃刻間將他們沖得無影無蹤⋯⋯

不久，人們在玉川河下游發現了他們的屍體。後來辨認出，男子是日本著名小說家太宰治，女子則是他的情婦山崎富榮。

太宰治曾多次自殺，並以自殺的遺書為主集結出版而聞名文壇，最後又以投水結束自己的生命，使得他的一生更具傳奇色彩。許多有識之士不相信某些小報熱中於將此事渲染成一件殉情的桃色新聞，理智地分析與探尋太宰治自殺背後深刻的社會原因。

太宰治原名津島修治，1909年6月19日出生於日本北方青森縣一個大地主家庭。父親是貴族院敕選議員。他從小愛好文學，很早就表現出非凡的文學才能。中學時寫的幽默小說〈花子〉曾使同學笑出眼淚。在弘前高等學校上高中時，他主辦了同人雜誌《細胞文藝》，並在新思潮影響下，寫出揭露其父荒淫虛偽面目的小說《無間地獄》。這一時期裡，他先後創作的小說達兩百餘篇。

▼太宰治在弘前高等學校（1929年）。

1930年，太宰治進入東京帝國大學法語系攻讀法國文學，並開始參加左翼地下運動。1932年，他在學生運動中被捕。在家庭與現實的壓力下，他向警察署具結悔過，脫離左翼，不久後退

學，專事文學寫作。

在太宰治的一生中，女人與自殺構成他一生中最重要的內容，也是他後來成為戰後「斜陽族」（無賴派）文學代表的生活基礎與創作題材。

早在1929年，二十歲的太宰治仍在弘前高等學校念書時，就曾因他崇拜的著名作家芥川龍之介的自殺，而服用大量安眠藥企圖自殺，幸被人發覺未成。

1930年，太宰治進入東京帝國大學深造，讀書十分勤奮，並拜著名作家井伏鱒二❶為師，但他也把在弘前高等學校時就與他情投意合的一位姓青森的藝妓召到東京，過起同居生活。事隔不久，他又結識了一位無名畫家的妻子（也是銀座一間酒吧的女招待），兩人過了一段卿卿我我的荒淫生活後，決定投河殉情。這是他第二次自殺，結果這次仍未能如願。他在江之島跳水後被漁民救起，但那名女招待卻真的送了性命。

1931年，太宰治回到了家鄉青森縣，與青梅竹馬的初戀情人小山初代同居了。但不久，他極失望地得知小山初代曾與另一男子發生過關係，這沉重的打擊使他的精神再一次處於崩潰邊緣。幸好不久後，他在正式刊物上得以發表處女作〈回憶〉，算是一種療傷的慰藉。這部小說蘊含著太宰治對現實與自我早年坎坷經歷的體驗；作品從寫死亡開始，全篇充滿了濃厚的虛無絕望色彩，對自我、自存的價值持否定態度，基調十分陰鬱。

1935年，太宰治報考新聞記者失敗，十分沮喪，輕生念頭再起，便到鎌倉的山中上吊自殺，碰巧又被人救下。接著，他因為闌尾炎手術住

▼太宰治在東京帝國大學。

院。爲了止痛，他經常過量服用鎮痛藥，導致成癮。當時他非常苦惱，只好透過筆端在稿紙上發洩。

這一年，太宰治發表了小說《丑角之花》，是太宰治根據自己與那個酒吧女招待投海自殺的素材寫成的，並第一次採用了自白的形式。這種寫法予當時文壇以新鮮的印象，後來形成了太宰治獨特的說話體與饒舌體。小說發表後，得到了評論家的關注與好評，並推選爲日本第一屆「芥川文學獎」的候選作品。小說雖然最終沒有得獎，但大大提高了太宰治的知名度，奠定他做爲新進作家的文壇地位。

1936年，太宰治發表了他的第一部小說集《晚年》，書中如〈葉〉、〈送行〉、〈回憶〉等，多寫其個人生活體驗，從作品的大部分人物中可以看到作者本人的影子。例如報考記者不及格而去鎌山自殺未遂，因闌尾炎手術發生事故而病危，長期服用麻醉藥而中毒，去精神病院醫治藥物中毒幾乎無效等。最特別的是，其中許多作品是作者企圖自殺前所寫的遺書，因此也可以將此書看成是本遺書集。作者在行將結束自己的生命時，把自己的內心世界毫無遮掩地呈現在世人面前，眞實而凝重，使作品有著極強的藝術感染力。太宰治以這種題材進入創作領域的獨特方式，在世界文學史上恐怕是絕無僅有的，其作品所顯示的各種風格與題材多樣化，又說明太宰治的確是個有潛力、才華橫溢的作家。他在文壇日漸聲名鵲起，完全是憑藉自身的實力。

1937年的九一八事變後，中日衝突已經明朗化，國內好戰的軍國主義更加猖獗。太宰治忍受

不了政治與生活多重矛盾的壓力，帶著小山初代去谷山溫泉準備赴死。這是他的第四次自殺，但仍被雙雙救活。返回東京後，兩人感情破裂，終於徹底分手。

1939年，太宰治由他的恩師井伏鱒二作媒，與女教師石原美知子結婚。從此，他開始過著比較安定的家庭生活，爲他後來旺盛的創作提供了有利條件。

1940到1945年戰的爭期間，太宰治幾乎是日本唯一繼續發表眞正有文學價值作品的作家，重要作品有《奔啊，梅洛斯》（1940）、《正義與微笑》（1941）、《右大臣實朝》（1943）等，而1944年發表的《津輕》可說是他最出色的作品之一。在這部長篇小說中，他情感深切地緬懷了自己的出生之地。1945年根據民間故事改編而成的《童話草紙》，風格雋永，妙趣橫生，展示出作者獨具的幽默風格。這年2月寫成的小說《惜別》，是以在日本東北地方某村莊開業老醫生的手記形式，描寫在日本留學時的魯迅。他爲了調查魯迅在仙台時期的情況，曾專門赴仙台，在「新報社」花了三天時間查閱大量的報紙並做了詳細的筆記，從而使作品寫得眞實感人。

太宰治的文學活動，最重要的時期是在戰後。幾部重要的作品，如《維榮的妻子》（1947）、《斜陽》（1947）、《人間失格》（1948）都是在這一時期寫成的。當時的日本，傳統信仰被徹底打破，國人對前途失去信心，精神上是一片荒漠，使得以反道德、反傳統、否定一切爲主要內容的「無賴派」文學找到了廣大的讀者群。這個派別在創作手法上也有革新；他們不去正面

寫時代，而是在作品中進行諷刺、挖苦、抨擊，與江戶時代的戲作者有共通之處，因此又被稱作「新戲作派」。身爲其代表者，太宰治在這一時期的作品大多描寫虛無、頹廢以及由於個人意識過分強烈而引起的自我虐待，還有認爲「失敗也是美」等戰敗後的世態，並致力反映這部分人的心理，因此成了戰後初期日本文壇的寵兒，與專寫「毀滅性私小說」的「流行作家」。

在太宰治的這些作品中，短篇小說《維榮的妻子》是他的一部力作。女主人公「我」是個蕩婦，在工作的酒店中輕易地被別人玩弄，她反而覺得自己是掙脫了現實的束縛，「從前那種鬱悶心情已經一掃而空」。男主人公大谷是個潦倒落魄的詩人，搶小菜館的錢，又讓妻子當女侍代他還債，還恬不知恥地表示，自己偷錢是爲了讓妻子過一個快活的新年。他對自己的醜行毫無悔改之意，是個典型的無賴。男、女主人公也曾想過新的家庭生活，但不久後他們發現家庭是萬惡之源，無法再建立新的家庭，只好再繼續放蕩下去。日本評論家對此文評論說，這部小說宣揚的是作者所主張的異說：罪犯和無賴漢的心中有眞實的道義觀念，問題出在社會。

中篇小說《斜陽》則著重描寫貴族階級在戰後的墮落，他們已喪失以前的高雅與文明，成了罪惡的化身。小說的主人公是一位名叫數子的沒落貴族之女，戰後同母親一起住在山莊。她愛上了弟弟的朋友──一個在東京過荒唐生活的作家，名爲上原；她想要爲他生兒育女。數子多次寫信給他，但毫無回音。母親去世後，數子獨自上東京見上原，趁上原喝醉迷糊之際，終於實現

▼太宰治作品一覽。

了自己的夙願，但患有藥物中毒症的弟弟卻在同一天晚上自殺了。懷孕的數子隨後又被上原拋棄，但她決定活下去，獨力把孩子撫養成人。這篇作品發表後轟動一時。作者對日趨沒落的貴族表達無可奈何的悲傷與惋惜；對當代青年活著不過是求取官能享樂的生活態度之深刻表現，對戰後青年一代的影響尤其深遠。「斜陽族」一詞隨之很快出現，並成為一種「時尚」便是明證。

中篇小說《人間失格》寫的是一個叫大庭葉藏的青年，他不諳世事也不為世人所瞭解，內心空虛而又孤獨。在與一純潔少女結婚後，他才得到少許安慰，但妻子又不幸被人姦污。他生活中唯一的精神支柱坍塌了，他卻連「苦惱的能力」也喪失了。於是他自暴自棄，縱情於女色之中，從精神到肉體都已毀滅，他感覺自己失去了做人的資格。日本評論家認為，這部作品完全是太宰治的自畫像，反映了他內心的複雜矛盾。小說中還插入不少他本人的生活事件，例如從那位被姦污的妻子身上，就能找到太宰治初戀情人小山初代的影子。作品主人公力圖追求真實的愛與信賴，作者卻把他當作一個「喪失做人資格的人」來書寫，目的是想透過這個悲劇來向造成此一悲劇的社會表示抗議。

然而，太宰治的創作熱情並沒有持續多久。由於勞累與酗酒，他的身體異常虛弱，創作才能也呈現出衰退之勢。在這種情況下，他又想到了死。此外，太宰治這時又愛上了一個叫山崎富榮的女人，難以自拔，唯有一死才能徹底逃遁。這也使他再一次動了輕生念頭。但使太宰治堅定自絕決心的，還得從他一生的思想基礎與處世態度

去尋找根源。

太宰治是一個思想非常複雜的作家，他恥於自己出身貴族豪門，因此在無產階級文學蓬勃發展時，他加入了左翼文化陣營，但階級的烙痕又使他不能完全投入，最後只得做了左翼運動的逃兵。他認爲這是他一生都洗不掉的污點。他的一生都與女人分不開，卻總找不到眞正的愛情。在他的心裡深處，只把女人當做一種符號、一種存在物。正如《維榮的妻子》裡的主人公那樣：雖憧憬幸福的家庭生活，最後卻宣布家庭是萬惡之源。他對腐朽醜惡的資本主義制度和軍國主義爲日本民族戰後帶來災難的罪行，進行了抨擊和譏諷，認爲舊的一切必將滅亡，但他又感到惡勢力太強大，看不到未來與希望。極度的空虛、寂寞與孤獨一直伴隨著他，折磨著他。他感覺面對現實與社會時，自己是如何的渺小，已經「喪失了做人的資格」。他的心理異常脆弱，屢次自殺卻又被人救起，眞是求生不得、求死不成。死亡的陰影一直籠罩著他。太宰治沒有勇氣面對人生再頑強地生活下去，只有結束自己的生命，以求永遠的解脫。

思想的痛苦，感情的痛苦，身體的痛苦，終於讓太宰治走上了絕路。

1949年6月12日晚，太宰治寫完了正在《朝日新聞》上連載的小說〈別了〉的第十三章，又給妻子石原美知子留下了一封道歉式的遺書，然後悄然走出了家門。

第二天，他與約好的情人山崎富榮一同來到附近的玉川河畔，雙雙投入水中。這是太宰治第五次自殺，離他四十歲生日只差六天。也許是其

▼太宰治投水紀念地。

「誠心」所致，上帝終於給他開了方便之門。

編按

---

❶ 井伏鱒二（1898-1992）小說家，本名滿壽二，廣島
人，早稻田大學法文科肄業，1929創作《山椒魚》等作
品後展開其作家生涯。1937年以長篇小說《約翰萬次郎
漂流記》獲直木獎。1949年再以《本日休診》獲讀賣文
學獎。1966年以一篇描寫廣島原子彈悲劇的《黑雨》連
獲野間文藝獎與文化獎章，導演今村昌平於1988年將
《黑雨》改編成電影搬上銀幕。井伏的作品多取材於日
常生活，人物則大抵是些善良的勞苦群眾，富有鄉土氣
息，在幽默風趣之中透著深沉的悲哀，呈現一種獨特的
藝術風格。1960年被選為藝術院會員，1966年獲日本政
府授予的文化勳章。

「有勇氣死去比承受身心屈辱的恐怖要幸福得多。」

　　　　　　　　　　　　　　—— 海明威

海　明　威

Ernest Hemingway

（ 1 8 9 9 - 1 9 6 1 ）

美國著名作家。

曾任記者與士兵，愛好捕魚、狩獵、
鬥牛與拳擊等活動。中學時代開始發
表作品，後專事文學創作。他一生寫
有二十多部作品，包括小說、遊記、
回憶錄、文學評論等，最能代表其文
學成就的是他的小說，主要作品有
《妾似朝陽又照君》、《戰地春夢》、
《雪山盟》、《戰地鐘聲》、《老人與
海》。因《老人與海》的輝煌成就，於
1953年獲美國普立茲文學獎，1954年
獲諾貝爾文學獎。

1961年7月2日下午，墨西哥首都墨西哥城天朗氣清，陽光豔麗。城內的鬥牛場裡，號角長鳴，人聲鼎沸，一場新手與小公牛的鬥牛表演已經開始。

　　那頭重達一千磅的黑公牛反常地一次又一次別開鬥牛士手中的紅絨旗，直接向缺乏經驗的鬥牛士猛衝。突然，牠把巨大的腦袋猛地朝上一抬，便將身著絢麗服裝的鬥牛新手從地上高高舉起，不停地把他從左角拋到右角，再從右角拋到左角。不到一分鐘，被牛角戳傷的鬥牛士便「撲通」一聲摔在地上，不省人事。他的黑色緊身褲從腹部扯破到大腿上，露出了白色的肌肉和長長一條烏紫爛紅的傷口，鮮血直冒⋯⋯

　　觀眾嚷成一片，責罵不休，認為這樣的表演太不值錢。接下來出場的鬥牛士總算爭氣，一刀便刺穿那頭貌似狂妄的公牛咽喉。

　　就在兩匹驚跳的馬把那龐然的牛屍拖出場外的時候，一件不可思議的事情發生了。兩個報童突然奔到觀眾中間，口齒不清地大喊大叫，同時揮舞著報紙。鬥牛場從來不准賣報，因此肯定發生了什麼大事。

　　人們紛紛搶購報紙。顯赫的大標題讓鬥牛場內激昂的情緒頓時成了絕望：

　　　海明威自殺！
　　　海明威逝世！
　　　喪鐘為海明威長鳴！

　　場上觀眾的喊叫聲、噓聲和嘶聲全都停了。這是對逝者的無聲悼念與發自內心的敬意。

沒有人還有心情看鬥牛了，不少婦女已經流下了眼淚。人們悵然地離席，沉寂的人流彷彿成了送葬的長隊。他們當中幾乎每一個人都知道海明威，他本人就曾在這個場子裡看過鬥牛，並曾寫過幾部優秀的鬥牛作品，但這還不是最主要的，人們之所以痛惜這位美國作家的逝世，是因爲他「是墨西哥人心目中一位深受愛戴的革命家暨英雄」，「是莎士比亞以後最偉大的作家」，「是拉丁美洲人的眞正朋友和愛慕者」。

　　墨西哥城鬥牛場的情景只是一個縮影，實際上，當這位諾貝爾文學獎得主驟逝的噩耗傳出，全世界爲之震驚。美國知名專欄作家溫契爾（Walter Winchell, 1897 - 1972）甚至在他的專欄中說道：

　　雖然各報頭版都報導了海明威逝世的消息……
…但千萬不要相信……

　　總統約翰·甘乃迪則立即給海明威以崇高的評價：

　　幾乎沒有任何美國人比海明威對美國人民的感情和態度產生過更大的影響。

　　海明威生前透過《老人與海》的主人公桑提亞哥之口說過：「一個人並不是生來要給打敗的；你盡可把他消滅掉，可就是打不敗他。」但他最終是自絕離世的。這究竟是他最後對命運的頑強抗爭，抑或是一種被命運無情擊敗的表現？

　　這是一個生命之謎，一種信仰之謎。

海明威於1899年2月21日生於美國伊利諾斯州芝加哥近郊的橡園鎮。父親克萊倫斯‧海明威是個醫生，行醫之餘愛好捕魚與狩獵，並把這種嗜好傳承給兒子。海明威三歲時，父親送給了他一根釣桿，常帶他外出垂釣；十歲時，父親送給他一支獵槍。於是，海明威從小就養成了漁獵的興趣，並保持終身。他的母親是一位溫文爾雅、造詣很深的音樂家，對兒子也有她自己的栽培計畫；在他五歲時，送他一把大提琴，並帶他去教堂參加唱詩班活動；在他十歲生日那天，當他父親送槍教他射擊時，她卻給兒子舉行了講究禮儀的傳統生日宴會，並時刻盼望能出席兒子舉行的第一次音樂會。

海明威似乎更得父親的眞傳；他熱愛大自然，企盼無拘無束，經常赤著腳奔跑，開槍打野鴨和大雁，偶爾還到樹林中捕殺奔鹿與灰兔。

海明威對讀書的興趣很高，求知慾特別強烈。九歲時，就寢時間已超過許久，他仍在燭光下閱讀深奧的達爾文著作。父親發現後非但沒有責怪他，反而十分高興，認爲這孩子「一如其父」，必將走上有「醫學之父」之稱的希臘希波克拉底的道路。

相反的，海明威對音樂的興趣不大；如果母親不提醒，他絕不會去碰那把大提琴；在唱詩班裡，他往往找藉口溜出來，吆喝、追逐著狗兒滿街跑。

海明威十四歲那年，迷上了拳擊運動。他看到《芝加哥論壇報》上的拳擊訓練班招生，便向家裡提出要求。父親對此很贊成，母親雖極力反對，但終於還是讓他去了。結果，他在那裡鍛鍊

了膽識與體魄，只是一隻眼睛在承受對手一記重拳後嚴重受傷，視力大減，身體各部位也都留下了累累傷痕，讓母親看了直掉眼淚。儘管如此，在當時或後來的一生中，他從未想到過放棄這種運動。這種不屈不撓的精神，爲他後來毫不畏懼任何困難的「硬漢」性格奠定了基礎。

海明威最愛的還是讀書。在中學裡，他喜愛的幾門課程學習成績全是第一，同時還開始寫作，他說：「我是靠閱讀《聖經》學習寫作的，主要是靠《舊約全書》。」1915年，十六歲的海明威在學校《寫作園地》上發表了第一篇重要的短篇小說〈賽皮‧金根〉，講述的是一件行兇和復仇的流血事件。作品以對話形式寫成，很有特色，學校因此後來將海明威吸收進校刊編輯部。如魚得水的海明威，從1916年11月到1917年5月，共在校刊上發表了二十四篇故事。由此，海明威立下了當新聞記者或作家的志向。

這時，海明威也愛上了飲酒，認爲這是男子漢的一種象徵，還玩笑似的給自己發明了一個口號：

海明威，酒滿杯！

1917年4月，美國加入第一次世界大戰，急需補充兵員。爲了保衛祖國，海明威趕到募兵局，也報名志願參軍。可惜他因眼睛少時曾被擊傷，讓軍醫們推到了一旁。當不少同學精神抖擻地奔赴前線時，他黯然回到家中。海明威在此時拿定了主意，決定到堪薩斯城當新聞記者。他打算放棄上大學的機會以便取得工作經歷，同時仍希望

設法到法國去參加戰爭。

1918年初，海明威離開家鄉到《堪薩斯城明星報》(*Kansas City Star*) 當上見習記者。他當時認為新聞工作與戰爭是同一回事，都有其偉大的力量與刺激性。因此，他全力以赴地進行艱難的採訪和夜以繼日的趕稿工作。在這裡，海明威自傲的才氣，被頂頭上司——編輯皮特·威靈頓一掃而光，他最欣賞、最喜歡運用的文縐縐形容詞被這位「厲害的師傅」統統劃掉，並被教訓：「用動詞，寫行動，不要形容詞。不要評論，要真實可靠。」海明威的確根據這些教誨寫出了一些有份量的稿件，得到了同行與讀者的認可。他後來說：「這些就是我在寫作方面學到的最好的準則；我從來沒有忘記這些東西。一個有才能的人在真正感受與如實描寫他要表達的一件事情時，只要遵守這些準則便萬無一失。」

1918年5月12日，在好友《堪薩斯城明星報》記者布倫貝克的協助下，一直渴望參戰的海明威與他一道參加了美國紅十字會赴歐洲戰地服務隊，職務是救護車司機。他們穿上了真正的軍裝，上面還帶著名譽尉官的符號。海明威說他當時「簡直激動得發狂」。

戰爭是殘酷的。海明威雖是條漢子，但炸彈不認識他。

當年7月的某天夜裡，海明威在向義大利盟軍分發巧克力時，為了從戰壕外救回一個義大利士兵，被敵方爆炸的迫擊砲彈嚴重擊傷，昏死過去。醫生後來發現他全身中了兩百三十七塊彈片，但當時只能取出二十八塊，其餘的都留在他的身體裡，只能任其自行排出（有的直到他死時

還留在體內）。

為了挽救他的生命，他在野戰醫院住了五天後，被送往米蘭的美軍基地醫院。在這裡，他先後動了十三次手術，一個膝蓋因為給打碎了，使得右腿差點被鋸掉，但他還是挺過來了。

海明威因此獲得了義大利政府頒發的戰功十字勳章和勇敢勳章，是義大利表彰作戰勇敢者的最高獎賞。更使他高興的是，他因為受傷而第一次得到了愛情。

他的戀人是美國籍護士阿格紐絲，當時她正在米蘭的美軍基地醫院工作。這位黑髮姑娘來自華盛頓，比海明威近乎大十歲，負責護理海明威，對這位勇敢作戰的英雄非常欽佩，看護異常細心。海明威因感激而愛上了她，白衣天使則以吻回應他，醫院成了他們愛情的庇護所。海明威在給友人的信中說：「我受了傷，真是謝天謝地，這樣我才遇見了她。」初戀給海明威留下了極深刻的印象，他後來在長篇小說《戰地春夢》（*A Farewell to Arms*）中描寫的美國護士凱瑟琳‧巴克萊就是以阿格紐絲為模特兒的。

10月，十九歲的海明威戴著光輝耀眼的軍功勳章回到了美國，被《紐約太陽報》譽為英雄，稱他「所帶的傷疤大概比其他任何一個穿軍裝或不穿軍裝的人都要多；他根本不在乎歐洲列強的彈片」。但海明威很快便開始消沉了，一方面是他看清了戰爭的殘酷，另一方面是因為他帶著傷殘的身體，至今沒有一家報社肯聘用他，儘管他拍著胸脯說：「只要紐約任何一家報館需要一個不怕幹活和不怕受傷的人，我就合格。」不久，海明威一位「又是勳章、又是獎章」的戰友在回

▼海明威在義大利米蘭的美國基地醫院（1918年）。

國後自殺了，因爲他「沒有工作，沒有機會，沒有錢，性的饑渴又令他染上淋病」，再一次給海明威精神上帶來很大的打擊。

幸虧有父母的安慰與物質上的支援，使得海明威浮躁失落的情緒逐漸平靜下來。他不想依靠政府救濟或別人的憐憫過日子，也不想外出找別的工作，他相信他靠寫小說能夠養活自己，於是便有點躊躇又不無痛苦地將他在歐洲看到的景象、心生的感想與體會，試寫出了三個短篇，即〈在異邦〉、〈你們絕不會這樣做〉和〈現在我已倒下〉。

但阿格紐絲小姐認爲這並不是長久之計，多次來信要求海明威去找一份固定工作。固執的海明威沒有照辦，最後，終於接到了阿格紐絲的分手信。

第一次失戀，海明威曾一度極悲痛憂傷。爲了忘卻往事，1919年夏末，他來到密西根州的皮托斯基，在那裡的鄉間別墅寫作度過整個秋天與半個冬季，先後創作出了十二篇短篇小說，作品的命運雖然大多遭到退稿，但仍得到一位加拿大商人的賞識，預言海明威「將成爲一個成功作家」。他就是海明威父親的好友康納布林先生。經他推薦，海明威來到加拿大，進入著名的星期日雜誌《多倫多明星周刊》（Toronto Star）擔任專題作家。在這裡，他發表了〈理髮學校見聞記〉、短篇小說〈殺人犯〉與人物專訪等作品。這些文章的風格異常清新，富於譏諷意味和戲劇性情節，並具有一種使讀者爲之震動的力量。主編赫伯特‧克蘭斯頓對海明威很有好感，在工作上給他不少方便與幫助。

儘管如此，海明威還是決定離開多倫多。他認為這種專題作家的生涯仍有受牽制與局限的不足，想將寫作重點轉向文學創作，透過文學作品更有系統、更全面地反映他對世界與人生的見解和體驗。同時，他要找一個新的競技場——首先是美國，然後是全世界。他直言不諱：

　　寫作就像獵獅，射這一頭時就想到還要射下一頭。

　　1920年秋，海明威回到芝加哥。在同學家中，他認識了比他大八歲的哈德莉·理查森（Hadley Richardson）小姐。她是位聰明伶俐、姿容嫵媚、頗有文藝素養的鋼琴演奏家。第二年9月，兩人結婚。出於經濟的需要，也為了瞭解世界與累積寫作素材，海明威受《多倫多明星報》的邀請，出任駐歐記者，並於年底攜妻子赴法國履任，專門負責報導希臘——土耳其戰爭與和平談判等消息。

　　在歐洲，海明威把握所有時間瞭解生活、捕捉資訊，並先後到過希臘、土耳其、瑞士、德國、義大利和西班牙採訪，為《多倫多明星報》發回許多有價值的通訊報導。同時，他也成了巴黎文學界的一員，與文壇名流斯坦因（Gertrude Stein）和龐德（Ezra Pound）交往甚密❶，並利用時間撰寫了不少文學稿件。可惜的是，由於妻子的失誤，他的手提箱在法國里昂車站遺失了，裡面有他已寫成的第一部長篇小說、十八個短篇和三十首詩，對海明威而言猶如一記重拳。他後來回憶說，當時「恨不得去作腦部手術，免得去想

▼海明威與第一任妻子的結婚照（1921年）。

它」。

1923年，海明威的第一本文學集《三個短篇和十首詩》（*Three Stories and Ten Poems*）在法國出版，總共只印了三百本，可這對海明威是一個鼓舞，更堅定了他從事文學創作的信心。8月，他的第一個兒子約翰出世，爲他帶來更大的安慰。

此時的海明威無論是思想或技巧上都已逐漸成熟；他參與過戰爭，目睹戰爭對人類精神與物質的摧殘。他是在愛國熱情驅使下去面對戰爭的，卻發現戰爭的結局是一場列強重新瓜分世界的惡作劇。他的戰友和無數的優秀青年流血喪命，到頭來不過是參加了一場不必要的戰爭。海明威與同世代人一樣感到他們被欺騙、愚弄了。戰爭徹底粉碎了他美好的理想與天眞的愛國信念；他們從樂觀理想的年輕人，變成了精神苦悶、情緒彷徨、迷惘、懷疑、憤慨的一代。海明威決心要把這一代人久鬱的憤懣發洩出來，讓世人認識非正義之戰的殘酷與可恥。

1926年，海明威發表了他的第一部長篇小說《妾似朝陽又照君》（*The Sun Also Rises*）。作品描寫戰爭破壞了女主角勃麗特的愛情，也奪去了丈夫的性功能。戰爭留給他們的惡果就是思想混亂、倫理喪失、前途渺茫以及道德觀念方面的無所適從。主旨是透過帝國主義戰爭的受害者企圖以逃避現實來解脫精神的痛苦，卻反而陷入更深的悲觀絕望、最後不能自拔的結局，揭示了年輕一代對現實社會的幻滅。這部作品成爲二〇年代「迷惘的一代」的宣言，開創了此一文學流派，並風靡許多歐洲國家。海明威由此成爲「迷惘的一代」之開山始祖。

《妾似朝陽又照君》為海明威帶來了巨大的榮譽，但此時他的家庭生活卻出現了風波。哈德莉因為思想與生活態度上的分歧，已於1924年與他分居，最後於1927年1月正式與他離婚。四個月後，海明威與巴黎時裝雜誌《時尚》的女編輯保琳·法伊芙（Pauline Pfeiffer）結婚。

保琳與海明威初次相遇於巴黎，當時她受《時尚》雜誌派遣前去向海明威邀稿。見面後，她直率地告訴海明威：「我喜歡你那些直截了當、句句中肯的段落，喜歡那些言簡意賅、耐人尋味的段落。當你講得太過分的時候，我就希望你收斂。」這樣坦誠的女人很難遇到，加上又有洞察力，海明威因此給迷住了。在與哈德莉關係日益惡化時，他與保琳的關係卻迅速發展，終於結為眷屬。

1928年，海明威的父親用獵槍自殺了，使海明威十分悲痛。當他被告知第二個兒子要靠剖腹手術才能出生時，也令他焦慮萬分。他曾回憶，在這種情形下，「想寫一本第一流的書不是容易的事。我記得那一年我們住過的各個地方以及我們度過的愉快和悲慘的日子」。但埋頭寫書仍使他理智地戰勝了這些煩惱與憂傷，他說：

我相信，人生就是一部悲劇，也知道人生只有一個結局。但是發現自己能夠寫點東西，而且寫得十分真實，使自己看了高興，樂於每天寫下去——這樣的工作所帶來的樂趣，是我以前從來不曾體會過的。此外一切都是小事。

海明威「除了寫作，一切都是小事」的諾言

終於實現。第二年，他在萬般困難中寫出的第二部長篇小說《戰地春夢》出版，立即成為經典著作與暢銷書，幾個月內銷售了十萬冊。作品透過中尉弗雷德里克‧亨利和護士凱瑟琳‧巴克萊因捲入地獄般的戰爭漩渦而獲致不幸的結局，譴責了戰爭的種種罪惡與愚蠢。海明威在書中暗示，戰爭一旦開始，誰也休想逃脫；死亡是不可避免的，悲劇必然誕生。他的理論是：

　　既然人們給世界帶來了這麼大的勇氣，這個世界就非殺了他們，毀了他們不可……很善良的人、很文雅的人、很勇敢的人，都不問青紅皂白一概殺掉。如果你不屬於上述任何一種人，你也可以相信它還是要殺你，只是不那麼迫不及待罷了。

　　海明威的分析是如此尖銳與透徹，他提醒人們：戰爭，將無情地毀滅人類自身。相對於《妾似朝陽又照君》，《戰地春夢》是更能代表「迷惘的一代」之最高成就作品，使海明威的盛名再一次遠播世界各國。

　　與作品的主旨思想相呼應，海明威此時的寫作風格也已形成，特點是驚人的明快、純樸和直率；它真摯、粗獷、果斷，具有長話短說、一針見血之功。他透過場景、人物的描寫與對話，充分表達了情緒、行動、人物和災難。他筆下的死比生更現實，也更真實。美國著名傳記作家庫爾特‧辛格評論說：

　　他的諷刺筆法比得上馬克‧吐溫；明快的風

格比得上劉易斯❷（Sinclair Lewis）；強勁有力比得上辛克萊❸（Upton Sinclair）；生動活潑比得上惠特曼❹（Walt Whitman）；寫死亡主題的手法比得上愛倫坡。

海明威自我評價也不低：

我開始寫作時並未大叫大嚷，但我超越了屠格涅夫先生。接著我嚴格訓練我自己，又超越了莫泊桑先生。我和斯湯達爾先生兩次平手，可是我自己覺得在第二回——還是我占了上風。

海明威的創作方式也極獨特，他總是早晨天一亮就開始寫作，一直寫到正午，而且因為腿傷總是站著寫。他十分注意遣詞用字，有一次為了推敲一個字眼，他修改了三十九遍才滿意。他的工作量很大，一天常常要消耗掉兩支2H硬鉛筆。

就在人們為海明威以戰爭為題材的作品歡呼時，海明威開始為另一種題材的寫作做好了準備，那就是鬥牛。

已有千百年歷史的鬥牛運動是西班牙的瑰寶。對險奇之事歷來感興趣的海明威，在西班牙採訪寫作過程中對鬥牛的感受愈來愈深，他自己曾在潘普隆納鬥過牛，但勇敢有餘，靈活不足，最後因受傷而退出鬥牛場。事後他自我解嘲地說：「那頭混蛋公牛是鋼筋水泥做成的。」親身體驗與強烈的感受驅使他一直想寫一部關於鬥牛的書，想讓那種生死相爭的激戰場面與恢宏的氣勢震撼每一個讀者的心靈。

1932年，以鬥牛為主要情節的長篇小說《午

後之死》（*Death in the Afternoon*）出版了，文字風格很美，對鬥牛的描寫十分真實，「只有禁止虐待動物協會最忠誠的會員看了才不感到心驚」。書中還充分展示了海明威的哲學思想，他認為，鬥牛被一般人誤解是一種運動，其實精采的鬥牛就像芭蕾舞一樣，不是運動而是一種藝術。不僅場地布置有規定，三個階段的行動有規定，鬥蓬的用法也有規定，而且與芭蕾舞的五個標準姿勢一樣嚴格……只是那些動作富於變化，死亡就掌握在公牛的勇猛威力或鬥牛士細巧靈活的手腕威力中。「精彩的鬥牛不是一種運動，而是一齣悲劇」，它屬於另一類戰爭，但其中具有值得人類思考的哲理。

對《午後之死》，一些人提出了批評，說它是「血淋淋的……美化了殘殺與暴力」、「神經過敏與歇斯底里」，但更多人給予本書高度評價，將之譽為「同類題材的英文著作中最優秀的作品，也是其他各種文字著作中的優秀作品之一」。

1933年至1938年，海明威筆耕不倦，先後創作了短篇小說集《勝利者一無所獲》（*Winner Take Nothing*）、散文集《非洲的青山》（*Green Hills of Africa*）、短篇小說《雪山盟》（*The Snows of Kilimanjaro*）、長篇小說《有錢人和沒錢人》、劇本《第五縱隊》（*The Fifth Column*）等作品。這期間，為了支持西班牙人民的反法西斯戰爭，他四次前往西班牙，先是以戰地記者身分進行採訪、報導，後加入了國際縱隊，直接投入共和派對抗獨裁者佛朗哥軍隊的戰鬥。

1939年，社會責任感日趨強烈的海明威以西班牙內戰為題材，開始創作歌頌反法西斯戰士英

勇獻身精神的長篇小說《戰地鐘聲》（*For Whom The Bell Tolls*）。第二年10月，這部文學史上偉大的戰爭小說出版，立即引起轟動，五個月內數次重版，銷售五十萬冊，被美國「一月一書社」選評爲「優秀小說」；普立茲獎委員會一致推舉該書爲當年美國最佳小說。著名作家埃德蒙‧威爾遜、多蘿西‧帕克等在《新共和國》上評論說：

在《戰地鐘聲》中，有一種對社會和政治的想像力，這是海明威過去的小說中所沒有的。

這本書是用智慧寫成的，讀之使人心靈淨化，頭腦清新；這本書是用悟性寫就的，喚起人的同情憐憫，撕心裂肺。

《戰地鐘聲》還被改編拍成電影，由著名影星英格麗‧褒曼和賈利‧古柏主演，久演不衰。海明威文學事業的旅途上，至此又立起一塊光彩奪目的里程碑。

遺憾的是，就在《戰地鐘聲》問世之際，海明威的婚姻生活又敲響了一次喪鐘。

保琳與海明威結婚後，先後爲海明威生下他的第二個兒子派崔克和第三個兒子格雷戈里，感情也十分和諧。在和著名文學評論家坎迪斯基討論文學時，針對他「誰是美國最偉大的作家」的問題，保琳也自豪地回答：「我丈夫！」然而，興趣廣泛的海明威不安於妻兒身邊，也不安於現狀，他經常精力充沛地參與探險，無節制地旅行、宴請賓客和結交女友，終於使保琳忍無可忍。1940年末，他們辦理了離婚手續，結束這場曾經美滿的婚姻。

▼電影《戰地鐘聲》劇照。

1941年初，在與保琳離婚三個星期後，海明威與才華橫溢的女作家瑪莎‧蓋爾宏（Martha Gelhorn）結婚。他倆曾在美國的基韋斯特與紐約見過面，當時她是代表《柯里爾》雜誌去採訪海明威。後來他倆又在西班牙邂逅，互起愛慕之情。兩人的蜜月是在中國度過的，先後在重慶等地進行實地採訪，向美國回傳中國的戰況後，來到古巴首都哈瓦那，定居在近郊佔地十五畝的「慾望田莊」。

不久，震驚世界的珍珠港事件爆發。海明威愛國熱情高漲，不顧瑪莎的勸阻——她擔心因戰爭失去丈夫——毫不猶豫加入了海軍，並以戰地記者身分到前沿陣地採訪。他還改裝了自己的遊艇，配備了無線電、機槍和幾百磅炸藥，在古巴北部海面搜索德國潛艇，前後有十一艘納粹潛艇被他和他的船員發現，透過無線電告知美國情報機關，成功炸沉了其中大部分。1944年，海明威又加入空軍，登上飛機二十多次參加戰鬥與進行戰況採訪。同年6月，他隨巴頓將軍的部隊一起在法國諾曼地登陸，並與法國地下反抗軍一起作戰，協助解放巴黎，甚至親自率領一支游擊隊攻佔里茲飯店。為此，美國陸軍贈予他一枚青銅星獎章。

海明威以戰地記者在倫敦採訪時，遇上了《時代》雜誌女記者瑪麗‧威爾許（Mary Welsh），兩人竟一見鍾情，難捨難分。到了戰爭結束前夕，海明威與瑪莎由於在參戰問題上發生齟齬，再加上長時間分離，感情逐漸淡薄，婚姻至此已經名存實亡。1944年，兩人協議離婚。1946年，海明威與瑪麗結婚，瑪麗成為他第四任

▼海明威與瑪莎在重慶與中國軍隊官兵合影（1941年）。

妻子。

　　瑪麗出身於明尼蘇達州一個家境小康的書香之家，外形很像美國著名歌手與電影演員瑪麗・馬丁。她既聰明，又有教養，還是一個打字能手。她崇拜海明威，認定她的丈夫是一個天才，對他關懷備至、體貼入微，並絕對尊重他的志向、抱負與愛好。她還放棄自己的喜好，不厭其煩地陪海明威去加勒比海捕魚，去墨西哥看鬥牛，赴非州打獵探險……

　　海明威對得妻如此非常滿意，喜悅之情溢於言表，他說：

　　瑪麗是始終不渝的。她也勇敢、嫵媚、機靈，看著她就叫人感奮，伴著她就覺得其樂無窮，實在是個好妻子。

　　她不在家時，整幢房子就像她平常收拾的空酒瓶一樣空，我也生活在真空裡了。那種孤寂的情形，活像電池用完了後又沒有電流可接的一個無線電真空管。

　　瑪麗進入海明威的生活，使他的精神面貌有了新的變化。他再一次燃起了創作的激情，引發了創作靈感。1952年，海明威創作了中篇小說《老人與海》（*The Old Man And The Sea*）。作品透過主角桑提亞哥展示出一種體現人類尊嚴和與命運抗爭的力量，塑造了一個在重沉壓力下仍剛強不屈的硬漢形象。

　　小說先在《生活》雜誌連載，立即因其深奧的寓意、優美的文筆及「意象主義」風格，在全美乃至世界引起熱烈迴響，銷售高達五百萬冊。

▼海明威與最後一任妻子瑪麗。

《老人與海》的問世，將海明威推到了人生與藝術的巔峰，也應了海明威的自負：「這本小說是我一生中獵到最大、最美的獅子。」

不少人前來討教，想瞭解海明威是怎樣創造出文學奇蹟的。海明威回答說：

我總是按照冰山的原則來寫作，就是：浮出水面的只有八分之一，還有八分之七藏在水下。你知道的東西可以略去不寫，這樣反而加固你的冰山。略去不寫就是含而不露。

《老人與海》本來可以寫成一部一千多頁的巨著，可以將漁村的每個人物都寫進去。……漁村聽來的故事我都避而不談，然而，正是這些見聞構成了冰山隱藏在水下的部分。

《老人與海》爲海明威這位本世紀最有成就的作家再一次帶來無上的榮光。1953年，海明威因此書榮獲普立茲獎。1954年，瑞典諾貝爾委員會將該年的文學獎頒予海明威：

因爲他精通於敘事藝術，突出地表現在他的近作《老人與海》中，同時也因爲他在當代風格中發揮的影響力。

瑞典皇家科學院常務理事奧斯特林（Anders Osterling）則在授獎時作了進一步評述：

勇氣是海明威的中心主題……是使人敢於經受考驗的支柱；勇氣能使人堅強起來，迎戰缺乏勇氣時看來是嚴酷的現實，敢於喝退大難臨頭的

死神。

　　海明威這次獲得的獎金，折合爲美金三萬六千萬元，使他成了繼劉易斯、歐尼爾（Eugene O'Neill, 1888-1953）、賽珍珠（Pearl Buck, 1892-1973）、福克納（William Faulkner, 1897-1962）之後第五位獲得此一桂冠的美國作家。

　　遺憾的是，海明威沒能前去瑞典首都斯德哥爾摩領獎，當時他正躺在烏干達首都恩德培的醫院裡受苦受難。

　　事情發生在1954年1月，海明威與瑪麗以《展望》雜誌的記者身分，前往非洲報導肯亞的內戰情況。他們乘坐的是一架租來單引擎塞斯納飛機。在飛行中，性喜獵奇的海明威心血來潮，要求駕駛低飛，以便觀賞尼羅河源頭氣勢雄偉的默奇森瀑布。這時正好有一群朱鷺擋在前頭，駕駛員被迫俯衝，結果飛機墜落了。海明威頭部受傷，鮮血直流；瑪麗翻出座艙，幸好只受到擦傷。大難不死的海明威帶著妻子在尼羅河上搭乘汽船，抵達阿伯特湖畔的布提亞巴，在那裡又租用一架輕型比賽用飛機前往烏干達首都恩德培。孰料禍不單行，飛機剛起飛不久，便一頭栽到一個栽植西沙爾麻農園裡，幾秒鐘後，飛機「轟」地爆炸，乾燥的麻株燃成一片火海。這回海明威似乎必死無疑了，世界各報迅速以頭版位置報導了海明威夫婦遇難的消息：

　　　海明威的座機在非洲上空失事！
　　　午後之死！
　　　海明威與其夫人遇難！

　　就在電報機和無線電訊不停發出海明威遇難的噩耗時，海明威夫婦及駕駛員竟奇蹟般地從飛機殘骸與火焰中爬了出來。瑪麗受了傷，斷了幾根肋骨，痛得幾乎不能動彈；海明威只受了輕傷，先是忙著撲火，後攙扶著瑪麗離開現場，乘車趕往恩德培的醫院救治。

　　在醫院裡，醫生檢查了海明威的身體，做了如下紀錄：

海明威，美國公民
職業：新聞記者
出生：1899年，伊利諾斯州橡樹園
病情：關節黏連／右腎挫傷／肝損傷／腸道機能
　　　紊亂／腦震盪／可能併發眼疾／二度和三
　　　度燒傷。

　　在病床上，海明威看到以二十五種文字發表的他的訃告，很有些傷感：「發訃告有一點不可取──就是當你讀到自己的訃告時，真是太難熬了。」但他不久後又深感快慰，因為他被告知榮膺諾貝爾文學獎。他心情激動地說：「我為所有當之無愧的獲獎作家感到高興。」不過他又說：「我為所有當之無愧而未能獲獎的作家感到難過。這使我受獎時內心充滿惶恐。」

　　海明威功成名就了，但他卻認為生活就是一個巨大的鬥牛場，一個人只有不斷衝刺、努力戰鬥，才能擊敗公牛，否則就只能被對方捅死。因此，他要繼續前進，繼續寫作，迎接病魔、衰老

乃至死亡的挑戰。

海明威榮獲諾貝爾文學獎後的七年間，是他健康明顯衰退的時期。他的醫生都勸他放慢工作速度，否則會有生命危險。

海明威不願停止寫作，因為這也是他生命的一部分。為了與病魔搏鬥，為了掩飾他對自己不中用的病體的憎恨，他大量飲酒，時常吵鬧，有時竟語無倫次。他又創作了一部寫描寫鬥牛的隨筆〈危險的夏天〉(*The Dangerous Summer*)，比起《午後之死》卻遜色許多，讀者的評價很低，使他又氣忿又傷心。他開始大把吞服藥片，最後被迫去診所治療高血壓。美國最好的醫生會診後決定，他應該去接受電療和精神病護理。

1959年，海明威攜瑪麗離開了古巴的「慾望田莊」，回美國定居在氣候宜人的愛達荷州凱奇姆。此時他的病情仍無舒緩跡象，但他還是堅持不停寫作，並與《生活》雜誌簽約提供描寫鬥牛的文章，力圖保持「硬漢」的形象。

到了1961年春天，海明威病情加重，行動不穩，言語不清，似乎朝不保夕，完全喪失了工作能力，他對一個朋友痛苦地說：

　　我整天都在這張該死的寫字檯前，在這裡站一整天。我要做的就是這麼一件事，也許只寫一句，也許更多一點，我自己也說不準。可是我寫不出來，一點兒也寫不出來。你曉得，我不行啦。

「我不行啦」這句話說出口時，海明威這位畢生堅持做強者的硬漢，心中是多麼痛苦。既然

不行了，還留戀這個世界做什麼？

　　1961年6月，海明威第二次前往診所就醫，醫生發現他不正常的高血壓可能已引起腦部病變，而這種病變又會導致精神抑鬱的反應。此外，他們還診斷出他得了早期糖尿病，而且已罹患的皮膚癌也有可能擴散。

　　海明威似乎有生以來第一次嘗到自我憐憫的苦楚，父親因病痛折磨的沮喪心情和開槍自盡的情景又縈繞在他腦中。他曾說：「要是我成了那樣子，我一定讓人家來把我殺死——或我自己來。」他還說：「生活中無論何事都是無可救藥的，死亡是所有不幸最至高無上的解救方法。」他也相信：「有勇氣死去比承受身心屈辱的恐怖要幸福得多。」現在，他已經跟父親當年的境況一致了。父親，甚至祖父，都是用同樣的方式去面對上帝。他有什麼理由不追隨先人的腳步？

　　1961年7月1日晚，瑪麗正要解衣就寢，突然想起了一首古老的義大利歌曲：《人人誇我是金髮女郎》。她穿過廳堂來到丈夫的臥室，前一天才從醫院回到家中的海明威正在刷牙。她走上前說：「我要送你一樣禮物。」說完，她便開始唱起這首歌。海明威聽了幾句，漱了漱口，還和著她唱了最後一句。

　　這是他們十五年幸福夫妻生活中，共同度過的最後一個夜晚。

　　次日清晨7點鐘，海明威穿著睡衣走下樓，取出自己最喜愛的那支鑲銀雙管獵槍，把槍口插入嘴裡，同時扳動了兩個扳機。

　　槍聲震撼了整幢房屋，瑪麗彷彿根本沒睡似的立即飛奔下樓，眼前的景象令她呆住了。

眼前是那麼慘不忍睹：

海明威的頭部幾乎沒有了，只剩下一個嘴、一個下巴和一部分面頰……只有軀體還在拚命冒血，牆上和地上血肉模糊一片，還有碎骨頭。

海明威早在西班牙內戰期間就對好友約里斯‧伊文思說過：「自殺最有效的辦法，不是把槍對準太陽穴，而是將槍對準嘴。」現在，他如願以償了。

海明威被安葬在他生前喜愛的一個打獵場上，墓地周圍的青山圍成一個三角形，青草被刈盡，露出光禿禿的一方平地，一塊大墓碑豎立其中。五十位親人與好友參加了這位文學大師的葬禮。一個神父為教會的這個浪子舉行了最後的儀式。

「他躺在那兒，躺在好地方。」海明威曾這樣論及美國著名演員尼克‧亞當斯（Nick Adams, 1931-1968）的埋骨之地。現在，人們也這樣悼念海明威。

喪鐘響了……
喪鐘為誰而鳴？
喪鐘為世界大文豪海明威而長鳴！

「他的逝世並不標誌他的最後一章，而是另一個起始章節的開端。」美國專欄作家溫契爾的這段話，讓全世界始終懷念著這位文學史上的硬漢。

▼海明威的最後時刻。

編按

❶ 海明威在巴黎除了交遊猶太裔美國前衛女作家斯坦因、美國詩人龐德之外，尚有愛爾蘭的喬伊斯（James Joyce）、美國作家費茲傑羅（F. Scott Fitzgerald）與英國作家福特（Ford Madox Ford）等人。海明威後來在古巴完成了《流動的饗宴》（*A Moveable Feast*, 1964）回憶錄，記述的就是1921至1926年停留巴黎的那一段歲月。

❷ 劉易斯（1885-1951），美國小說家。大學畢業後當過編輯，並開始創作。1920年，長篇小說《大街》（*Main Street*）出版，引起巨大的回響。接著又寫成《巴比特》（*Babbitt*, 1922）和《阿羅史密斯》（*Arrowsmith*, 1925）。這三部小說咸認是他的最優秀之作。其中，《阿羅史密斯》曾獲1926年的普立茲文學獎，但他拒絕受獎。此後他又寫作了《埃默·甘特利》（Elmer Gantry, 1927，後為好萊塢改編拍成電影《孽海痴魂》）、《多茲沃思》（*Dodsworth*, 1929）等長篇小說。1930年獲得諾貝爾文學獎。劉易斯一生寫了二十二部長篇小說，作品大多以鄉村和小市鎮生活為題材。特點是對細節做詳盡的描繪，以誇張的手法達到漫畫式的諷刺效果。代表作《大街》揭示了小市鎮生活的閉塞和保守，嘲諷市民的偏狹、愚昧，也譏刺了知識分子的淺薄和軟弱。由於劉易斯的這部作品，《大街》幾乎成了美國社會保守生活的代名詞。

❸ 辛克萊（1878-1968），美國作家。十五歲開始為一些通俗出版品寫文章，靠稿費維持生活；1902年參加社會黨，並曾對芝加哥的勞工情況進行調查，據此寫成長篇小說《屠場》（*The Jungle*, 1906）。1906年以後的三十年間，辛克萊繼續創作揭露資本主義社會黑暗面的長篇小說，其中較重要的有描寫科羅拉多州煤礦工人罷工事件的《煤炭大王》（*King Coal*, 1917）、抨擊壟斷資本家的《石油》（*Oil*, 1927），以及揭露政治腐敗和警察暴行的《波士頓》（*Boston*, 1928）等。在寫作之外，辛克萊也積極參與政治活動。1934年，他提出「終結加州的貧窮」

的口號，作爲民主黨候選人參加州長競選。從1940年開始，辛克萊以《世界的終點》爲總題，寫了十一部長篇小說，描述兩次世界大戰之間美國和歐洲各國的社會情況，其中《龍齒》（*Dragon's Teeth*, 1942）曾獲得普立茲小說獎。

❹惠特曼（1819-1892），美國著名詩人，自由大膽的詩風，顛覆了因循守舊的詩歌傳統。1855年《草葉集》（*Leaves of Grass*）的第一版問世，共收錄詩作十二首，直到出版第九版時共收錄三百八十三首，最長的一首即後來被稱爲〈自我之歌〉（*Song of Myself*）那首詩。共1336行。但這薄薄一冊的詩集並未受到重視，只有愛默生寫了一封熱情洋溢的信。惠特曼從這封信中得到巨大的鼓舞。南北戰爭期間，惠特曼主動前往華盛頓擔任護理士，終日盡心照護傷病的兵士，以致嚴重損害了健康。1865年，惠特曼在紐約自費印行他在內戰後期創作的詩集《桴鼓集》（*Drum Taps*），共收入新詩五十三首。幾個月後他又出版了一本續集，其中有悼念林肯的著名輓詩〈紫丁香最近在院裡綻放的時候〉（*When Lilacs Last in the Dooryard Bloom'd*）。《草葉集》的第五版在1871年和1872年各印刷了一次。第二次時收入了評論家公認爲詩人最後一首重要的長詩〈通向印度之路〉（*Passage to India*）和少數幾首新詩。1873年1月惠特曼身患癱瘓症，寫作能力從此也一蹶不振。但他繼續寫詩，直至1892年去世。

「死亡，是一門藝術，像任何事物一樣。我做得特別在行。」

──普拉絲

普　拉　絲

Sylvia Plath

(1 9 3 2 - 1 9 6 3)

美國著名「自白派」女詩人。
生於麻塞諸塞州的波士頓。八歲開始
寫詩，1955年畢業於史密斯學院，後
前往英國劍橋大學紐納姆學院深造。
1956年出版處女詩集，1959年隨著名
的詩人丈夫休斯回英國德文郡定居。
其詩早年受艾略特和湯瑪斯作品的影
響，後期潛心研究美國著名「自白派」
詩人洛威爾創作手法，很快成為「自
白派」詩歌運動的代表者之一。主要
作品有詩集《愛麗爾》、《渡水》、
《冬樹》和劇本《三個女人》等。

1963年2月11日，英國德文郡坎登鎮籠罩在雪舞冰封的寒冷之中。

　　上午9時剛到，一位職業介紹安排見工的澳洲姑娘準時來到主人家上班。她按鈴敲門好半天，但公寓裡無人應門。她想去找電話亭，問介紹所有無弄錯地址。事情也巧，兩個門鈴上都沒有寫上這家人的姓名。若是平時，主人家樓下的鄰居這時已起床了，即使睡過了頭，幫傭姑娘反覆的叩門聲也一定把他吵醒了。後來才知道，這位鄰居耳背得厲害，睡覺時又沒戴助聽器；更要緊的是，他當時也已被樓上蔓延下來的煤氣熏昏了。

　　姑娘不甘心地再敲門，還是沒人應聲，只好去打電話給介紹所，詢問該怎麼辦。介紹所的人告訴她地址沒錯，勸她再去看看。她只好照辦。

　　這時大約已是11點鐘，建築工人正好到這幢冰窖似的房子來幹活。他們讓她進去了。姑娘敲了敲主人家的房門，沒人回應，但一股煤氣直衝入鼻子。工人撬開門鎖，發現女主人趴倒在廚房裡，身上還有溫度；從側面看得出她臉色發灰，像蠟燭似的還帶著透明；脖子上則戴著一條模樣怪異的領套……

　　救護人員迅速趕來，但為時已晚。經法醫與警方人員現場勘察認定：女主人是用煤氣自殺而死。

　　這位死者就是美國著名的「自白派」詩人西爾維亞·普拉絲。因為她生前把自殺看成一門藝術，作品的所有主題幾乎都與自殺有關，同時又因她多次自殺未遂，因此已有「自殺專家」之稱。但普拉絲為何對自殺如此感興趣，並身體力行地反覆實踐，一直是人們關注的焦點和長期以來議論的話題。

普拉絲於1932年10月27日出生於美國麻塞諸塞州的波士頓市。父親奧托是個移居美國的德國人，波士頓大學生物學教授。母親比父親小二十歲，是他的女學生。當時希特勒剛上台，鼓吹的大日耳曼主義迷惑了海外一些德國人，包括奧托。奧托在政治上擁護納粹，在家中也是個專制霸王。他晚年時患糖尿病，儘管病情惡化，卻始終拒絕就醫，自以為得了無藥可醫的癌症，把家裡變成醫院，要求家人經常隨侍在側，使得妻子兒女好幾年內在精神上不得安寧。1940年，奧托終告不治。因為家庭經濟拮据，他的妻子只得到學校教速記，掙錢撫養普拉絲和兩個幼兒。這一切，給普拉絲的童年時期蒙上了陰影。

普拉絲從小聰慧過人，學業成績一向優秀。她八歲開始寫詩，同時學寫短篇小說和繪畫，在少女時代便有作品在地方報紙上發表，在當地稱得上一個小有名氣的「女神童」。在韋爾斯利中學讀書期間，她年年都拿獎學金。中學畢業後，普拉絲獲得助學金進入麻塞諸塞州西部北安普敦的著名女子學府史密斯學院。她刻苦學習，並擔任有影響力的學生聯誼會成員和幾個學生團體的主席。只是她在讀完三年級時，卻經歷了一場精神危機，導致了她第一次的自殺嘗試。

普拉絲當時在《小姐》（*Mademoiselle*）雜誌的一次徵文中入選，和其他中選的十一名年輕小姐在暑假中赴紐約該雜誌社任特約編輯。在這一個月中，她們在曼哈頓經常參加宴會、出入交際場所，也拍攝影集，一時成了新聞人物。但就在這期間，普拉絲開始對婦女在這商業化社會中扮演的花瓶式定型角色感到厭倦，認為現代文明對

個人的自我造成了災難，但個人又無力抵抗。回家後，她感到百無聊賴，竟萌生了自殺的念頭。

有一天，普拉絲小心翼翼瞞著家人偷拿了安眠藥，又留了張便條掩飾自己的行徑。她躲進地下室一個光線最暗、最少使用的角落，重新擺好身後被她弄亂的陳年柴火，接著迅速吞下了一瓶五十粒裝的安眠藥。命中該她這次不死，家人到地下室尋物，無意之中發現了她，立即送往醫院救治，終於使她活了下來。後來，家裡又送她到幾家精神病院接受心理治療。等她身心逐漸康復，才又繼續到學校上課。

1955年，普拉絲以最優秀成績獲得史密斯學院英國文學系學士學位，並順利得到富布賴特（Fulbright）研究生津貼赴英國劍橋大學的紐納姆學院（Newnham College）繼續深造。

1956年是普拉絲在劍橋的第一年，二十四歲的她出版了她的處女詩集。在此同時，一個文雅英俊的年輕人闖進了她的生活，使她嘗到了愛情的甜蜜。

他名叫泰德・休斯（Ted Hughes），是聲名漸盛的英國青年詩人，個子高挑，身體強壯，喜歡穿黑色的燈芯絨茄克衫、黑褲子與黑皮鞋，一頭黑髮梳理得十分整齊。他思維敏捷，談吐機智，舉止莊重，很惹人喜歡。普拉絲與他一見鍾情，戀愛幾個月便於當年12月5日在古羅馬農神節這天結婚。小家庭座落在倫敦攝政王公園的動物園附近的一套公寓裡，房子不大，擺設也不多，但他們很快活。

▼蜜月中的普拉絲與休斯（1956年）。

1957年，普拉絲以優異成績從劍橋大學畢業，獲碩士學位。應母校史密斯學院之邀，她與

丈夫一起回到美國，在該學院任講師一年，同時繼續從事詩歌創作。這一年裡，她獲得了貝斯‧霍金詩歌獎。

1959年，普拉絲隨丈夫回英國，定居在他位於德文郡的鄉間別墅。此時的她，「身段修長單薄，筋骨健壯，長臉，漂亮的褐色眼睛顯得目光銳利而又富有感情，生命力旺盛極了。她講究實際、坦率、充滿激情、富有同情心」，是一個典型的知識型少婦。1960年和1962年，她先後生下一女一子，詩人的地位雖屈居於母親和家庭主婦之後，但她仍孜孜不倦地擠出時間從事詩歌創作。

普拉絲的早期詩作頗受美國詩人T. S. 艾略特和威爾斯詩人D. 湯瑪斯（Dylan Thomas）作品的影響，詩風趨於艱澀深奧的學院派風格。1958年，她曾和女性友人塞克詩頓（Anne Sexton）赴波士頓大學參加美國著名詩人洛威爾❶（Robert Lowell）的詩歌研究班。第二年，當洛威爾那本開「自白派」（confessional style）先河的詩集《人生的探索》出版後，她開始模仿洛威爾，並努力超越他。她把自身的一切都融進詩的世界裡，並在極短的時間內，成了「自白派」詩歌運動的代表者之一。

1960年，普拉絲的詩集《巨像》（*The Colossus*）問世，詩句語言豐富，比喻多彩，寫得清新、嚴整又精巧，充滿個人情感，立即博得好評，並於第二年獲「切爾頓哈姆獎」。

這時，休斯的詩歌創作也達到了高潮，《雨中之鷹》（*The Hawk in The Rain*, 1957）、《牧神節》（*Lupercal*, 1960）等作品使他獲得各種名目的獎項。這位年輕詩人成了當時黯淡的英國詩壇上，一顆引人注目的新星，為他後來榮膺「桂冠詩人」

▼《普拉絲日記 1950-1962》封面。

鋪路。只是隨著休斯的聲名鵲起，追逐他的多情女子也日益增多。從1960年底起，休斯因另有所鍾，對普拉絲開始冷淡起來。

從小在精神壓力下經受磨難的普拉絲十分珍惜眼前的幸福，因此對做出犧牲、承擔育兒理家的重負一直沒有什麼怨言。但休斯的移情，令她無法容忍。她彷彿看到幼時被父親變相遺棄的重演，感覺如同掉進了一個「淒涼的大窟窿」。加上家務日趨繁重，令她情緒日漸不穩，性格也變得狂躁起來，她曾兩次撕毀休斯的詩稿，無端摔打東西，並不時騎著烈性種馬狂奔，藉此發洩與刺激自己。有一次她駕車外出，竟刻意去撞車，打算在車禍中自盡。結果車禍發生了，她只受了點輕傷，未能死成。這是她又一次倖存下來的「死亡遊戲」。她在後來所寫的詩中，懷著嘲諷心情訴說自己命裡註定每過十年就要經歷一次死亡：

　　　　我又幹了一回。
　　　　每十年有一年，
　　　　我幹下了……

　　　　我還只三十歲，
　　　　像貓一樣，我可以死上九回。

　　　　這是第三回……

休斯並未回心轉意。普拉絲在鄉間別墅熬過了兩個嚴峻的冬天後，終於向對方提出分居。她帶著兩個幼兒獨自生活。

普拉絲的日子是艱難的。白天，她是成天忙

▼普拉絲與女兒合照。

著家務的母親，照看兩歲的女兒和十個月大的嬰兒；等到晚上孩子上了床，她也已累得要命。但她不想放棄寫作，不管是爲了生活還是精神上的渲洩。她曾在一次爲英國廣播公司朗誦的說明中這樣寫道：

我這些新詩有個共同點，全都寫於凌晨四點光景——在聽見嬰兒哭聲和送牛奶人放瓶的刺耳樂聲之前，那段天色灰濛濛、甚至是永恆的時分。在那些晝夜相交的死寂時分，我在清寂孤單的氣氛中才可以聚精會神地進入到內心世界。

情感的激越引發了普拉絲創作上瘋狂的衝動與爆發力。這一段期間，「每件雞毛蒜皮的事都能觸發詩興：如割破手指、發熱、擦破皮肉。死氣沉沉的家庭生活和想像力完全融合在一起。」她以每天創作二、三首詩的速度，用精美而又無情的筆觸揭露自己的悲傷、痛苦和所受的精神折磨，將她內心厭惡世俗生活而迷戀死亡——「第二次降生」——的強烈情感描繪得淋漓盡致。例如她從自己被丈夫遺棄，想起童年時期對父親的怨恨，從而把丈夫和父親的形象合而爲一，發現她不幸生活的根源。在〈爹爹〉（*Daddy*）這首詩中，這種情緒非常明顯：

你那顆肥大的黑心裡有根火刑柱，
因此村民們始終不喜歡你，
他們已在你的身上跳舞、踩腳，
他們一向明白這就是你，
爹爹，爹爹，你這狗雜種，

我一了百了啦。

特別是普拉絲一直把自殺看成一門藝術，認為自殺「是一種半夜裡可以不知痛苦地停止生命的企圖；它是神經末梢感覺得到且需要加以克服的一種現象，是一種使她得以過自己生活的儀式」。因此，她在許多作品中主要表現的內容與主題就是自殺。例如在《拉撒路女士》（*Lady Lazarus*）中，她寫道：

死亡，
是一門藝術，
像任何事物一樣。
我做得特別在行。
我做得使自己感到痛苦不堪。
我做得使自己感到像真死一般。
我看你們會以爲我聽到了召喚。

在她去世前一個月發表的書信體自傳小說《瓶中美人》（*The Bell Jar*）裡，她以自己1953年的親身經歷爲素材，以第三人稱書寫女主角到紐約擔任特約編輯、直到回家自殺獲救後在幾家精神病院療養的經過，反覆表達「世界本身像一場惡夢」，個人不管在何時何地，都是「在一只鐘形玻璃瓶裡稀薄、酸臭的空氣中受煎熬」，直截表達了詩人對人生的絕望心情。在詩人絕世之作〈邊緣〉（*Edge*）中，她描寫一個帶著兩個小孩的年輕母親，絕望中竟然想效法古希臘陶器圖案中的婦人和孩子一樣一起同歸於盡，在死亡中求得完美。這是普拉絲最後的自白，她的絕筆：

這婦人已變得完美無缺
她那死屍帶著完成了使命的微笑……
每個死孩蜷著身子,像條白蛇……
她把他們倆收回到自己的身子裡,
像一朵玫瑰合攏它的花瓣。

對此,著名的女評論家肯特·萊爾說:

在普拉絲的創作實踐中,可以觀察到一種類
似悲劇式自我否定的過程,是一連串的自殺符號
……

詩歌評論家阿爾瓦雷斯❷(Al Alvarez)也認
為:

她談到自殺時的語氣,與她談論其他冒險
性、試驗性活動時的語氣十分相似:迫切,甚至
咄咄逼人,卻又全無自憐之意。她似乎將死亡視
為自己再度戰勝了外界的挑戰。

評論家的話當然有他的道理,但實際上,普
拉絲的痛楚只有她自己最清楚。在面對死亡毫無
畏懼,甚至以此為樂的反常舉動中,筆尖滴著的
往往是熱淚與鮮血。普拉絲認為自己太不幸了,
但也許承受多了,她竟能在一定時間內抑制住不
幸,並能去描寫不幸,從那一切恐嚇之中取得某
些麻醉自己的東西。然而,「當她感到再也承受
不住這種題材時,她的末日就到了」。

1962年冬天,是一個惡劣得不堪言狀的季

▼《針》的手稿。

節，是英國這一百五十年來最糟的天氣。耶誕節一過就開始下雪，而且下個不停。到了新年，全國已陷於癱瘓；火車凍在鐵道上，丟棄的卡車凍在公路上，水管上結了厚冰。因為電工罷工，經常停電，人們想靠電爐取暖已不可能。煤氣供應也不正常，有時飯荣燒一半火苗便熄滅了……

帶著兩個小孩度日如年的普拉絲在這種情況下煩惱更多：她的週期性胃病又犯了，十分難受；因為精神病日益嚴重而與大夫商定治療時間，卻一直沒有得到回音；剛整修過的公寓裡，水管全凍住了，滴水不出；電話還沒安裝，連求助都困難；外面雪飛冰封，舉步維艱。面對疾病、孤寂、沮喪與嚴寒，加上兩個孩子的種種要求，她終於承受不住了。童年的不幸，丈夫的遺棄，疾病的折磨，生活的艱辛，使她對這個世界再次徹底絕望。

1963年2月11日清晨6點左右，普拉絲上樓到孩子的房間，留了盤奶油、麵包與兩大杯牛奶，怕他們在幫傭來之前醒了挨餓。然後她回到樓下廚房，用毛巾將門窗縫塞住，然後打開了爐灶，將頭伸到裡面後就放出煤氣……

人們在自殺現場找到了普拉絲寫的一張便條，上面寫著：「請找大夫……」，並留有電話號碼，似乎有不想死的跡象。或許她是留戀她熱愛的詩歌，或許是不放心她兩個苦命的幼兒；也或許她只想再做一次「死亡遊戲」，引起世人的同情與關注。但她的處世立場、多次自殺的經歷以及自殺前的充分準備，又表明她已決意死去。因為她知道被救活後，面對她的仍是這個令她困苦不堪的世界。她這樣做，無疑是為了最後的徹底解脫。

2月15日是星期五，休斯和他的好友——英國詩人阿爾瓦雷斯與那個淚水汪汪的澳洲姑娘護送普拉絲的靈柩到墓地安葬。他們在她的靈前靜靜默哀，彷彿聽到了這位才華橫溢女詩人的心聲：「大概，這一回我將自由了。」

　　普拉絲去世後，休斯整理她的遺稿，先後編輯出版了《愛麗爾》（*Ariel*, 1965）、《渡水》（*Crossing the Water*, 1971）、《冬樹》（*Winter Trees*, 1972）三部詩集，包括了她的主要詩作。普拉絲的劇本《三個女人》（*Three Women*）曾於1962年在電台播放，1973年同時在紐約和倫敦上演，大受歡迎。同年，她的短篇小說集《企鵝現代短篇小說》（與人合輯），也出版發行。1981年，普拉絲的《詩歌總集》（*The Collected Poems*）出版，並於1982年榮獲普立茲詩歌獎。在世界文學史上，普拉絲做爲「自白派」代表人物的名聲愈來愈響亮，正如阿爾瓦雷斯所說：

雖然生死無常，她已經去世，她卻仍然存在。

編按

❶洛威爾（1917-1977），美國詩人，以其複雜又講究修辭的詩作與混亂的生命著稱，被稱爲「自白派詩人之父」，曾於1973年以詩集《海豚》（*The Dolphin*）獲得普立茲詩歌獎。

❷阿爾瓦雷斯（1929-），詩人、評論家、小說家、運動員，同時也是撲克牌玩家，長久以來就是一個無法歸類的人物。

「我沒有說違心的話。
我相信,毛主席和周總理是理解我的,人民是理解我的。」

——老舍

老　舍

(1 8 9 9 - 1 9 6 6)

中國著名小說家、劇作家。

原名舒慶春，字舍予，滿族正紅旗人，生於北京市。1918年畢業於北京師範學校，從事中小學教育。1924年赴英國倫敦大學東方學院任教並開始小說創作。1930年回國，歷任齊魯大學、山東大學教授。抗戰爆發後，任中華全國文藝界抗敵協會總務部主任。1946年赴美講學，1949年回國，先後任政務院文教委員會委員、中國文聯副主席、中國作家協會副主席與北京市文聯主席等職。1951年獲北京市人民政府授予的「人民藝術家」稱號，有《駱駝祥子》、《四代同堂》、《老舍文集》、《老舍劇作集》等出版。

1966年8月25日清晨，一位住在北京北郊德勝門外太平湖公園（今新街口外豁口西北角）附近的演員，像往常一樣來到公園湖邊練功。突然，在薄霧中，他隱約發現後湖的水中有一個人，形體隨波漂浮，似乎不像是在游泳。這名演員怔住了，接著很快反應過來，慌忙去喊人。幾戶住在湖邊的漁民聞聲趕來，大家七手八腳地把死者打撈上來，放在湖邊的小土道上。這時，圍觀的人發現岸邊放著像是死者的上衣制服、眼鏡、手杖和鋼筆，制服口袋裡有工作證，上面寫著：舒慶春（老舍），北京市文聯主席。

消息不脛而走，太平湖畔很快便圍滿了人。隨後來到的北京市文聯和派出所的人以及法醫，在現場認定死者確實是著名作家舒慶春（老舍）。不知誰找來了一張破席，把死者蓋了起來。

公園看門人是死者臨終前唯一見證人。他回憶道：頭一天（指8月24日），這個老頭手裡捏著一卷紙，從上午來直到晚上，在這裡獨坐了一整天，幾乎沒動過。他認為，悲劇可能發生在午夜。這時，有人在湖邊發現了一些漂浮的紙張。紙張被小心地打撈了上來，上面有手抄的毛主席詩詞，字如有核桃般大小，是很工整的老舍特有的毛筆字。

正在尋找父親的老舍之子舒乙，當日下午才接到市文聯告知的噩耗。

草席被揭開了，悲痛欲絕的舒乙跪在老舍身邊。昔日的父親像變成了另外一個人，頭髮雜亂不齊，斑白的兩鬢沾著泥草，臉部浮腫，瘦弱單薄的身軀蜷曲變形，真是慘不忍睹。

不知內情的人，哪會知道這裡躺著的竟是中

國一代文豪？

老舍，原名舒慶春，字舍予，筆名老舍。1899年2月3日出生在北京西城護國寺後面一條人稱「小羊圈」胡同的窮人家。老舍對小羊圈有著深厚的感情，在日後的小說、戲劇中都能找到它的影子。老舍祖先是滿族正紅旗人，他幼年喪父，家境貧寒，經受了半殖民地、半封建社會的苦難。這一切對他後來的文學創作產生了深刻的影響。

1913年至1918年，老舍在北京師範學校讀書，對文學發生了極大興趣，曾嘗試寫過一些小品習作。畢業後，他先當小學校長，後在缸瓦市基督教堂服務，在那裡結識了英國人埃文斯。

1924年，在埃文斯的推薦下，老舍獲聘為倫敦大學的東方文學講師，教授中國語文。同時，他開始了文學創作，先後寫了〈老張的哲學〉、〈趙子曰〉、〈二馬〉等三部長篇小說，均在北京《小說月報》上發表。這些作品以鮮明的北京地方色彩，幽默流暢的語言和生動的細節而嶄露風采，從而奠定了老舍在中國文壇的地位。1926年，老舍加入文學研究會，終於在文學事業中找到了值得為之獻身的工作和充實的生活。在英國，老舍還讀了許多英文版世界名著，英文水準更加提高；並幫助一個叫埃支頓（Clement Egerton）的英國人把中國古典名著《金瓶梅》全文譯成了英文，至今這個譯本（*The Golden Lotus*）仍是權威的英譯本。

1930年3月老舍回國，先後在濟南的齊魯大學和青島的山東大學做中文系教授。1931年夏，他與後來成為國畫家的胡絜青結婚。老舍在山東七

年的收穫甚豐。長篇小說〈我這一輩子〉、〈月芽兒〉、〈離婚〉、〈大明湖〉、〈貓城記〉，包括短篇小說集《趕集》、《櫻海集》等作品，都是在這時期內完成的。其中，於1936年在青島完成、以勞苦的洋車夫爲主人公的長篇小說《駱駝祥子》，成了他著名的代表作。在這些作品中，老舍不再寫那些單薄的理想化的人物，也不再用簡單的劫富濟貧或剷除幾個惡棍來解決衝突，他開始關注整個社會，剖析複雜的社會現象，向舊的倫理道德、舊的思想意識、傳統觀念以及與之呼應的社會制度進行抨擊，作品意義因此變得更深刻。

1937年，老舍辭妻別子，離開日軍鐵蹄逼近的濟南，隻身南下武漢，參加了中華全國文藝界抗敵協會，擔任總務部主任。爾後又去重慶繼續這項工作，並主編《抗戰文藝》。在周恩來的直接關懷與領導下，他團結了文藝界人士參加抗日活動。他本來是個寫小說的作家，爲了配合抗戰，他嘗試著寫劇本與通俗文藝作品，先後創作了以團結抗日爲題的〈殘勇〉、〈國家至上〉、〈張自忠〉等九個話劇，以及不少相聲、鼓詞與快板段子。這期間，他還寫了長篇小說《火葬》、《四世同堂》的第一部〈惶惑〉與第二部〈偷生〉，以及短篇小說集《火車集》、《貧血集》。

1939年，老舍曾去延安參觀訪問，受到毛澤東等人的熱情接待，這段難忘的時光後來成了他時常追想的美好回憶。

抗戰勝利後，國民黨迫不及待發動內戰，國共兩黨再次兵戎相見。重慶變得更加黑暗，文藝界進步人士紛紛離去，心情苦悶的老舍也準備回山東大學執教。這時，美國國務院邀請他前往美

國進行講學和文化的交流。於是，1946年3月，老舍同同時獲邀的名劇作家曹禺❶一道來到美國。在這裡，老舍除了完成講學的任務，還寫完了《四世同堂》的第三部〈饑荒〉和長篇小說〈鼓書藝人〉。在他的協助下，《四世同堂》譯成了英文，《駱駝祥子》與《離婚》的英文全譯本也完成了。

　　1949年7月，老舍在美國收到郭沫若、茅盾、周揚等三十多位老朋友的來信。信上說，中國文學藝術界聯合會第一次代表大會將很快在北平舉行，希望他能回國共同繁榮祖國的文藝事業。曹禺與老舍的至友樓適夷也分別遵照總理周恩來與共產黨的囑託，寫信給老舍，告知他「新中國」有許多新事可以寫，歡迎他回來。但老舍此時正因患坐骨神經炎入院治療，故未能趕上第一次文代會的召開。有人回憶說，周恩來在會上特別提到老舍：打倒了國民黨，剷除了障礙，今天，我們南北兩路文藝隊伍，大會師了，就是缺少了我們的朋友——老舍。已經寫信，邀請他來了。

　　同年11月，歸心似箭的老舍未等病癒，硬是拄著拐杖在舊金山上了海輪。12月初，他回到北京，立即受到周恩來的親切接見，並被任命為政務院文教委員會委員。老舍顧不得休息，熱情地投入了新事業。他勤奮刻苦地用筆勞動，不停地創作，連星期日和節日都不休息。他說：

　　我勤奮，因為我心裡高興。中國人民站起來了，我怎能默默地低著頭，不和昂首闊步前進的人民一同歡樂地工作呢？雖然我不會生產一斤鐵，或一斗小米，我可是會多寫一點，多供給人

▼《四世同堂》插圖（丁聰繪）。

民一點精神食糧，我不甘落後，也要增產。這種自覺的勞動是欲罷不能的，它使我感到光榮，感到愉快。

老舍的忘我工作，很快結出了豐碩的果實。不久，他在中共建國後寫的第一個劇本——即透過唱大鼓的藝人方珍珠一家的遭遇表現新舊社會之不同的話劇〈方珍珠〉問世了，並立即受到戲劇界與觀眾的好評。

1950年3月，老舍夫人胡絜青攜子女從重慶到北京和老舍團聚，新家是燈市口西街豐富胡同19號的三合院。這是老舍剛買下的一院房子，院中花草甚多，光菊花就有三百多棵，終日芳香四溢，確實是一個悅目怡情、從事創作的好地方。

1950年春，北京市人民政府開始實施治理臭水溝龍鬚溝的工程。老舍認為這件造福人民的好事值得大加稱頌，兩個月內寫出了話劇本〈龍鬚溝〉。這齣戲於1951年2月在北京人民藝術劇院上演，一直演到年底，盛況不衰，獲得極大成功。劇團還專程到中南海為毛澤東等中共中央領導人物演出。老舍在周恩來的介紹下，得到了毛澤東的接見。由於〈龍鬚溝〉的藝術成就，北京市人民政府於1951年12月授予老舍「人民藝術家」的榮譽稱號，市長彭眞頒獎時說：「我代表全市人民，向我們人民的作家老舍同志致謝！」

1955年，老舍在公安部長羅瑞卿的囑託下，將政治騙子李萬銘行騙敗露的情況，創作出諷刺喜劇〈西望長安〉，很快也引起轟動。第二年，他又將崑曲〈十五貫〉改編成京劇，也風靡全國，各地不少劇種紛紛移植。

▼話劇《龍鬚溝》劇照。

1957年，老舍發表了三幕話劇《茶館》，透過裕泰茶館在清末、北洋軍閥和抗戰勝利後三個時期的興衰，反映了時代的變化。周恩來先後看了這三場戲，對老舍的新成績給予充分肯定。接下來的幾年，筆耕不倦的老舍又寫出了〈紅大院〉、〈女店員〉、〈全家福〉、〈寶船〉及〈神拳〉等作品，並開始了長篇小說《正紅旗下》的創作。這些作品生動且多元地反映了中國的社會和建設，也反映了新社會裡中國人的生活與鬥爭，同樣獲得了很高評價。到了1966年，年近半百的老舍共完成了二十三個劇本和數百篇文章、數百首詩，被譽為「文藝界的勞動模範」和「語言大師」。

老舍也成為了兒輩們的楷模與驕傲，他的兒子舒乙後來在回憶父親的身教與引導時說：

生長在這樣一個家庭裡，很小就看一些文學書，最重要的是聽他跟文學界的人談話，這種潛移默化的力量我覺得太大了。比如說他的愛國，跟民族的共命運，在民族危亡的時候，他恨不得把自己所有的東西都扔掉衝上前去……雖然是一介書生，體力很差，但是他恨不得要自己上前線去衝殺，做他力所能及的任何事情。我覺得父親的這些品質對每一個孩子的影響都很大，它在無形之中教育我們你要愛你的國家，愛你的家鄉，愛你的親人，愛你的朋友，愛你的城市……

老舍對中國文學的貢獻得到了共產黨和人民的肯定，從1950年起，他先後擔任了全國人民代表大會代表、全國政協常務委員、北京市人民政府委員、中國文聯副主席、全國作協副主席與北

▼話劇《茶館》劇照。

京市文聯主席等職務。

老舍十分珍惜這些榮譽和褒獎，認爲最好的答謝就是更加勤奮地從事創作，爲這個偉大時代而吶喊與歌唱。他曾在1962年於廣州召開的一次文藝座談會上說：

朋友們，我們多麼幸福，能夠作毛澤東時代的劇作家！我們有責任提高語言藝術水平，以今日的關漢卿、王實甫自許，精鶩八極，心游萬仞，使語言藝術發出異彩！

這是老舍的心聲，是一位人民藝術家對國家和人民的一往深情。對於革命文學事業的發展，老舍充滿信心。

遺憾的是，陽光不能永遠燦爛。

1966年初，史無前例的文化大革命如黑雲壓城般撲來。文化部被宣布爲「帝王將相部」、「才子佳人部」、「外國死人部」，跌到了所謂修正主義的邊緣；文藝界則被認定從「建國」以來是由一條反共黨、反社會主義的路線所主導；一些知名作家如鄧拓、田漢、吳晗、夏衍等皆遭點名批判……

十七年來一直處於狂喜而奮發創作的老舍，一下陷入了百思不得其解的苦悶之中。儘管如此，在文聯座談會上，他仍表示要遵循周恩來「活到老，改造到老」的教導，努力改造自己，並代表文化界同仁執筆寫信給毛澤東，表示要積極參加運動，還主動請求降薪三分之一或一半。他以爲這樣一來，自己就成了無產階級的一分子。誰知「偉大旗手」江青對這位「人民藝術家」早

就發出冷箭，她在一次談話中表示：「老舍每天早晨要吃一個雞蛋，是資產階級作家。」就這麼一句話，老舍註定厄運難逃。

7月初，身體多病而又心情不好的老舍，突然大吐血，而且難以止住。家人急忙把他送進北京醫院急救，檢查結果是氣管的一條小血管破裂，被留院治療。周恩來得到消息，特意打電話關照老舍在醫院好好治療，不要急於出院。周恩來本想讓老舍安心養病，並藉此減少一些衝擊，不料卻更激起老舍參加文革以免「掉隊」的熱忱。7月10日，老舍獲邀出席在人民大會堂舉行的首都人民支援越南人民抗美鬥爭大會，這在當時許多人已經被打倒或遭批判的情況下，是一種莫大的榮譽與安慰。老舍為之激動，對與會的巴金說：「請告訴朋友們，我沒問題，我很好，我剛才還看到了總理（周恩來）和陳副總理（陳毅）。」

8月中旬，老舍見吐血已基本止住，便匆匆出院。市委宣傳部告知其暫不要上班，在家養病，家人也極力勸阻他回單位，但老舍仍耐不住，終於讓自己跨進了深淵。

8月23日，是老舍第一天上班的日子，正好趕上北京市一幫狂熱的紅衛兵要將前幾天在「破四舊」過程中集中在文化局的戲具、道具移置國子監孔廟大院內燒毀，並命令文化局的負責人去接受批鬥。市文化局與市文聯是近鄰，紅衛兵們便去市文聯隨便揪了十多人陪鬥。作為市文聯主席的老舍，看見朋友同事和領導幹部都被點名，便主動站了出來。一位擔任現場指揮的女紅衛兵一見老舍，立即大叫：「這是老舍，是他們的主席！大反動權威！揪他上車！」

2 3 7
老 舍

這些批鬥對象被一路呼喊「憤怒聲討」、「徹底批判」口號的紅衛兵押到成賢街的孔廟。他們中間除了老舍，還有著名作家肖軍、駱賓基和著名藝術家荀慧生。紅衛兵將他們全部剪成「陰陽頭」（即剃去半邊的頭髮），並掛上「黑幫分子」、「反動學術權威」、「牛鬼蛇神」的牌子。老舍等人還被澆上墨汁、圍跪在正在焚燒戲服的火堆周圍，美其名為接受「革命之火的洗禮」。紅衛兵站在他們身後，輪番用京劇的棍棒刀槍等道具和帶銅頭的皮帶抽打。

北京的八月正是酷暑灼人之季，再加上火烤，六十七歲的老舍再也難以支撐，「撲通」一聲暈倒在地，頭上臉上的血滴落土中……

紅衛兵們對老舍如此不經一擊無法置信，認定他在耍詐。他們往老舍的頭上潑水，待老舍一甦醒便立即用戲服上的白水袖將他的頭部胡纏起來，一番侮辱後再次開始他們的「武衛」。老舍的血染紅了白襯衫，滲透了纏在頭上的白布。

眼看就要鬧出人命，市文聯的人連忙將老舍帶回文聯大院。誰知這裡早已有幾百名紅衛兵虎視眈眈在等待他回來。一見老舍，他們蜂擁而上，皮帶、拳頭、涼鞋、唾沫即刻襲來。也許是打累了，紅衛兵暫停進攻，接連向老舍提出類似「你為什麼要利用小說反黨？」「你宣揚資產階級人性論是何居心？」等問題。老舍駁斥這是污蔑，高喊自己熱愛黨、熱愛社會主義。於是，又是一陣毒打狂風席捲而來。

「士可殺，不可侮！」生性文弱又善良的老舍忍無可忍了，反而倔強起來，不再低頭被迫「認罪」，不再為自己辯護。他抬起血跡斑斑的

頭，憤怒地扔掉手中的牌子。

牌子滑落下來，碰到了一個紅衛兵身上。「這簡直是資產階級的公開反抗！」紅衛兵怒不可遏，再一次在老舍身上練起全武行。

這樣打下去老舍必死無疑，市文聯的人深知後果嚴重，焦急之中想出一計。他們對紅衛兵說，老舍扔牌並碰觸到紅衛兵是「現行反革命行為」，應送交「專政機關」處理。一番理論後，他們終於將老舍塞進了汽車，開到了附近的派出所。

派出所的公安人員此時也無法保證老舍的安全，因為尾隨而來的紅衛兵打興正酣，不顧勸阻，硬是像享有優先專政權似的將老舍團團圍住，多番毒打直至半夜。臨放走遍體鱗傷的老舍時，紅衛兵仍感打癮未足，勒令老舍第二天早晨必須帶著「現行反革命」的牌子去市文聯報到。

黎明前，老舍一步一顫地回到家中，人已是奄奄一息。在他的夫人胡絜青為他清洗傷口時，老舍冷靜地告訴她：「我沒有說違心的話。我相信，毛主席和周總理是理解我的，人民是理解我的。」

第二天，老舍沒有舉著「現行反革命」的牌子去市文聯，而是帶著他親自抄寫的毛澤東詩詞去了太平湖。而在他家中，紅衛兵翻箱倒櫃抄了個底朝天。

8月25日下午，市文聯通知舒乙到會，一位新領導人拿出一張證明：「我會舒慶春自絕於人民，特此證明。」並冷酷地告知舒乙必須趕快把「他」處理掉。

老舍的遺體被勒令儘快火化，但規定不得保留骨灰。整個過程沒有哀樂，也沒有追悼儀式，

連家人都不允許高聲哭泣，十分慘戚。

老舍死了。他1945年在《四世同堂》中寫過一個叫祁王佑的掌櫃。這位心地善良的老人被掛上「奸商」的牌子遊街示眾，不堪凌辱而投河自盡。老舍的死法竟然與其有驚人的相似，彷彿他早在二十年前就為自己設計好了辭世的模式。然而，在那個非常時期，老舍的死，他的捨身反抗精神，他的烈性氣概，卻有更巨大的震撼力。由老舍開始，之後的短短一個星期，太平湖竟成了殉難者的勝地。有成十上百的人在這裡投湖，不時擊起反抗與控訴的漣漪。

邪惡的人卻仍不放過已身亡的老舍。從1969年12月12日開始，《北京日報》先後用十個版面對老舍進行公開批判，大張撻伐，用盡一切污蔑之詞。文中還影射老舍有「黑後臺」，矛頭直指周恩來。一篇以「龍鬚溝居民」名義發表的文章竟說「〈龍鬚溝〉臭得比龍鬚溝還臭」。愚昧與狂熱確實已使人香臭不分、是非不辨了。

值得慶幸的是，陰霾畢竟會過去，陽光仍然燦爛。

1978年6月3日，在老舍逝世十二周年之際，人們在北京八寶山革命公墓舉行了老舍「骨灰安葬儀式」。中國共產黨和中共國家領導人鄧小平等送了花圈，鄧穎超等則參加了儀式。「骨灰盒」內裝的是老舍的遺物：一支鋼筆、一支毛筆、一副眼鏡和一小包茉莉花茶，而真正的骨灰，早在那 血雨腥風的年代中被捨棄。

中國人民開始以各種方式悼念老舍：《老舍文集》、《老舍劇作集》、《老舍精典作品選》等先後出版；《茶館》、《駱駝祥子》、《月芽兒》、

《四世同堂》等則拍成了電影或電視劇；國際性的老舍文學學術交流會也在北京舉行。日本著名作家開高健曾在訪問中國時與老舍有過交往，對老舍的道德、文章欽佩之至。1979年，他滿懷深情地寫了散文〈玉碎〉，抒發了對老舍的誠摯懷念。這篇情真意切的優秀作品獲得了當年的川端康成文學獎。

「人民藝術家」的尊嚴終於重新獲得確立了，代價則是一代文豪那永遠無法挽回的寶貴生命。

編按

❶曹禺（1910-1996），現代暨當代劇作家。原名萬家寶，祖籍湖北潛江。從小愛好文學和戲劇，讀了不少古今中外的文學作品。1928年考入南開大學政治系，1930年轉清華大學西洋文學系，廣泛接觸歐美文學作品，深爲古希臘悲劇作家及莎士比亞、契訶夫等人的劇作所吸引，同時也陶醉於中國的傳統戲劇藝術。1933年創作了處女作四幕劇《雷雨》，暴露了具有濃厚封建性的資產階級家庭的腐朽和罪惡，揭示了舊制度必將滅亡的歷史趨勢，以高度的藝術成就和現實主義的藝術力量震動了當時的戲劇界，標誌著中國話劇藝術開始走向成熟，幾十年來成爲最受觀眾歡迎的話劇之一。1933年大學畢業後，曹禺入清華研究院專事戲劇研究，翌年到天津河北女子師範學校任教。1935年，他寫成劇本《日出》，深刻解剖了中國三〇年代的都市生活。它與《雷雨》前後輝映於劇壇，奠定了曹禺在中國話劇史上的地位。除了諸多戲劇作品，曹禺亦出版有散文集《迎春集》及《曹禺選集》、《曹禺論創作》、《曹禺戲劇集》等。他的一些劇作已被譯成日、俄、英等國文字出版。

「世上人間厭凋零／曉風催花率先落」

——三島由紀夫

三島由紀夫

（1925-1970）

日本著名小說家、劇作家。
生於東京一個貴族官僚家庭。1947年
畢業於東京大學。從小愛好寫作，十
三歲時發表小說處女作《酸模》，1949
年發表小說《假面的告白》一舉成
名。他一生創作二十六部長篇小說、
三十八部劇本，以及許多中、短篇小
說、遊記、散文等。曾被推薦為諾貝
爾文學獎候選人。主要作品有《金閣
寺》、《豐饒之海》等。二十世紀六〇
年代，組織右翼準軍事組織「盾會」，
鼓吹復興軍國主義。

1970年11月25日，日本東京市中心新宿區市谷本村田町陸上自衛隊東部方面總監部。

　　上午10時55分，一輛白色轎車駛近總監部大門，車上走下五名身著日本民間準軍事組織「盾會」制服的男子，他們是日本著名作家──「盾會」會長三島由紀夫及森田必勝、小賀正義、古賀浩靖、小川正洋。因爲「盾會」經常有人來自衛隊磋商「軍訓」事宜，門口警衛查看證件後便讓他們進了大門，業務室澤本少校接到電話後則很快趕到門口迎接。

　　澤本帶著這一行人上了總監部的中心大樓，前往益田兼利總監位於二樓的辦公室。三島由紀夫與益田兼利早有交往，坐定後眾人便就「盾會」的訓練等情況閒聊起來。說話間，三島由紀夫將隨身佩帶的日本刀讓益田兼利觀看，並誇耀：「這是『關孫六』，十七世紀的精品。」益田兼利將這把時價一百萬日圓的「關孫六」端詳了片刻，感歎說：「太美了，我從來沒有看過這樣好的東西。」他把刀還給三島由紀夫，回到自己座位上。

　　這時，三島由紀夫突然向同夥丟了一個眼色。說時遲，那時快，只見小賀正義一個箭步繞到益田兼利總監背後，勒住他的脖子，用毛巾塞住他的嘴巴，古賀浩靖、小川正洋同時拿出原本就準備好的繩子，與小賀正義一道將益田兼利的手腳捆綁在椅子上。總監一開始以爲他們是在開玩笑，直到他們迅速將總監室大門鎖上，用桌子、沙發築起障礙物，才知事態嚴重。

　　鄰室的山崎準將準備衝入總監室救人，但沒有成功。爲了確保益田兼利總監的安全，他只得

答應三島由紀夫的條件：集合駐地全體自衛隊員到中心大樓前聽三島由紀夫演講。

五分鐘後，一千多名自衛隊員被迅速召集到大樓前廣場。森田必勝首先走向陽台，向人群撒下三島由紀夫預先準備好、以「盾會」會長名義發表的《檄文》，文中寫道：

我們看到，戰後的日本受經濟繁榮的陶醉，忘記了國家的基礎，喪失了國民精神，捨本逐末，陷入敷衍和偽善，自動跳入了靈魂的深淵。……我們對於日本戰後長期的沉睡感到憤慨。我們相信，自衛隊不覺醒，這個沉重的日本就不會覺醒。我們相信，國民要盡自己的微薄力量去完成的最大職責是：修改憲法，使自衛隊立於建軍的本義，成爲眞正的國軍。

我們是因爲熱切希望具有至純的靈魂的諸位，做爲一個男子漢、一個眞正的武士而覺醒，而採取這樣一個行動的！

緊接著，三島由紀夫出現在陽台上，額頭纏著寫上「七生救國」四個字、紅太陽居中的白頭巾，雙手叉腰，開始他煽動性的演說。

但樓下騷動著的自衛隊員「住嘴」、「滾蛋」、「把他揪下來」的怒吼聲此起彼落，將三島由紀夫的話完全淹沒了。三島由紀夫感到非常憤慨，用沙啞的嗓門狂叫：

你們還算是武士嗎？還算是男子漢嗎？是男子漢，爲什麼要維護憲法？爲什麼要維護否定自衛隊的憲法？你們已經沒有前途，你們已經無法

▼三島由紀夫在自衛隊總監部陽台上演講。

挽救了。你們違憲了。自衛隊違憲了。你們全體違憲了。你們不知道這是太可笑了嗎？你們為什麼不覺醒？為什麼讓日本處於現在這種狀態？

自衛隊員的吼聲更響了，三島由紀夫無法講下去。他最後無奈地說：「我看透了，諸位不會為修改憲法而奮起。那麼，我在這裡三呼天皇陛下萬歲結束我的講話。」

說完，三島由紀夫似乎用了他最後的力氣三呼了「天皇陛下萬歲，萬歲，萬萬歲！」

爾後，顯得悲哀又疲憊的三島由紀夫回到總監室，他解開衣扣，脫下上衣，赤裸著上身，又脫下長褲，從手腕上取下那支時價五十萬日圓的美製金錶，然後在距益田兼利總監兩公尺遠的地毯上正襟危坐下來，用手緊緊地攥住隨身攜帶的另一把短刀，鮮血頓時從緊握短刀的手滲出來。小川正洋遞給三島由紀夫預先準備好的日本紙與毛筆，三島由紀夫緩緩地用自己的血在日本紙上寫下了一個「武」字，然後按中世紀日本武士切腹的程式，將短刀捅進了自己的左側下腹……

一個才華橫溢的著名作家倒下了。他的自絕，竟是為了重現軍國主義的亡靈。這令無數人感到震驚。

三島由紀夫，1925年1月14日出生於東京市四谷區永住町2號。父名平岡梓，擔任農林部水產局長；母名倭文重，出身豪門望族。他的本名是平岡公威，有一弟一妹。從幼年時期直至進中學時，他一直在祖父母身邊生活。由於祖母過分溺愛的養育，使他身體異常孱弱，經常生病。

三島由紀夫六歲時進入學習院（日本的貴族

學校）初等科學習，小學時期就酷愛閱讀。十二歲時，他考進學習院中等科，從此離開祖母膝下，搬回父母親的住所——澀山區大山町十五號。他十三歲開始習作，很快便展現了他的寫作才能，經常有小說或詩歌刊登在《學習院輔仁會》雜誌上，小說處女作是《酸模》。1941年10月，經國文老師清水文雄引薦，他在《文藝文化》雜誌上發表短篇小說〈青翠森林〉，開始使用「三島由紀夫」為筆名。次年4月，他進學習院高等科文科乙類（德語）深造，並與東文彥、德川義恭試辦了《赤繪》雜誌，思想上明顯受日本浪漫派影響。

1944年9月，十九歲的三島由紀夫以第一名成績畢業於學習院高等科。10月，他考入東京帝國大學法學院法律系。1945年11月，他的第一部長篇小說《盜賊》出版。次年6月，經日本著名文學家川端康成推薦，他的短篇小說〈煙草〉在《人間》雜誌上發表，反映甚佳，從此正式登上日本文壇。

1947年11月，三島由紀夫大學畢業，參加高等文官考試及格，任職於大藏省銀行局。但是，強烈的創作慾使他不安心於此工作。第二年9月，他辭去公職，專心從事寫作。

十個月後，他出版了反映資產階級紈褲子弟之玩世不恭與道德敗壞的長篇小說《假面的告白》。在這以後不到一年的時間內，另一部描寫一個女人在愛情生活上追求靈與肉統一的長篇小說《愛的饑渴》也相繼問世。從此聲名大振，奠定了他身為日本著名小說家的地位。

為了開闊視野、提高藝術素養，1951年12

月，三島由紀夫從橫濱出發，環遊歐美各國，歷時半年，足跡遍及北美、巴黎、倫敦等地。在歐洲的美術館與博物館裡，他親眼看到了景仰已久的古希臘文明，對古希臘裸體人物雕塑所表現出的神聖、嚴莊、樸素、動感和力度大為讚歎。從已逝去的古希臘精神中，他彷彿看到了業已逝去的日本傳統，從而激發他恢復與弘揚日本傳統的激情。

次年5月返國後，三島由紀夫便接連推出反映田園牧歌式愛情生活的小說《潮騷》（1954年）、以金閣寺焚毀事件為素材揭示變態美的小說《金閣寺》（1956年），以及描寫某貴族夫人熱中婚外戀，從而揭示貴族生活的空虛、虛偽、糜爛的小說《美德的徘徊》（1957年）等具影響力的作品。這些作品的唯美主義色彩較濃，大多描寫愛情故事與病態心理，反映了戰後初期和朝鮮戰爭過後日本頹廢腐朽的社會風氣，在創作手法上力圖恢復日本傳統風格，在思想傾向與寫作風格上都有一定創新，因此受到了不少讀者的歡迎，尤其是年輕人。其中，《潮騷》等數部小說得到了獲獎的肯定。

這段期間，三島由紀夫還發表了收錄五個劇本的《近代能樂集》。這些戲劇作品，因為在創作中繼承了日本「能」劇所具有的瑰麗陰鬱、幻怪譎秘，以表現虛無與死亡為能事的古典能樂傳統，同時又滲透了現代的哲理意識和形而上的底蘊，亦即既有日本傳統戲劇的特色，又有現代派戲劇的意味，因而成為獨具一格的現代荒誕劇。不但在日本國內，在歐美各國亦均備受推崇。他的許多戲劇作品被譯成英、法、德、西班牙、瑞

▼三島由紀夫在第一次赴歐美旅行的船上。

典、丹麥等多種語言，先後在美、英、法、墨西哥、巴西、瑞典等國發表。尤其是在德國，曾有二十四個城市同時上演他的劇本，甚至促進了德國獨幕劇的重新興起。可以說，《近代能樂集》奠定了三島由紀夫做爲一個卓越戲劇家的地位。

1957年7月，三島由紀夫應克諾普出版社（Knopf）之邀赴紐約，接著又去西印度群島、墨西哥、北美南部等地旅行，然後折返紐約，逗留至12月才啓程回國，歸途中順道遊歷了西班牙、義大利等地，由此寫出了一些具有影響力的遊記作品。

1958年，三十三歲的三島由紀夫在出版了他的戲劇力作《薔薇與海賊》之後，經由恩師川端康成撮合，6月分與畫家杉山甯的長女瑤子結婚。

隨著三島由紀夫聲名日盛，人們對出身於這個都市的才子作家，無論是其作品還是生活，均投以極高度的關注。三島由紀夫有很強的好奇心。迎神賽會時，他去抬神輿；高速公路通車時，他是第一個駕駛人；摩天大樓落成時，他也是捷足先登臨空俯瞰的人。此外，他還學習筋骨練成法，上銀幕唱歌，登舞台表演，修練劍術，出版裸體攝影集等。這樣一位多才多藝、不拘陳腐的作家是世上未曾出現過的。他改變了世人對於文學家的印象。因此，日本評論界稱他是文學世界給大眾社會推出的第一個「英雄人物」。

人們對三島由紀夫厭棄所謂文人型態生活的作法也十分欣賞。三島由紀夫鄙視那些將貧弱的肉體、蒼白的面孔視爲知識分子特徵而洋洋自得的人，他決意要加強鍛鍊、增強體質來保障文學事業。他的寫作總在夜間進行，常常要到第二天

早晨的6點或7點才結束。在這樣緊張的生活中，他每週竟還要練習四種武功，且從不間斷。就連做客時，在人家的沙發上，他也肯倒立起來讓人開開眼界。這一切，被新聞界稱之為「奇行」。記者對他饒有興味的「跟蹤」，使他成了一位新聞明星。

當然，三島由紀夫的主要成就還是在文學創作上，不但作品數量多、題材廣、體裁新，而且由於他廣閱博覽，文化修養較高，擅長雕鑿字句，作品中的古豔語言被普遍認為繼承了日本王朝的文學之風，與他作品中富於獨特藝術風格的結構和情節結合起來，因此在讀者中具有較大的吸引力。這些都為他在作家群中處於顯著地位奠下了基礎。

憑三島由紀夫深厚的文學根底，他本可以對日本文學、乃至世界文學做出更大貢獻。但是，在三島由紀夫一生中，一個陰影一直籠罩著他，時時誘引他走向背離歷史進程的罪惡深淵。它，就是陰魂不散的軍國主義幽靈。

三島由紀夫出身貴族官僚家庭，自幼接受「學習院」的貴族教育，青年時代又受宣揚大日本民族主義和國粹主義的「日本浪漫派」影響，使他對日本民族與做為其象徵的天皇制抱有一種狂熱的信念，對效忠天皇、捨身成仁的武士精神，有一種崇尚仿效的心理。戰爭時期，他在徵兵體檢時因醫生誤診而未能當兵出戰，成了他終生的憾事，儘管當時他已寫下效忠殉死的遺書。

日本戰敗與新憲法、民主政治的確立，對其他戰後派作家來說是一種解放，對三島由紀夫來說卻是當頭一棒。他失去了精神支柱，對戰敗和

戰後社會抱有一種深深的絕滅感。他就是帶著這種絕滅感，從極右的立場出發走向戰後的日本文壇。因此，他的創作一開始就顯出那種躁動與不安的特異性，而與其他戰後派作家形成鮮明的對比。他的作品沒有戰爭場景和戰爭體驗的描寫，也沒有對戰爭罪惡的反省，但卻與戰爭、與日本的戰敗以及戰後日本社會有著更深刻的聯繫。在他前期作品中，雖推崇藝術上的唯美主義，但他選擇生活形象的迷惘，已蘊含著後來轉向政治上的天皇主義和導演政治鬧劇的基因。例如在《潮騷》這部歌頌青春之戀的牧歌式小說中，作者寄予自己的一種田園詩般生活的社會理想，表現出他在西方文明沉重籠罩日本、威脅日本民族傳統的情況下，懷抱著復舊的民族主義思想傾向。在小說《金閣寺》裡，他運用隱晦曲折的筆法，宣揚日本一切的「美」都應「伴隨戰敗投降而付之一炬」這種與軍國主義同生共死的思想。

　　到了二十世紀的六、七○年代，日本經濟急遽成長，使沉澱在政治思想生活最低層的渣滓──一小撮軍國主義餘孽心中最卑劣的慾念又捲土重來，妄圖重溫對外擴張和稱霸亞洲的舊夢。對軍國主義一直懷有舊感與同情、對日本戰敗一直心存憂慮的三島由紀夫，在這種氣候下，很自然便投入了這股逆流之中，成了在此意識形態領域中的代表人物。

　　一方面，三島由紀夫赤膊上陣，拜盟結黨，組織法西斯團體「盾會」並自任為隊長，多次帶領一些右翼學生到陸上自衛隊受訓，搭乘飛機、坦克一起「演習」，身體力行地為復興軍國主義打頭陣。另一方面，他則有意識地利用文學創作為

▼三島由紀夫參與電影《潮騷》的拍攝。

民族復仇主義搖旗吶喊。他在所謂「二二六」三部曲——短篇小說〈憂國〉（1960）、三幕話劇〈明日黃花〉（1961）和短篇小說〈英靈之聲〉（1966年）等作品中，將軍國主義分別美化為「憂國之士」和為國捐軀的「英靈」。而在《文化防衛論》中，他致力於鼓吹天皇制文化的「卓越與精深」；在《太陽與鐵》中，他赤裸裸地鼓吹武士道精神，並讚頌軍國主義。在日本某些人奉為「三島文學的最高傑作」、他本人視為「畢生巨作」的多卷本長篇小說《豐饒之海》（1965-1970，包括《春雪》、《奔馬》、《曉寺》、《天人五衰》四卷）中，則是透過假借轉世化身來散布軍國主義和頹廢主義思想，並宣揚性愛與剖腹是最高的美學意識與死的觀念，其變態心理與所鼓吹的反動政治、社會與文化主張完全緊密地聯繫在一起，從而成為三島由紀夫思想的集中反映。

正是在這種思想與慾望支配下，三島由紀夫做為一個軍國主義與民族復仇主義的狂熱鼓吹者暨實踐者，才會在把《豐饒之海》的稿子交出版社的當天，闖入自衛隊總部剖腹自殺，用自己的生命唱了一曲與時代之音不諧調的哀歌。

對於自絕，三島由紀夫是早就作好了準備。在《豐饒之海》即將完稿時，他曾給恩師清水文雄寫過一封信，信中說：

　　《豐饒之海》即將終結了。「這終結之後」……這句話是一句禁語，我沒有對家人講過，也沒有對出版社講過。對我來說，這終結也就是世界的終結了。

他還寫了封英文信給美國學者亨得‧斯克特‧斯托克斯，內容大致相同：

《豐饒之海》終於接近最後了，我好像覺得世界也將終結了似的。

與此同時，三島由紀夫也分別給好友——日本廣播協會記者伊達宗克與《每日周刊》記者德岡孝夫寫了信，無奈地表示：

在旁人眼裡，我現在大概是一個瘋子了，但我希望你們能理解我，我們純粹是出於憂國之情。

1970年11月24日，「決心死諫，以喚醒國人」的三島由紀夫與志同道合的「盾會」核心人物森田必勝、小賀正義、古賀浩靖、小川正洋等人，一起租了千代田丸之內皇宮飯店519號房進行「行動演習」，從進總監室、寒暄、扣押總監、散發《檄文》、演講，直到三島由紀夫「切腹」、森田負責補刀等，都作了演習與最後確定。演習結束時，三島由紀夫寫了兩首絕命詩：

男兒持長刀
刀鞘刷刷響
歲月多磨練
今日降初霜

世上人間厭凋零
曉風催花率先落

這天下午到晚上，三島由紀夫完成了《豐饒之海》最後一部《天人五衰》的最後一章。最後一句是：

這個庭院是空蕩蕩的，本多心想：自己來到了一個既沒有記憶、也沒有任何他物的地方。

庭院沐浴在夏日的陽光中，一派靜寂……

然後，他端端正正地在後面寫上：「三島由紀夫」與「1970年11月25日」兩行字。

11月25日，三島由紀夫比平日早起床，入浴後細心地修好鬍子，繫好六尺長的日本傳統兜襠布，沒有穿襯衣，直接披上「盾會」制服。一切像往常一樣，只是表情顯得嚴肅。接著，他將一把短刀、標語、請願書等放進書包，再將他那把「關孫六」日本刀也取出來。

最後，三島由紀夫走進書房，在一張白紙上寫下了兩句話：

生命誠有限
但願能永生

上午10時，三島由紀夫跨進森田必勝等人開來的汽車，直接駛向陸上自衛隊東部方面總監部，演出了那血淋淋的一幕。

縱觀三島由紀夫的一生，在他進入文壇的二十餘年間，總共寫了不同體裁的文學作品三百餘部（篇），僅日本新潮社就出版了他的全集三十六卷，許多作品在歐美翻譯出版。他先後獲新潮文

學獎、岸田戲劇獎、讀者文學獎、每日藝術獎，生前還曾被提名爲諾貝爾文學獎的候選人。可以看出，三島由紀夫的文學成就在日本國內外，都是得到肯定的。

但是，三島由紀夫的人生結局是遺憾的；他是軍國主義的鼓吹者，實際上也是軍國主義的犧牲品。有人如此評論：「三島由紀夫具有卓越的藝術才華，得到了世界公認的文學成就，同時又有深受日本軍國主義毒害的法西斯意識，並且自覺地拋棄了才華橫溢的年輕生命，懷著當武士道英雄的愚昧渴望，走上了爲軍國主義殉葬的自殺之路。其行爲由他個人和軍國主義殘餘勢力負責，而應當引起的是每個民族認眞的思考和自省，不斷地純淨哺育兒女的乳汁，清除其中病態因素，減少反動意識的殉葬品，培植一批批優秀人物，去美化世界。」（柯文輝：《〈愛的潮騷〉序》）

▼三島由紀夫於遺作
《天人五衰》完稿前
兩週的留影。

「最好不過的，是自殺而無遺書。無言的死，就是無限的活。」

——川端康成

川 端 康 成

(1 8 9 9 - 1 9 7 2)

日本現代著名作家。

生於大阪一個醫生家庭。1920年考入
東京帝國大學英文系，後轉入國文
系，專攻日本文學。1924年大學畢業
後展開作家生涯。1926年發表《伊豆
的舞孃》一舉成名。曾任日本筆會會
長、國際筆會副會長等職。1957年被
選為日本藝術院會員，並曾獲「藝術
院獎」以及日本政府頒發的文化勳
章。此外，他還獲得西德政府頒發的
「歌德金牌」與法國政府頒發的「文化
藝術勳章」。1968年，瑞典皇家科學院
以《雪國》、《千鶴》、《古都》三部
作品授予他諾貝爾文學獎。他一生共
計寫了一百多部中、短篇小說和大量
的散文，其中《雪國》等十三部作品
被改編拍攝成電影。日本出版有《川
端康成全集》三十五卷。

1968年12月10日，瑞典首都斯德哥爾摩。

瑞典皇家科學院寬敞華麗的大會堂裡，正在隆重舉行1968年的諾貝爾獎授獎儀式。

瑞典皇家科學院成員與相關人士數十人坐在主席台上，紅色的秋海棠從主席台左側到右側劃出一個大大的弧形。在觀眾席最前排中間，端坐著瑞典國王和他的家人。

這時，一名身著日本民族服裝——灰色和服褲裙，身披和服外衣——胸前懸掛著文化勳章的矍鑠老人，在日本政府代表文化廳長官今日出海與瑞典外交部禮賓官陪同下，穩步走過會場，在獲獎者席位上端正坐下。

人們紛紛向這位老人投去崇敬的目光，認出了他是本年度諾貝爾文學獎得主、日本著名作家川端康成。

文學獎授獎開始。瑞典皇家科學院常務理事、諾貝爾獎評選委員會主席奧斯特林（Anders Osterling）首先向以《雪國》、《千鶴》、《古都》獲獎的川端康成致授獎詞。他說：「在戰後全盤美化的浪潮中，先生透過這些作品，以溫柔的調子發出呼籲：為了新日本，必須保存某些古代日本的美和民族個性」，「雖然受到歐洲近代現實主義文學的洗禮，但同時也立足於日本古典文學，對純粹的日本傳統體裁加以維護和繼承。」最後，他宣讀獎狀題詞：

▼川端康成在瑞典接受諾貝爾文學獎。

川端先生：

這份獎狀是表彰您以敏銳的感受、高超的小說技巧，表現了日本人深刻的内心世界。

接著，瑞典國王親手將諾貝爾文學獎的獎章、獎狀和獎金證書頒發給川端康成。剎時全場掌聲雷動，無數聚光燈像一個個光環映照在這位世界文豪身上。

12月12日，高齡七十的川端康成在紀念演講會上精神抖擻地發表了以〈我在美麗的日本〉為題的演講。字裡行間，透露出對祖國的摯愛、對日本文化的傾心及對文學之美的衷情。透過充滿激情地介紹日本的優美風景、陶瓷藝術、插花藝術、書法藝術、文學藝術及對佛家悟性的詮解，「向世界展示了東方的美」。〈我在美麗的日本〉一時廣為傳誦。

然而，誰會想到，這位著作等身、榮耀滿門、視文學為生命的世界文豪，四年後竟會自絕身亡，悄然從歷史舞臺上遁身而去？

那是1972年1月，川端康成在瑪麗娜公寓的四樓購置了一套房間做為自己的工作室，每月三次帶著助手來這裡寫作。4月16日下午2時45分左右，他從鎌倉自己的家裡出門去，說是「去散散步」，卻直到晚上仍沒有回家。家人吩咐川端康成的助手島守敏慧去工作室找他，島守敏慧於9時45分抵達瑪麗娜公寓川端工作室，發現盥洗室地上鋪著被褥，川端康成躺在被子裡，嘴裡含著從門外煤氣爐栓上引過來的煤氣管子，已沒了氣息。他的枕邊放著剛開封的威士忌酒瓶和酒杯，沒有片言隻語的遺書留下，只有書房桌上放著尚未完成的《岡本鹿子全集·序》。

公寓管理人員回憶道，川端康成下午3點出現在公寓，進房後便一直沒有出來。法醫檢驗後說，死亡時刻大約是下午6時，現場沒有他人作案

（即他殺的）痕跡，屬自殺身亡。

川端康成竟會自殺？世人無不感到震驚與迷惑。他們想知道這位日本文壇偶像的死因，不單是因為好奇，更多的還是因為哀傷與惋惜。

人們試圖從川端康成的身世、作品及其處世態度中尋求答案，從而作出如下推測：

第一，不堪忍受別人因他的崇高聲譽而打擾破壞他心底深處的那分孤獨，以及這分孤獨帶來的淡泊寧靜的享受，因此以自殺來實現和孤獨寧靜永處的心願。

這首先得從川端康成的身世談起。

1899年6月14日，川端康成出生於日本大阪市天滿此花町的一個開業醫生家庭。父親榮吉在川端康成出生的第二年，便因患肺結核病去世；母親阿玄帶著川端康成回到鄉下豐田村娘家，但母親因侍候父親時也染上了肺結核病，回到娘家的第二年，便撇下川端康成追隨丈夫而去。「從日本人親情結合非常密切這一點看來，父母的悲劇性死亡具有雙重的重要意義。此一事實顯然對川端的整個人生觀都有影響，也是他後來研究佛學的原因之一。」（瑞典皇家科學院常務理事奧斯特林語）

祖父母將川端康成的姐姐川端芳子寄養在川端康成姨媽家，帶著川端康成回到自己的祖籍所在地——豐川村宿久莊東村。對於川端家這株繼承香火的獨苗，祖父母百般呵護與溺愛。在他們的嚴密看護下，川端康成很少離開家門，對外面世界幾乎一無所知，許多事只能依靠想像；他沒有同齡的朋友，沒有同齡人的快樂，他的心底由孤獨占據著。他怕見生人，偶爾在人群中出現，

更是不知所措，顯出其童心的無比悲涼。

　　然而，就連這種淒慘無趣的生活他也能繼續過下去。不久後，祖母突然痙攣不止，終於病故；三年後，姐姐芳子也離開了人世；年邁且雙目失明的老祖父悲慟欲絕，也在1914年5月25日的半夜拋下十五歲的孫子死去。川端康成徹底成了一個無依無靠的孤兒。這十幾年裡，他先後送走了五位親人，成了葬禮的常客。他後來在〈參加葬禮的名人〉中寫道：

　　在為祖父送葬時，誇張點兒說，全村五十家都因可憐我而掉淚。送葬的行列從村中通過，我走在祖父棺木的正前方。每當我走過一個十字路口，站在十字路口的那些婦女便哭出聲來，總聽見她們說：「真可憐啊，可憐啊！」

　　不過，這種情形反而加重了川端康成的悲哀。他說：

　　大人們憐憫之心的溫情，小孩子自然是明白的，但在小孩子的心中反而留下了冷冷的陰影。

　　為了逃避這種精神重荷，正在大阪府立中學茨本中學讀書、性格孤獨的川端康成，開始嘗試從文學中尋找心靈的慰藉。他閱讀了《源氏物語》和《枕草子》等不少日本古典文學名著，並先後向《中學世界》和《學生》等雜誌投稿，曾在《京阪新聞》報上發表了隨感〈H中尉〉和幾首詩歌。1916年，他記述英語教師倉崎先生校葬情形的〈老師的靈柩在肩上〉，在大阪發行的《團圞》

▼學生時代的川端康成。

雜誌上發表。川端康成後來說：「這是我寫的東西第一次在雜誌上出現。」這一年，他還經常給《文章世界》投一些小品文、「掌篇小說」等，在《文章世界》舉辦的「十二秀才」投票選舉活動中，川端康成當選第十一位「秀才」。

1917年，川端康成從茨本中學畢業，抱著對那些輕蔑他的教師與同學示威的信念，考入了當時所謂「天下第一高」的東京第一高等學校。但時光仍無法抹平他幼時即有的孤獨心理，他仍「把自己膽怯的心閉鎖在一個渺小的軀殼裡，為此感到憂鬱與苦惱」。在人才濟濟卻貧富懸殊的「一高」裡，他尤其感到處境的孤寂落寞和煢煢孑立，正如他自己所說：「心中全是幼年留下的精神病患，縈繞不去，成了心病」，「自憐自憫和自厭的心理，折磨得我不堪忍受。」

川端康成決定出外透透新鮮空氣。在他二十歲那年暑假，他離開學校，獨自開始平生第一次到伊豆的旅行。旅途中，他感受到大自然詩情畫意般的優美，遇見了純潔而充滿熱情的舞孃，下意識地產生了傾慕的感情。這次旅行一下子喚醒了川端康成被壓抑的活力，並成為他人生道路的分界線與里程碑。他後來創作的成名作《伊豆的舞孃》就是這次旅行的收穫之一。

1920年9月，川端康成進入東京帝國大學英文系學習，但原本燃燒著的文化熱情此時騰起了烈焰。一年後，他毅然轉入國文系，專攻日本文學，並在著名作家菊池寬的提攜下，於文學創作上有了新的飛躍。這一年，川端康成參與創辦了文學雜誌《新思潮》，並在第二期上發表了描寫馬戲團雜技姑娘阿光不幸生活的小說〈招魂第一

景〉。作品得到文壇的普遍好評，成爲一時的熱門話題，被認爲是川端康成眞正的處女作。

經恩師菊池寬的介紹，1921年11月，川端康成結識了後來也成爲著名作家的橫光利一❶。他們與其他志同道合者，很快共同發起了「新感覺派」文學運動，並以《新思潮》爲陣地，進行創作與宣傳。「新感覺派」以川端康成的「由於自己的存在，天地萬物才存在」、「天地萬物存在於自己的主觀之內」理論爲依據，特別強調心靈感應與主觀的絕對性。此運動主張文學應超越現實，追求「新的感覺」和「新的表現方法」；在藝術技巧上「革新文體」，對抗當時日漸衰落的自然主義。同時，也抗拒無產階級現實主義文學的蓬勃興起。

爲了實踐自己的文學主張，1922年7月末，川端康成再次走訪伊豆湯島，根據體驗寫出了〈回憶在湯島〉一文。在一百七十頁的篇幅中，前四十三頁是回憶藝人越過天城來到下田的那段旅程。這部分後來改寫成了著名短篇小說《伊豆的舞孃》。

《伊豆的舞孃》於1926年在《文藝時代》1月號上發表。作品以一個大學預科生川島爲主角，在暑假旅行途中與在伊豆同跑碼頭的江湖藝人結伴而行，後來偷偷愛上了一個十四歲的舞孃熏子的故事，刻畫其心理感受和纏綿悱惻的短暫邂逅。作者對熏子所展示的青春活力與對純潔無瑕之美的傾心與依戀，引發了無數青年讀者的共鳴：

一個裸體女子突然從昏暗的浴場裡跑了出

▼《伊豆的舞孃》電影宣傳海報。

來，站在更衣處伸展出去的地方，作出一副要向河岸下方跳去的姿態。她赤條條的一絲不掛，伸展雙臂，喊叫著什麼。她，就是那舞孃。潔白的裸體，修長的雙腿，站在那裡宛如一株小梧桐。我看到這幅景象，感覺彷彿有一股清泉蕩滌著我的心。

我一開始朗讀，她就立即把臉湊過來，幾乎碰到我的肩膀，表情十分認真，眼睛裡閃出了光彩，全神貫注地凝望著我的額頭，一眨也不眨。……我一直觀察她。她那雙嬌媚地閃動著、亮晶晶、又大又黑的眼珠，是她全身最美的地方。雙眼皮的線條，也優美得無以復加。她笑起來像一朵鮮花，用笑起來像一朵鮮花這句話來形容她，是恰如其分的。

她們好像在議論我。……我只感到親切，並不想聳起耳朵聽。她們低聲細語議論了一陣後，我聽見舞孃說：

「是個好人。」

「是啊，是個好人的樣子。」

「真是個好人啊，好人就是好人嘛。」

這是單純、明朗、爽快的聲音，是天真地傾吐情感的聲音，我自己也坦然地感到自己是個好人。

《伊豆的舞孃》的問世，很快引起了文壇的注目。作品以清新、自然、充滿激情的風格展示了川端康成的文學追求與藝術特質，它是川端康成創作上的一個重大突破，也是川端康成的作家形象，從少年走向青年的成熟標誌，被稱為「青春抒情詩」與「昭和時代的青春頌歌」。這篇佳作

使川端康成一舉成名，奠定了他在日本文壇的地位。川端康成的創作也由此一發而不可收。

《雪國》是川端康成另一部成功之作。1935年起，先後在《文藝春秋》、《日本評論》、《改造》等雜誌上發表了〈夕暮之鏡〉、〈白晝之鏡〉、〈徒勞〉、〈芭茅草〉、〈火枕〉等獨立篇章，1937年再以《雪國》爲書名統一串連起來，由創元社刊行。後來又進行了一些增刪，於1948年重由創元社出版。

作品描寫了一個中年舞蹈研究家島村，儘管不喜愛、更不打算同一個淪落在北國雪鄉的藝妓駒子結婚，但爲了追求刹那間的刺激與頹廢感覺，竟然不辭勞苦，頂著朔風大雪，從東京來到北國，奔波於冰天雪地之間長達數年之久。而當駒子如醉似狂地迷戀他時，他卻要甩手離去。島村第二次來北國途中，在火車上曾遇到另一個年輕的姑娘葉子。從此，他變得念念不忘這個葉子了。

作者運用「新感覺派」的藝術手法，把駒子、葉子和老師傅的兒子之間，寫成了若有若無的愛情矛盾，最後以葉子因繭庫突然失火而被燒死，結束了這場愛與慾的糾葛。川端康成力圖從駒子或者葉子身上去尋找「越後女子雪般柔嫩細膩的肌膚」，並從「純粹的聲音」和「純粹的肉體」去尋找「純粹的精神」，獲得心靈的享受與美感。

日本著名評論家伊藤整評價說：「《雪國》是將日本文學傳統發揚到頂點的日本近代抒情小說。」但他也認爲：「這種手法創造的世界，給予人『純眞之美』的深刻印象，與現實人生之間有很大距離。」

《雪國》順應了人們對「純眞之美」的憧憬，藝術上獨具抒情風格，出版後回響很大，成了川端康成文學世界的又一塊寶明珠，不久便獲得了日本第三次「文藝懇談會獎」。

　　1951年，川端康成新作《千鶴》發表。作品寫一個紈褲子弟菊治與比他大二十歲的亡父情人太田夫人亂倫。太田夫人死後，他又繼續與她的女兒通姦。小說與歌頌熱情、純愛的《伊豆的舞孃》相反，極力鞭笞人性的醜惡，詮釋出作者對人性的理念：「人是討厭的」、「男人總是討厭的，一接觸他們立刻就使我厭倦，吃飯、旅行，對方總是以女人爲限。……最好是薄情的女人。」川端康成之所以厭惡人類、厭惡世界，是因爲人性的不完美和人生的殘缺。他從童年開始便已將人生看透了，他要費盡心機才能從人生中挑剔出純粹的美來。他暴露醜，是因爲崇尚美，並以美爲武器，向醜惡宣戰。1952年2月，《千鶴》一書獲得了1951年度的日本「藝術院獎」。

　　川端康成另一部代表作《古都》發表於1962年，是他的得意之作。作品透過孿生姐妹苗子與千重子悲歡離合的故事，表現了植根於善良百姓之中眞摯、純潔的感情，體現出作者一貫追求的人性美。同時，它亦深刻揭示了貧富懸殊的社會差別對人情的扼殺，顯露出川端康成不滿現實的懷古的哀怨。《古都》以一種充滿技巧的敏銳，表達了最具民族性的日本靈魂，因此又一次震動了日本文壇。

　　《雪國》、《千鶴》、《古都》這三部文學經典爲川端康成帶來了崇高的國際聲譽。1968年，瑞典皇家科學院決定把該年度的諾貝爾文學獎授

▼川端康成寫書法。

予他，因為他們認為：

優異才能已表現在他的兩篇中篇小說〈雪國〉
與〈千鶴〉中。在這些作品中，我們可以發現他
為豔麗逸聞譜上光澤的優異才能、纖細敏銳的觀
察力以及帶有鮮明神秘價值觀的精密技巧；而
且，他還常常超越了歐洲的描寫技巧。

屬於川端近作的《古都》，也是一部最值得注
意的作品。……川端感傷而不誇張的動人手法敏
銳細密地表現出來。作品中沁入了詩性的情韻。

瑞典皇家科家院常務理事奧斯特林還指出：

由於川端康成的獲獎，日本首次躋入諾貝爾
文學獎得獎國的陣營。這項決定在本質上有其重
要意義。第一，川端以他卓越的藝術手法表現了
道德與倫理的文化意識；第二，對東方和西方的
精神溝通有其貢獻。

川端康成對於這次獲獎並未欣喜若狂，反倒
是感到有些驚恐。他之所以寫作，是一種孤獨的
寄託和虛無的憧憬，是一種自我解脫的表現形式
和一種憂傷感情的宣洩，是一種對人與自然所有
一切純美的追求。而世間名利得失、交際應酬、
喧囂浮躁對他沉靜的心靈定全是一種騷擾與破
壞，有悖他投身文學生涯的初衷。在以前的幾次
作品獲獎中，他總是低調處理。現在獲得了具有
國際影響力的諾貝爾獎，肯定將要面對一場災難
的喧囂，將讓他不得安寧。

因此，當外國通訊社的記者打電話告訴他此

一消息時，川端康成第一個反應是，連聲說：
「不得了，到什麼地方藏起來吧！」果然，獲獎消
息公布的那天夜裡，川端康成家的客廳裡燈火通
明，新聞記者和電視台的採訪燈在客廳裡閃個不
停；庭院內臨時安置的兩座照明燈，也從高處灑
下白亮亮的光來。在如畫的燈光下來訪的人絡繹
不絕，完全打破了平時庭院的幽靜沉寂。

出於禮貌而出面接待前來拜訪、祝賀者的川
端康成，不時露出無可奈何的苦笑，一再說：
「是運氣，是我運氣好」，「我的文學，只是所謂
感覺的東西」，他並解釋：

獲獎的原因，第一是託日本傳統的福，因爲
我的作品表現了日本傳統。第二則是託各國翻譯
者出色的翻譯之福，但用日語審查會更好。第三
是託三島由紀夫君的福，他前年便進入了候選
人，因爲太年輕而不行，這才讓我碰上了。

川端康成還特別強調：

我原本是偷懶無用之人。

川端康成的謙虛並未阻擋前來賀喜者的熱
情，因爲這個消息對於日本來說，實在太重要
了。接下來幾天，前來祝賀、採訪的人愈來愈
多，擠滿了川端康成住宅裡裡外外。大門外數十
公尺的狹窄道路上，也全是新聞記者和社會各界
人士的座車，交通警察不得不出面維持秩序。

到了11月29日，祝賀的熱鬧再一次達到高
潮。日本筆會舉辦獲獎紀念祝賀會，連日本首相

佐藤榮作夫婦、瑞典駐日本大使夫婦也親臨會場。無奈走上講台的川端康成說了句「我妻子在場，我可講不出喲」，便匆匆走下講台，混入與會人群之中。12月3日，當川端康成準備去瑞典斯德哥爾摩參加授獎儀式，在從鎌倉家中準備去羽田機場時，面對滿屋送行的人，已露出疲倦神色的川端康成再也忍不住了，很不愉快地說：「大家請便吧，我可是不去了。」

獲獎歸來，在國外被弄得一身疲憊，直喊「累了」的川端康成重新捲入了賀喜的喧鬧中。12月，他被故鄉茨木市授予名譽市民稱號；第二年1月，接受日本參眾兩院的祝賀；6月，被居住了三十多年的鎌倉市授予榮譽市民稱號；不久，他又被推選為日本近代文學館名譽館長。在此之前，他還被推選為美國藝術文化學會名譽會員，獲贈夏威夷大學名譽文學博士。開不完的各種會、推不掉的各種應酬，打亂了川端康成的生活節奏，讓川端康成大傷腦筋。更可怕的是，他此時到了不敢出門的地步。不論到何處，總有崇拜者和看熱鬧者團團圍住或緊緊跟隨。打招呼的需回應；要求簽名的要滿足；無事的也要牽強閒扯幾句；人還沒到家，已有幾組人在家中靜候「教誨」。

對於眼下的處境，川端康成曾在〈夕照的原野〉一文中表示過態度：

作家應該是無賴流浪之輩，榮譽和地位是障礙。自然，過分懷才不遇會使藝術家的意志脆弱，難以忍受，甚至影響才能的發揮。但反過來，聲譽也很容易成為使才能枯竭凝滯的根源。

如果一輩子保持「榮譽市民」形象的話，那

會成爲我沉重的心理負擔。我希望從所有「名譽」中擺脫出來，讓我自由。

其實，早在1950年，川端康成就曾在〈天授之子〉一文中表述過自己面對喧擾的心境：

儘管我獨自愣愣地心不在焉，但來訪者和住下的客人一如既往地多，因此很疲倦。工作、睡眠、思考和休息都受到干擾，被客人抓住的時間比工作的時間多，會客的時間要比睡覺的時間多。一睜開眼，客人便等著了；從外面回來，客人已等著了。這兩種情形特別地令人厭煩。我以前曾半無奈、半玩笑地自嘲說，自己是「接待客人專家」。時常發脾氣。

「家裡並不是旅館，我並不是爲客人而活著。」我常常因此遷怒妻子。

川端康成還說過：

我比什麼都喜愛孤獨，甚至感到在山間擁有一棟房子是極稱心如意的。

那時川端康成已有名氣，但仍談不上現今的顯赫。在獲得諾貝爾文學獎、成爲世界文豪後，這種讓川端康成坐臥不安、無法再正常度日、無法再保持那分寧靜的生活，使他如受煎熬。他唯有一死，才能永遠與孤獨寧靜永處。在他的靈前，曾閃著搖曳的燭光，飄蕩著香台中散發出的淡淡香煙，真應了他的一句心願：

在燭光和香煙中的我是安靜的。

第二是因為他的創作思想逐漸趨於頹廢、消沉，致使創作源泉枯竭，不能在作品深度與藝術技巧上超越自己，因此背上了沉重的思想負擔，企求一死躲避重荷。

川端康成在初期曾醉心於佛洛伊德的精神分析學和喬依斯（James Joyce）的創作，對英美「意識流」小說推崇備至，並進而把日本傳統的抒情美與現代資產階級的感受結合起來，形成了他作品獨特的「美」的世界。川端康成在創作上追求靜止的瞬間「美」，在思想上表現出虛無意識，強調以虛無主義為基礎，描寫頹廢的情緒、刹那間的感官刺激以及受壓抑的官能，來反映所感受的生活。

在早期的創作中，他的作品能注意現實生活的真切感受，表現純美的筆觸較多，如《伊豆的舞孃》等，揭示頹廢情緒相對較少。中期作品如《雪國》等已有著重表現頹廢、消沉的趨向，但仍不嚴重。到了後期的作品中，川端康成的作品表現更加頹廢，注重追求感官刺激、色情享受和變態性愛。如中篇小說《睡美人》，透過年老體衰的江口老頭到「睡美人」俱樂部玩弄服了安眠藥而昏睡的妓女，並以欣賞者的角度去細膩地描繪妓女的身體部位和自我感受，過分渲染變態性慾的醜態。短篇小說〈一支胳膊〉則是以一個男子夢想玩弄著從姑娘身上砍下的一隻胳膊以滿足性慾需求。這些作品全無他過去化醜為美、倡導人性的積極意義，使人懷疑其竟是出自《伊豆的舞孃》作者的筆下。

▼1963年4月，川端康成重走《伊豆的舞孃》行程時，在天城嶺隧道南端留影。

可以說，這些作品寄託著川端康成頹廢沒落的思想情緒，顯示他在藝術上逐漸墮落與毀滅。儘管川端康成曾辯解道：「要敢於有『不名譽』的言行，敢於創作背逆倫理道德的作品，否則的話，小說家的生命便會凋萎逝去」，「假使不虛偽，無論怎樣地猥褻都無妨，無論寫什麼都不是不道德。」但事實上，他這些「不名譽」的作品除了迎合某些人的變態心理外，絲毫不能引起正直讀者的共鳴。正如有的評論家所說：「寫了〈睡美人〉和〈一支胳膊〉之類作品的作家，還能再寫什麼呢？」

實際上，川端康成獲得諾貝爾文學獎後，也感到了超越自己的困難，寫作的題材更加窄狹，回響日漸衰弱。這對一個擁有盛名的作家來講，無疑是一種沉重的負擔。他的自殺，或許正是一種「激流勇退」式的自我解脫，是一種維持聲名的無奈之舉。

第三是他不滿社會現實，痛惜「年少摯友」三島由紀夫的自殺，對日本前途產生悲觀情緒，從而滋生絕世的念頭。

川端康成從小孤獨貧苦，對社會的不平等、對人世的險惡歷來即有不滿，很早就有厭世的情緒。但他又一直受著日本封建的傳統教育，大和民族主義思想十分牢固。在日本帝國主義侵華戰爭期間，他曾以新聞記者身分到中國東北地區進行戰區考察與採訪，發表過一些有利於軍國主義侵略擴張的言論。日本投降後，他深感悲痛，曾表示：

我厭人棄世的情感傾向，以日本投降為界加

深了。……我非常渴望像日本以前的厭世家那樣，隱遁深山，孤寂獨住。

日本投降時，我感到自己已經死去。一想到今後的日子僅是餘生殘年，便想要將許多東西都拋棄了，甚至憤慨、哀愁也想拋棄了。也許有輕而易舉便可擺脫一切的道路。

以戰後為界，我的腳從這裡離開了現實、遨遊太空。本來我就沒有深入接觸現實，也許我是很容易脫離現實的。

除了日本的悲哀美以外，今後我一行字也不想寫了。

川端康成這種對現實不滿與失望的憤慨，在三島由紀夫自殺後更為強烈。

三島由紀夫是川端康成一手提攜，成為日本文壇頗有影響力的年輕作家。1946年1月，三島由紀夫攜帶〈中世〉和〈煙草〉小說稿前來拜訪川端康成。6月，川端康成主持的《人間》雜誌發表了〈煙草〉，三島由紀夫由此感受到川端康成老師的知遇與提攜之恩。後來，三島由紀夫經常向川端康成求教，進步很快，兩人也成了忘年之交。川端康成十分欣賞三島由紀夫的文學才華，他在為三島由紀夫的第一部長篇小說《盜賊》所作的序文中寫道：

我有時也會被三島君早熟的才華弄得眼花撩亂和目不暇給。三島君文學作品的新穎是不容易理解的。三島君自身或許也是難於理解的。……可以說這是吸收消化了鮮花精髓的人造鮮花巧奪天工的新鮮。

1970年11月25日，川端康成一手扶植培養起來的三島由紀夫在宣揚軍國主義、鼓動自衛隊「政變」未遂時剖腹自殺。三島由紀夫對現實不滿、鼓吹復興軍國主義、強大日本的思想裡，無疑有著川端康成的影子。

對於三島由紀夫的死，川端康成無比悲傷，親自參加了追悼會並致悼詞。他對於弟子的死沒有絲毫指責，說自己「也只是沉默無言」，強調「這裡不是我對三島君文學、思想和行動說話的地方」。然而，他卻在悼詞中表示：「拋棄和超越思想、是非、善惡，靜靜地禮拜默禱，乃是日本美的精神傳統。」川端康成表面迴避了大是大非的表態，實質是以讚賞「日本美」肯定了三島由紀夫的死諫行爲。前日本文藝家協會理事長、文藝評論家山本健吉說：

三島由紀夫的死，給川端很大的衝擊。因爲川端認爲三島是自己文學上最理想的接班人，沒有別人足以替代他了。所以，三島的死，給川端帶來的心理空虛相當深刻。

不難看出，三島由紀夫的剖腹自殺，對一直有著厭人棄世思想情緒、憂鬱悲哀的川端康成應該是有相當大的影響，兩年後似乎看透了人生，同樣選擇自絕離世。

第四則是他身心交瘁，疾病纏身，只求一死早日解脫。

川端康成從小過著貧苦生活，又失去了所有親人，精神上、生理上都造成了很大損害，體質

非常虛弱。給祖父送葬的那天，他流鼻血不止；而他第二次去湯島旅行，原因之一就是因為他當時極度神經衰弱，頭腦很不舒服，痛苦難耐才被迫去療養。

到了晚年，由於長期寫作辛勞，川端康成的身體更加虛弱，病痛日多。

1958年，川端康成曾患膽囊炎入住東京大學醫院。後來，為了應付神經衰弱引起的失眠症，又迷上了安眠藥。1962年，他在《古都》後記中說：

《古都》寫完後十天左右，我住進了醫院內科。多年來持續不斷服用安眠藥，從寫作《古都》之前，便已到了嚴重濫用的地步。老早就想擺脫安眠藥毒害的我，就《古都》寫完之機，在某一天突然停止服藥後，立即發生了戒藥病症和不良反應，被送進了東大醫院。入院十天左右，神志昏迷不醒。

川端康成出院後仍丟不開安眠藥，有時由於安眠藥的副作用，整天昏昏沉沉，走路也搖搖晃晃，十分難受。

1966年，川端康成患上了肝炎，在東大醫院住了十幾天。1972年初，他又因急性闌尾炎動手術。數病纏身，精神負擔亦隨之加重，川端康成深感身心交瘁，常常流露出與其痛苦不堪、不如一死了之的樣子，曾言：「我是苟活於人世了。」

川端康成最終是自殺離世的，雖然在他生前曾多次表示反對自殺。他說：

無論怎樣厭世，自殺不是開悟的辦法，不管德行有多高，自殺的人想要達到的聖境也是遙遠的。

我討厭自殺的原因之一，就在於為死而死這點上。

他曾堅定認為：

我覺得要為日本傳統的美活下去。

然而，川端康成卻又對自殺身亡的畫家古賀春江之口頭禪極表讚賞，即「再沒有比死更高的藝術了。死就是生」。

於是，這位不贊成為死而死的自殺、但不反對為藝術而自殺的老人，為了日本傳統之美，獻上了自己的生命。他沒有向任何人表露過自己自殺的真實緣由，連一個字也沒有留下，因為他早就說過：

最好不過的，是自殺而無遺書。無言的死，就是無限的活。

編按

❶橫光利一（1898-1947），日本小說家。生於福島。1916年入早稻田大學預科，未畢業即離校，同友人創辦《十月》、《街》等雜誌。1923年參加菊池寬創辦的《文藝春秋》，發表了《蠅》和《太陽》，引起文學界的注目。1924年，橫光與川端康成等人創辦《文藝時代》，短篇小說《頭與腹》和長篇小說《上海》（1931）被認為是

具有「新感覺派」風格的作品。1930年發表《機械》，
開始轉向新心理主義。主要作品還有《家徽》（1934）、
《旅愁》（1946）等。橫光提倡新文學應以快速的節奏和
特殊的表現爲基礎，從理想的感覺出發進行創作。在手
法上，他受表現派、結構主義與喬伊斯的意識流影響，
大多採用心理分析方法描寫人物的內心世界，後期又轉
向傳統主義。

「我一直都不是我自己。我想成為我第二個人生的旁觀者。」

──嘉里

嘉　里

Romain Gary

(1 9 1 4 - 1 9 8 0)

法國著名作家。

曾在軍隊服役，榮獲十字軍功勳章與法國解放軍功勳章。1945年進入外交界工作，並開始發表文學著作。一生共寫作品三十餘部，1956年與1975年先後兩次獲法國龔固爾獎。作品內容十分豐富，題材廣泛，特點是悲劇性的內容加上幽默詼諧的筆調，憤世嫉俗卻又不失去信心。代表作有長篇小說《歐洲的教育》、《根深蒂固的天性》、《如此人生》、《童年時的許諾》等，並曾自編自導電影《鳥兒將在秘魯死去》和《屠殺》。

1980年12月2日，法國著名作家、龔固爾獎得主嘉里在寓所吞服過量安眠藥自殺身亡。消息傳開，舉國哀歎。法新社及《法蘭西時報》、巴黎《快報》等各家報刊為此刊出數十篇文章，報導這位卓越文學家的悲劇。嘉里的作品也一時出現讀者爭購現象。

就在人們開始探討嘉里的死因時，其遺作《阿雅爾的生與死》（*Vie Et Mort d' Emile Ajar*）和他的表侄保羅‧帕夫洛維奇（Paul Pavlovitch）所寫的《人們信任的人》（*L' homme que l' on Croyait*）很快發表了，再一次在法國引起轟動。因為這兩部作品揭開了一件鮮為人知事情的真相，即1975年因長篇小說《如此人生》獲得法國龔固爾獎的阿雅爾（Emile Ajar），事實上是嘉里的筆名，而嘉里早在1956年就曾以真名發表的長篇小說《根深蒂固的天性》而榮獲龔固爾獎。如此一來，嘉里就成了法國文壇上唯一曾用不同的筆名得過兩次龔固爾獎的作家。這無異於給法國文壇上為龔固爾獎評選的權威機構——法國龔固爾學院，開了一個令人啼笑皆非的大玩笑。

法國上下一片譁然。

嘉里的自殺，與他擔心不能永遠保守這個秘密有關嗎？是什麼促使他在死去前，要在最後的作品中自行揭開這個謎底？答案得從嘉里的人生軌跡中去尋找。

1914年，嘉里出生於俄國立陶宛一個藝術世家，原名卡謝（Roman Kacew）。他的父親是韃靼人，母親是猶太人，都是戲劇演員。嘉里七歲時隨父母到波蘭，十四歲移居法國。他先在尼斯上中學，後到巴黎學法律，並對文學產生了濃厚興

趣。

1938年，二十四歲的嘉里應募入伍，在法國薩隆-德-普羅旺斯（Salon-de-Provence）航空學校擔任飛行與射擊教官。1940年6月，他赴倫敦加入戴高樂在倫敦組織的自由法國部隊，任洛林空軍中隊上尉，多次在英國和非洲上空作戰，曾獲授予十字軍功勳章。1944年，他參加諾曼第戰役，榮獲法國解放軍功勳章。第二次世界大戰結束時，嘉里已成為空軍少校。

1945年，嘉里身為法國榮譽勳位的第三級得主，進入法國外交部工作，先後任駐索非亞、伯爾尼的使館秘書和參贊，接著在外交部歐洲司工作。1952年至1956年，他擔任法國駐聯合國代表團發言人，接著又被任命為駐玻利維亞代辦和駐洛杉磯總領事。

1961年，因為受文學創作的吸引，嘉里辭去外交職務，專心從事文學創作，環遊世界，廣獲寫作素材。而因為他對外有廣泛接觸，1967年法國情報部又吸收他為特派員，只是一年半後，嘉里也辭去此一職務，繼續他的文學生涯。

嘉里一生中除了軍事、外交上的功績外，最主要的成就是他心愛的文學事業，而他豐富的戰爭與外交經歷又為他的文學事業奠定了堅實的生活基礎，提供創作源泉。

早在1945年，剛進入外交界的嘉里就出版了他的處女作長篇小說《歐洲的教育》（*L'Education Européenne*）。作品歌頌在納粹德國占領下，波蘭游擊隊奮勇抵抗的不屈不撓精神。因為他親身經歷過這場戰爭的體驗很深，因此作品的氣勢恢宏、人物鮮明，得到極大回響，當年便榮獲法國

文藝批評獎，並先後被譯成二十七種語言，使嘉里在法國文壇上嶄露頭角。

1946年至1952年，嘉里接連發表了小說《鬱金香》（*Tulipe*）、《大衣帽間》（*Le Grand Vestiaire*）、《時間的色彩》（*Les Couleurs du Jour*）等作品。

1956年，嘉里創作出版了長篇小說《根深蒂固的天性》（*Les Racines du Ciel*，又譯《天根》）。這部作品描述一個主張保護大自然、大象的人，在法屬非洲的赤道密林中，與那些為獲取象牙而肆意對大象進行滅絕性殺戮的人抗爭。此題材與透過戰爭反抗侵略者頗雷同，因此具有象徵意義，出版後大受歡迎，嘉里因此榮獲當年龔固爾獎，一舉成名。

1960年，嘉里出版了自傳體小說《童年時的許諾》（*La Promesse de l'aube*），小說主角其實是作者的母親。她含辛茹苦撫育兒子，把他培養成一名空軍少校與龔固爾獎得主，當自己病入膏肓時，仍不忘讓兒子為國效力。作品成功塑造了一個具有理想主義的偉大母親崇高形象，很快被譯成多國文字。該書成了嘉里的重要代表作，並使他獲得極高的國際聲譽。

1961年起，嘉里的創作重點轉向社會現實題材，發表了幾個系列小說，如《美國喜劇》（*La Comédie Américaine*）、《奧塞昂兄弟》（*Frère Océan*）系列。在著名小說《白狗》（*Chien Blanc*,1970）中，他採用常用的第一人稱手法，尖銳地諷刺了種族主義；在美國，「白狗」是指那些受過專門訓練用來攻擊黑人的狗。主角「我」在洛杉磯收養了這樣一條狼狗，他想改掉這隻狗

對自己很親熱但對黑人很兇狠的毛病，便將牠託給動物園的一個黑人。不料這位動物訓練專家是一個狂熱的黑人回教徒，結果將牠改造成了「黑狗」。當這條可憐的狗重新見到「我」時，終於因無所適從而發瘋。毫無疑問，我們從這條狗的厄運中可以一窺種族主義的罪惡。

此外，嘉里在這幾年裡還寫了小說《紅海的寶藏》(*Les Trésors de la Mer Rouge*, 1971)、《歐羅巴》(*Europa*, 1972)、《巫師》(*Les Enchanteurs*, 1973) 等。

嘉里的短篇小說集《前人的榮耀》(*Gloire à nos Illustres Pionniers*) 出版於1962年，書中作品充滿了對自由與正義的幻想，並貫穿著人道主義和樂觀主義的奮鬥精神，致力於揭示人類文明所面臨的種種災難，無情地譴責了「詭計、謊言與偽裝」，從而表達出他這樣的思想：人應該「敢於從愚蠢陶醉於自己力量的諸神手中奪取整個世界，歸還給那些勇敢、滿懷著愛生活在這世上的人」。

例如在《我談英雄主義》中，作者以譏諷的口吻刻畫了一個言行不一、欺世盜名的形象。文中那個大談英雄主義、聲稱勇於接受死亡挑戰的「我」，在正直、機智的邦邦大夫所安排的「潛海射鯊」戲劇性活動中，外強中乾、口是心非的虛偽心態原形畢露，讀後令人捧腹。

在《牆》中，作者講述了一對孤獨青年男女的悲劇：一個青年上吊自殺了，從留下的遺書中得知，他愛上了隔壁的那個女生。當他聽到隔壁女生在床上低聲喘息與床架顫動的聲音時，他以為她在與情人交歡。青年不能接受這個痛苦現

實，便用自殺來尋求解脫。小說結尾揭示的事實是，那個女青年同樣覺得在世上非常孤獨，她吃了砒霜，痛得在床上翻滾並發出痛苦的呻吟，直至死去。嘉里透過他的小說，說明這兩個青年都渴望溫暖、友誼、愛情和幸福，但有形和無形的牆將他們隔開了，於是他們只能在絕望中結束自己的生命。從寫作手法來看，那急轉直下的結尾的確產生了震撼人心的藝術效果。

《假面》敘述的是：藝品鑑定家S因不願作出違心的油畫鑑定而得罪了奸商巴雷塔，巴雷塔調查發現S的妻子曾經做過整容手術，便將她是「假貨」的事實告訴了S，並以此秘密要挾S就範。作品抨擊了資本主義社會中無孔不入的爾虞我詐、弄虛作假的醜陋行徑，剖析之深、譏諷之透可謂入木三分。

嘉里在創作長篇小說與短篇小說的同時，還創作了戲劇、遊記、對話錄以及闡明自己主張的文學論著和電影劇本。長篇小說《童年時的許諾》（1960）、《L女士》（*Lady L.*, 1961）、《婦女之光》（*Clair de Femme*, 1977）曾被改編搬上銀幕。1968年，嘉里自編自導了電影《鳥兒將在秘魯死去》（*Les Oiseaux vont Mourir au Pérou*）。1977年，他又自編自導了電影《屠殺》（*Kill*, 1972）。兩部片的女主角均由他的妻子——美國電影演員珍·西伯格（Jean Seberg）擔任。

1974年到1979年間，嘉里瞞著出版界，化名阿雅爾，先後發表了四部長篇小說：《溫存的胖子》（*Gros-Câlin*, 1974）、《如此人生》（*La Vie Devant Soi*, 1975）、《真假莫辨》（*Pseudo*, 1976）、《索羅門王的苦悶》（*L'angoisse du Roi*

Salomon, 1979）。嘉里拋開已獲得的名聲，用不爲
人知的假名來發表作品，是針對當時競相吹捧名
家的巴黎出版界所開的玩笑，也是一種將自己的
作品交由社會來檢驗與評價的積極嘗試，這些均
在他後來的遺書中作了說明。實際上，嘉里早在
1958年就用過「西尼巴爾迪」（Fosco Sinibaldi）
的筆名發表過長篇小說《帶著鴿子的人》（*L'
homme à la Colombe*），1974年也用過「博加」
（Shatan Bogat）爲筆名發表過長篇小說《斯泰法
妮的各種面目》（*Les Têtes de Stephanie*, 1974）。
嘉里沒想到，他的這次「玩笑」會成眞，1975年
發表的《如此人生》（一譯《生活展現在面前》）
因成功地塑造了一個被納粹嚇怕了、貧窮善良的
猶太婦女羅莎太太的形象，生動描繪她和一個阿
拉伯小孩相依爲命的感人情景，得到了評論界與
讀者的一致好評，並榮獲當年的龔固爾獎。

　　法國龔固爾獎是根據法國作家龔固爾
（Goncourt）兄弟中哥哥遺囑的倡議，以他的遺產
基金於1901年設立的。它每年頒獎一次，由龔固
爾學院的十位院士負責評選青年作家的優秀小
說。嘉里再次獲獎，說明他確有眞才實學。《如
此人生》兩年便發行了三百八十萬冊，改編爲電
影《羅莎夫人》（*Madame Rosa*）又一舉榮獲1977
年奧斯卡最佳外語影片。但他的「玩笑」也的確
有點過分，因爲這樣一項嚴肅的評選竟然讓已獲
獎者梅開二度，是龔固爾獎設立以來從未發生過
的。對嘉里來說，也許是一個玩笑；對龔固爾獎
來說，卻是一個重大失誤和恥辱。

　　嘉里事後冷靜下來思考，也覺此事頗棘手，
只好請他的表侄帕夫洛維奇出面在出版合同上簽

字，宣稱是他採用阿雅爾這個筆名的，但拒絕接受龔固爾獎金。這種情況在龔固爾獎歷史上是罕見的，輿論當時作出了種種猜測，但無從查證。

與此同時，嘉里仍以真名發表了《黑夜將是寧靜的》（*La Nuit Sera Calme*）、《過了這條界線你的車票不再有效》（*Au-dela de Cette Limite Votre Ticket N'est Plus Valable*）、《抒情的小丑》（*Les Clowns Lyriques*）等七部小說。這些作品同樣受到了文壇與社會的關注與好評。直到他離世前，他一共寫了三十餘部作品，達數百萬字。

從嘉里的遺作來看，他化名出版第二次獲得龔固爾獎後，內心一直惴惴不安。龔固爾學院的十位評委，都是德高望重的文壇泰斗，這種張冠李戴的真相肯定會刺傷他們的自尊心；而那些不理解嘉里初衷的廣大讀者，一旦知道嘉里的作法，將直接給他冠上欺世盜名之罪，無從理會他想對社會不良風氣開個玩笑的本意。因此，真相一旦暴露，後果不堪設想。它無疑成了嘉里心中的一塊石頭。隨著時間的推移，他的心理負擔愈來愈重。嘉里似乎只有一死才能謝天下，以求得文壇與讀者的諒解，同時給社會以警覺，讓崇尚名氣的陋風有所收斂。從以上情況分析，世人將它當作嘉里的死因之一，不是沒有道理的。

據輿論分析，造成嘉里自殺的另一原因是他身為一個正直的作家，以筆作武器，對資本主義社會的弊病和痼疾一直從事著無情的揭露與深刻的剖析，鞭辟入裡。他參加過爭取祖國解放的戰爭，知道勝利來之不易，但戰後社會中的政客權貴揮金如土、不思進取；爾虞我詐、相互傾軋；貧富兩極分化日益加劇，社會矛盾空前激化。這

一切都使他感到失望。他的筆救不了社會，因此，「他看不到前途，思想日漸悲觀消沉，對一切感到厭倦」，從而產生了絕望與趁早解脫的心理，終於棄世而去。

嘉里死後留下了遺作《阿雅爾的生與死》，將獲獎前後的情況公諸於世，給社會一個誠實的交代，因此我們不能不說嘉里畢竟是一個心懷坦蕩的人。對於這位戰鬥英雄和才華橫溢的著名作家自行辭世以反省自我、警醒社會、維護尊嚴，法國文壇乃至全社會的人們還能再說什麼？

「花謝的時候，並不傷心，
生命要在死亡裡休息，變得乾淨，一朵花就是一朵墓園。」

——顧城

顧　城

（１９５６－１９９３）

中國著名詩人，當代朦朧詩派的代表
者之一。

北京人。小學畢業。兒時酷愛詩歌，
八歲開始詩歌創作。文革中曾隨父下
放山東「五七幹校」，回京後在街道服
務所工作，並繼續作詩，開始投稿。
其詩於朦朧中幻化出追尋人生理想夢
境的情感，曾引起廣泛爭論。1987年
起到外國進行講學和創作活動，後與
妻兒僑居紐西蘭奧克蘭市。代表作有
《顧城自選詩集》、《顧城朦朧詩選》、
長篇小說〈英兒〉等。

1993年10月9日，一則駭人的消息轟動了海內外：「流亡」在紐西蘭奧克蘭市懷希基島（WaihekeIsland）上的中國著名朦朧派詩人顧城用斧頭先砍殺了妻子謝燁，然後自縊身亡，結束了他三十七歲的生命。

據警方的調查與現場目擊者的說明：

10月8日（星期五）下午，顧城與謝燁在顧城姐姐顧鄉家裡發生爭吵。謝燁一氣之下帶著兒子木耳驅車回家。顧城連忙請朋友將之追回。傍晚，顧城手執一把鋒利的斧頭，躲在謝燁歸來經過的一條路旁，從謝燁背後朝她的頭劈下……

顧城跑回姊姊家，對顧鄉說：「我要去死了！」顧鄉看到他身上的血跡和失常的神色，知道出事了，上前去阻止他。顧城臉色一變說道：「你不要攔我！」然後衝出門去。

顧鄉追了出去，看見屋外不遠處的一棵樹上，顧城早已結好了一個繩套，他把頭伸進去，頃刻間已吊在樹上了。顧鄉一下傻了，呼喊著使勁去抱他，拚命往上托，但顧城身子太重，她支撐不住，趕忙回家拿剪子，終於讓她將繩子剪斷了，顧城的嘴這時還在動。

懷希基島上的住家彼此間離得很遠，顧鄉的呼救聲雖大，但仍無人前來救助。她只好自己打電話向醫院呼救，回來時發現顧城已經斷氣，同時也發現不遠處被砍殺的謝燁。她滿身是血，但還活著，正在大聲地呻吟與喘息。

救護車趕來後，醫生安慰顧鄉說：「她會好的。」但七個小時後，顧鄉聽到消息是「她已經走了……」。就在這時候，五歲的小木耳還眼巴巴地盼著媽媽回來。

噩耗傳來，顧城的父親顧工（也是中國著名詩人）感覺有如五雷轟頂，欲哭無淚：「這慘痛的事都只是猜測與推斷，我怎麼也不相信！」謝燁的父親（中國國家文物局所屬單位的一位工程師）則老淚縱橫，痛苦不已地捶問：「事情怎麼這麼殘忍？」

「顧城為何要殺妻自縊」很快成為新聞媒體探尋的焦點。隨著對有關材料的批露和分析，社會輿論對此一悲劇發生的原因逐步歸結到了以下三個方面：

一是顧城自我放縱、任性變態的性格，為他的人生之路埋下了禍害的引線。

顧城，生於1956年，父親當時在解放軍報社工作，家就在北京西直門內的馬相胡同軍報宿舍。顧城從小得到詩人父親的精心培育，活潑聰慧，富於想像，悟性極高，八歲就開始寫詩，並表現出這方面的天分。幼時的他曾寫過一首無名的小詩，因情景交融、修辭靈巧，曾使父親和西直門小學的班導師為之讚歎：

枯葉在街道上奔跑，
枯枝在寒風中哀嚎；
大地脫下彩色的秋衣，
換上銀白色的雪袍。

文化大革命的到來，為他家平靜的生活籠罩上了一層陰影。一首〈煙囪〉，表達了顧城此時的心境：

煙囪猶如平地聳立起來的巨人，

▼顧城手跡。

望著布滿燈火的大地，

不斷地吸著煙捲，

思索著一種誰也不知道的事情。

　　1968年，顧家被抄後，十二歲的顧城隨全家
來到了山東「五七幹校」。在這片渤海邊的荒灘
上，顧城嘗到了人世的艱難。他每天與負責餵豬
的父親一起拌豬飼料、烹煮豬食、打掃豬欄。雖
然非常辛勞，但他作詩之興仍然不減。其父回憶
說，顧城曾「在灶火邊，抬起有星雲流動的大眼
睛對他說：『爸爸，我和你對詩好嗎？你有首詩
叫〈黃浦江畔〉，我想對首〈渤海灘頭〉；你昨天
寫一首叫〈沼澤裡的魚〉，我想對首〈中槍彈的雁〉
……』我深深感動，世界上已經沒人再讀我的詩
了，而他卻記得。於是，父子倆真的對起詩來。」
顧城把值得保存的詩稿留下來，但許多即興的詩
稿最後無奈地丟進了火堆，顧城曾說：「火焰是
我們詩歌唯一的讀者。」

　　幾年之後，全家告別了不堪回首的流放生
活，回到北京。顧城同時帶回來的還有他自己的
兩本詩集，一為自由體的《無名的小花》、一為格
律體的《白雲夢》。當中有一首〈生命幻想曲〉，
是他十四歲時的作品，我們彷彿能從中看出生活
對詩人的磨練，以及大自然為詩人內心注入的神
秘的力量：

太陽是我的縴夫，

它拉著我，

用強光的繩索……

太陽烘著地球，

像烤著一塊麵包……
我把我的足跡，
像圖章印遍了大地。

　　詩寫得宏麗、壯美，連詩人的父親也驚奇他
那細小柔弱的手指怎麼能畫出如此富有激情和力
度的詩句。

　　回到北京，只是意味著詩人換了一個謀生場
所。顧城去街道服務站幹活，淘水溝、刨樹根、
油漆家具，或在高溫熔爐旁拌糖漿。值得慶幸的
是，他在勞作之餘有書可看了，父親當年被抄光
的書歸還了不少。顧城「把過去細看過的兩大本
《辭海》重新掃描；他讀所有的詩歌、小說、哲
學、科學、政治經濟學……他一目十行，過目不
忘，像影印機似的，常常一個通宵就能翻完厚厚
的一疊。」

　　顧城的創作慾更強烈了。他又提起筆，開始
了他的創作生涯。他的寫作方法十分特別，白天
他總是朦朧昏沉，夜晚卻精神百倍，房內的燈光
幾乎徹夜不熄，而黎明前是他寫詩的最佳時刻。
他很少伏在書桌上寫詩，而是在枕邊放個小本
子、一支原子筆，意識迷迷濛濛中幻化出來飛舞
出來的形影、景象、思緒……組合成一個個辭
彙、語句，他的手便摸著黑抓起筆記下來（因為
動筆時經常是不睜眼的）。有時，摸到筆卻沒摸到
本子，他就把句子勾畫到枕邊的牆壁上。因此，
他床邊的牆頭總是塗滿了詩，以及許多用漫畫筆
觸畫下的小人、小動物……

　　他後來傳誦一時的名句「黑夜給了我黑色的
眼睛／我卻用它尋找光明」，就是在這樣的迷濛與

幻化中，積聚到一定程度的靈感猛地迸發而塗寫到牆上的。

顧城開始投稿，而他在這方面好像也有點朦朧。他並未研究每個刊物的用稿標準，只是先寫好一大疊準備投遞給那些大大小小刊物的信封，然後將詩稿從最上面的信封一一裝入；從《人民文學》到縣辦刊物，一律平等對待。

顧城的詩開始引起詩歌界和詩歌愛好者的重視，漸漸有了些名氣，得到諸如「中國朦朧詩的擎旗人」、「中國現代朦朧派的代表者」等封號。他家也常有人登門造訪，一些相識或不相識的青年帶來他們的理解與迷惑。顧城一而再、再而三地同他們討論他的〈遠和近〉、〈弧線〉等作品。大家都在朦朧中滿懷著難解與興奮。

接下來，讓顧城應接不暇的講課與報告也愈來愈多，有時甚至超過了他大名鼎鼎的父親顧工——五〇年代便蜚譽中國詩壇的著名詩人。只是他的父親多講戰爭、烽火和布滿屍體的山谷；他卻多講文化大革命、他所愛的鳥，以及每個人都產生不同理解的朦朧詩。「我是一個王子／心是我的王國……」、「藍海洋在四周微笑／欣賞著暴雨的舞蹈……」每個傾聽的人都很安靜，彷彿被他帶進了一個童話世界，但只有他一個人仍然清醒、還在前進。

然而，顧城也有不清醒的時候。他母親將之歸疚於小時候腦袋受過重擊，不少人則認定他是太沉溺於幻想或才智過人，導致物極必反。他的岳母說他「對人的依賴如同幼稚園的孩子，自理能力和自控能力都很差」。他常常扣不齊衣釦，寄封信都要別人告訴他郵票貼在哪裡並提醒別忘了

封緘。他很容易發脾氣，砸東西對他而言是常事。有一次他出門看病，叫了計程車而久等不來，一怒之下就把手中的二十元錢撕成了碎片。他與謝燁交上朋友後，開始依賴謝燁照顧他。謝燁的母親有一次建議要謝燁去上廣播電視大學，顧城即刻變臉，將手中的一碗麵條不由分說扣在謝母頭上，並揚言要殺人。

說到殺人或自殺，顧城似乎對此情有獨鍾。他從少年時起就開始幻想如何自殺，無事時竟磨刀霍霍自娛。他很喜歡用斧頭劈木，覺得「劈木頭有一種特別的快感！」他還創作了許多以死亡為主題的作品，其中有一首〈新街口〉讀來讓人心悸：

> 殺人是一朵荷花，
> 殺了，就拿在手上，
> 手是不能換的。

對此他也身體力行。十七歲時，他曾因一時找不到工作而自殺未遂。而他最早贈與謝燁的定情禮物，竟是一把半尺多長的快刀。

謝燁的母親曾看出顧城有精神病的症狀，開始只認為他是因寫詩成功而生的狂妄式「走火入魔」，並不知他腦部受過傷。連一位柏林的警察也看出這小夥子有精神方面的問題，因此當顧城無端毆打謝燁時，決定把這位「患者」送進精神病院，最後因謝燁不願簽字而作罷。顧城這種自我放縱、狂妄任性、隨心所欲便「殺氣騰騰」的變態性格，早就為其自絕埋下了導火線，懷希基島的慘劇只是最後的爆炸。

關於顧城毀人滅己之舉的原因推論，還有一說是他不堪忍受「流亡」帶來的生活困苦與思想空虛。

生活曾給顧城帶來一些磨難，這也許是他出走國外的原因。或許是受了出國熱的感染，他覺得朦朧詩在國外更有市場、更能實現他的自我價值。於是，他從1985年初開始申請出國，但未獲批准。1987年，他應德國一家文化機構的邀請，去德國參加明斯特（Munster）國際詩歌節。這次他走得很順利。第二年，他應奧克蘭大學的聘請，與妻子謝燁一道經法國、轉道香港去了紐西蘭，成了一名大學研究員。在紐西蘭，他們的兒子小木耳出生了，紐西蘭有關當局批准他們在當地長期居留。

此後的幾年間，顧城夫婦曾到過英國、法國、美國、瑞典。他們參加一場場詩歌的盛會，也推開一所所學府的大門，在這些國家的講臺與課堂上，顧城講過中國古老的寓言、中國最新的詩歌，以及自己的創作。他們還接受過不少宴請與熱情款待，表面上是過了一段得意的日子。

但隨著時間的推移，嚴酷的現實擺在面前，使顧城開始懊悔與沮喪。這是因為本來自理能力就很差的顧城，到了國外幾乎失去了應有的生活能力。

首先是語言不通的問題。他不懂任何外語，亦不會打字，與講英語的兒子也無法溝通。除此之外，他對道路也不熟，如此一來他就無法和外部世界進行必要的交流。套句謝燁的用語：「整天就像養著一個大孩子。」在國外，顧城除了寫點東西以及做些受委託的工作外，幾乎是無事可

幹，經常只是練練毛筆字或畫畫，人因此顯得心煩氣躁。

再者是貧窮。到達奧克蘭後，顧城一家的境況更窘迫了。當地多天很冷，顧城買不起木柴，只好燒朋友送的舊報紙取暖。為了節省房租，他們在一個叫懷希基的荒島上找了一棟紅木房子安身，卻因為所有的錢全部拿去付房款，並且還在銀行貸了一筆錢，一家人的生活更加艱難了。他們有時不得不像神農嚐百草一樣試吃各種植物，甚至因此誤食過會令人幻覺的野草。他們從海裡打撈牡蠣、在搖曳的燭光下儲備過多的口糧，還自己種菜、養雞，到市集去賣雞蛋……

曾經聲名鵲起的中國著名朦朧詩人淪落到如此的田地，顧城本人真是悔恨交加。後來，他們的經濟狀況有了一些改善，但他覺得寄人籬下、無法與人交流的痛苦感受卻愈來愈強烈。

顧城懷念過去，懷念故鄉，曾要家人給他寄一本北京地圖集，說他想北京。他常戴那種又高又方的怪帽子，解釋說那四方代表的是北京的城牆，戴著它才不會在漂泊中迷失。自殺的前幾個月，當時旅居柏林的他完成了一組長詩，詩中寫了北京城的每一個門，而它竟是顧城留下的最後一組長詩，詩名就是他自己的名字《城》。赴死前的那一段日子，他還在寫他童年時在北京的一系列故事。他只能沉浸在回憶的文學中享受幻影式的歡樂，而這種歡樂愈深刻，與外界無法交流的現實就令他更加悲哀。

顧城失去了熟悉的生活，創作也受到了影響，總認為是在重複自己，因此不時有一種「無所獲」的空虛感。這種無所作為、貧窮的混世生

涯，使得曾對前途產生過無比美好設想的顧城感到幻滅。隨著婚姻與愛情此一支撐點的崩潰，終於讓他找到了發洩無奈、一了百了的契機。正如文學評論家、北京大學副教授張頤武所言：

　　顧城不是一個普通的難民，而是一個文化的難民，他無法承受自己在文化、生活中的雙重失落，最後竟以暴力重新證明自己的力量。

　　最後一個原因是：「娥皇女英」式的畸型婚戀導致了這一悲劇的發生。
　　顧城曾在詩中描繪過他憧憬的愛情：

　　我想畫下早晨，
　　畫下露水所能看見的微笑；
　　畫下所有最年輕的，
　　沒有痛苦的愛情；
　　畫下想像中，
　　我的愛人，
　　她沒有見過陰雲。
　　她的眼睛是晴空的顏色，
　　她永遠看著我，
　　永遠，看著，
　　絕不會忽然掉頭而去。

　　此詩寫得如此深情而動人，他的戀愛故事卻更動人、更具傳奇性。
　　1979年7月，顧城從上海返京，在火車廂裡發現了一個高挑窈窕、氣質清純的姑娘。當時她坐在他身邊，兩人無意中開始交談，下車時竟難捨

難分，正應了所謂的「一見鍾情」。接下來，顧城用他特有的速度不斷給戀人寫信，甚至以詩代信，兩天就寫了八十四首，令謝燁受寵若驚。

比顧城小兩歲的謝燁，出生在上海一個高級知識分子家庭，知書達禮，酷愛文學。她很欣賞顧城的才氣，為自己能與顧城相戀而高興，不久後便去顧家看望顧城與他的雙親。但她的母親對這門親事不大同意，因為顧城沒有正當職業和固定收入，而且脾氣大得嚇人。為了說服未來的岳母，顧城五年中跑了六次上海，終於得成好事。

1983年8月5日，顧城與謝燁結婚，兩人都沒有工作，顧城靠賣詩度日，幸好還有父母接濟；謝燁天天陪著她的崇拜者丈夫，讓他多了一個貼身保母兼秘書。顧城的依賴性因此更強了，也承認自己離不開妻子：「沒有謝燁，寫信都找不到紙筆。」在那段日子裡，夫妻倆形影不離，相親相愛，上街都牽著手兒，深得文學圈中不少人羨慕。

但顧城是詩人，詩人的生活是浪漫的，更何況是名詩人。顧城因詩而結識了北京《詩刊》的編輯李瑛，兩人談詩論歌，甚是投機。李瑛筆名麥琪，暱稱英兒。1990年，顧城將她接到紐西蘭與他們夫婦倆住在一起。他在自家後面搭了一座木屋，讓李瑛居住。謝燁深愛著丈夫，不願失去他，為了維繫婚姻，只有委屈求全。顧城曾告訴朋友是謝燁出錢幫李瑛買的飛機票，接來島後又熱情地為她安排食宿，連保險套也沒遺漏，並且在塞給丈夫時大方地叮嚀「盡著（量）用吧。」後來有人說謝燁有虛榮心，愛著有名氣的丈夫也想藉丈夫出名，因此對丈夫的出軌視而不見、甚

為寬容，因此這苦果的成長她也澆了水。此話雖
對被害人有所不敬，但頗引人深思。

然而，謝燁也有流露懊惱的時候，那就是顧
城對兒子小木耳教人難以理解的憎恨。

他認為小木耳會奪去謝燁對他的愛，因此曾
提出「有我就沒有他」的威脅，並且自作主張將
木耳送給毛利人酋長領養，還簽字放棄做父親的
權利。謝燁為此痛苦萬分。她能容忍顧城同時享
受兩個女人，讓自己過著「娥皇女英」般的荒誕
生活，但無法忍受與兒子分離的痛苦。每當她只
能用旗語與遠處的兒子交談時，淚水便自然流
下。為此，她常與顧城發生爭執。

1992年，顧城應邀去德國講學和寫作，但他
只能帶名份上的妻子，對此也無可奈何。到了德
國，他一直心情不好，並把怨氣發在謝燁身上，
當他後來聽到李瑛與一個教氣功的洋老頭離開了
懷希基島，更是像發了瘋似地同謝燁大吵。儘管
這樣，謝燁仍忍受著，還陪同顧城在93年3月回北
京去找李瑛（事實上她一直避居在澳洲），並替顧
城為懷念李瑛而寫的長篇小說〈英兒〉打字。

顧城找不到李瑛，情緒更惡劣了，經常無端
生事，甚至動手打謝燁。謝燁終於再也不能忍受
這種妻妾同居的生活，以及顧城反覆無常的精神
狀態了。她在德國結識了一名陳姓的大陸留德工
程師。對方對她一見傾心，很快辦理了離婚手
續，隨時準備跟她結婚。於是就在〈英兒〉初稿
將成時，謝燁向顧城提出了離婚要求。

顧城已因一個自己所愛的女人不辭而別正惱
怒著，現在豈能容忍另一個愛著的女人離他而
去？他驚恐交加、失去理智，有一次與謝燁爭吵

時竟掐住謝燁的脖子不放，直到她昏過去。謝燁總算被救醒，但因為鄰居報警，驚動了德國警方，警察準備帶走顧城。謝燁不肯簽字控告丈夫，使顧城逃過一劫。

德國自是不能待了，顧城的「女兒國」之夢也破滅了，只好返家。他先要謝燁同去美國在柏克萊住了一星期，後又前往洛杉磯，在詩人顧曉陽家住了兩星期，希望雙方能靜下心來挽救這段婚姻。直到1993年9月23日，兩人才離開美國回紐西蘭。

顧城此時的確有些後悔，曾在加州向一位教授表示懺悔，並讓步似地說：「我要愛謝燁，也要愛木耳了。」他還曾跪在謝燁面前哀求：「我可以離婚，但再給我一年，只要一年就行。」

此時的謝燁對顧城已失去信心。她被顧城掐昏過一次，大受驚嚇，回到懷希基島後便與丈夫分居。她之所以沒有離開這個給她帶來痛苦的荒島，全是因為她想領回兒子的心願。

顧城感到一切都完了；事業不成，日子艱難，妻離子散，情人逃遁，何況他離開了謝燁確實無法生存下去，更無臉面回家鄉。他本想再做些挽救婚姻的工夫，但聽說那個熱戀謝燁的陳姓工程師要來懷希基島與謝燁團聚，正好謝燁又來他居住的地方——姊姊顧鄉家裡，告別性地送還他的衣服物件，顧城終於迫不及待地舉起了斧頭、結好繩套，帶著他的殉葬品——結婚十年的妻子，走向了墳墓。

在德國，顧城曾對謝燁說：「我們一起自殺吧！」謝燁回答：「我們可以一起死，但是你應該先殺死我，我絕不會自殺！」殘酷的慘劇果然

▼顧城、謝燁在紐西蘭家中。

被謝燁不幸言中，著實令人不勝哀歎。

多年前，顧城曾寫過一首詩〈墓床〉，就像是提早為自己作的輓詩：

我知道永逝降臨並不悲傷，
松林中安放著我的願望；
下邊有海，遠看像水池，
一點點跟我的是下午的陽光；
人時已盡，人世很長，
我在中間應當休息，
走過的人說樹枝低了，
走過的人說樹枝在長。

就在顧城死前的一個月，他寄了一篇散文詩〈我不能想得太多〉給大陸的《常州日報》，內容寫道：

我不能想得太多，一切來自冥冥還將歸於冥冥。我坐在長椅上，關掉世界的聲音。我說這一次要久一些。
我是一個靈，向外看，我知道時間不多。
花謝的時候，並不傷心，生命要在死亡裡休息，變得乾淨，一朵花就是一朵墓園。

此時他已做好了死的準備。這是他最後的作品，也是他的絕命詞。

顧城出事前約二十天，記者曾慧燕曾電話採訪過顧城。她對顧城說：「很冒昧問你一個問題，你為何有自絕的念頭？是否曾付諸行動？你在〈英兒〉中，也是『決定自絕』的。」

顧城答道：

這是非常好的問題。實際上我從十七歲開始，一直有這種念頭，雖然這想法很殘酷。我一直很迷惘。為何長成一個男孩？奇怪上天把火焰撒在我身上。我內心永遠矛盾，看見兩個女孩一起和睦相處，心裡很高興。在島上的生活，是我一生最美好的日子，感覺自己的生命已達到最和諧狀態。人承受的東西很有限。人可以「生如蟻，去如神」，能夠生如蟻，雖然很困難，但已滿足。許多事情在我身上陰差陽錯地發生，我跟世界有強烈衝突。不瞞你說，我自殺很多次，在德國有兩次，但都死不掉。我的第一本小說，就已把根砍掉了，大地也沒有了，寫到後來，知道該怎麼做了。

顧城終於「知道該怎麼做了」，也很快便付諸行動⋯⋯

顧城夫婦安葬在懷希基島、他們屋後的山坡上，成了異國的孤魂。但顧城製造這駭人慘劇令舉世震驚，隨之而來的是惋惜、遺憾、詛咒與控訴，無窮無盡，將不可能讓他在九泉之下安寧。

顧城自殺的消息剛傳出時，痛惜多於指責，一位署名「舍我」的先生稱他的死「實在死得像個詩人，如普希金、萊蒙托夫❶（Mikhail Lermontov），也像梵谷、石魯❷」。然而，顧城殺妻殉葬畢竟太殘忍，緊接而來的是對「舍我」這類言論鋪天蓋地的反駁：

在這一事件中，只有謝燁才是真正的受害者

和犧牲品。顧城的死亡是他個人的選擇，別人無可阻攔。他可以像屈原一樣投水自盡，也可以像三毛一樣上吊自殺，但他不可以迫使別人做他的殉葬品。這一事件的「真相」並不是顧城的自殺，而是謝燁的被殺。換句話說，首先是一件殺人案，其次才是自殺事件。可以說，最大的悲劇並不是詩人的自殺，而是詩人的殺人；最大的悲劇並不是我們損失了一個在當代詩歌史上不可替代的人物，而是詩人的殘暴。

爭論似乎已不限於顧城殺人與自殺的本身，從倫理觀念到社會法制都引起了人們的思索與探尋。人們從中省悟的是，顧城由一個著名詩人演變成殺人者並自毀謝世，說明了人活在世上應該好好把握自己、掌握命運。從這一點來看，顧城人生軌道的滑變，實在值得世人引為借鏡。

編按

❶萊蒙托夫（1814-1841），俄國浪漫派詩人，對其後的俄國作家產生深遠的影響，著有長詩《詩人之死》（*The Death of Poet*, 1837）、《惡魔》（*The Demon*, 1829-41）及中篇小說集《當代英雄》（*A Hero of Our Times*, 1840）等。

❷石魯（1919-1982）原名馮亞珩，四川省仁壽縣人。因仰慕石濤和魯迅，改名為石魯，是二十世紀中國書畫領域的革新家。他早年學習中國傳統繪畫，進入創作期以後，藝術大體經歷了三個階段。第一階段四〇年代和五〇年代，以比較寫實的通俗人物故事畫宣傳社會革命。第二階段六〇年代，一方面以敘事、抒情、象徵手法創作巨幅歷史畫，另一方面以《南泥灣途中》等新山水畫

成爲「長安畫派」最有影響力的畫家。第三階段七〇年代，他以花木大寫意爲主，創作了一批極具個性化的詩、書、畫、印作品，具有強烈的主觀表現性，以強力提按的用筆和激烈抒情的品格構成了對傳統書畫的變革，成爲書畫由傳統形態向現代形態轉變的藝術家。

「死亡，是對生命的凱旋。」

　　　　　　　　　　——徐遲

徐　遲

（ 1 9 1 4 - 1 9 9 6 ）

中國著名詩人、作家。

浙江吳興（今湖州）人。早年曾就讀
於東吳大學文學院和燕京大學。1933
年12月，首次在《現代》上發表譯
詩，1936年出版第一本詩集《二十歲
的人》。抗戰時期，寫了許多以抗戰為
主題的專文、新聞通訊和小說。抗戰
勝利後，回家鄉任南潯中學教導主任
和英文老師，繼續寫作和翻譯。「解
放」後，曾任全國文聯委員、中國作
協理事、湖北省文聯副主席、湖北省
文聯名譽主席、《外國文學研究》主
編。留有《徐遲文選》10卷。

1978年元月，中國大型文學月刊《人民文學》在當年第一期的顯要位置發表了長篇報導文學〈哥德巴赫猜想〉（_Goldbach's Conjecture_）❶。

該文詳盡又生動地敘述了青年數學家陳景潤❷在摘取「哥德巴赫猜想」這顆數學王冠上的明珠，於過程中付出多少勤奮努力與獲得的卓越成就。由於當時文革結束剛不久，整個國家正處在撥亂反正、百廢待興時期，人們思想中的極左意識還殘存嚴重，因此該作品熱情謳歌知識分子之忠誠報國、弘揚知識就是力量的主題，無異如一聲春雷，震撼了廣大讀者的心，引起強烈的共鳴。同時，該文的文筆優美、形式新穎、語言活潑，筆下牽涉的又是眾人久違的科技題材，因此又如同一縷春風，吹進了沉悶的文壇，一掃「假大空、高大全」式的八股文章，讓人體驗到文學的魅力，也看到文學的希望。

〈哥德巴赫猜想〉的發表，立即在全國引起了巨大回響。《人民日報》、《光明日報》、中央人民廣播電台等新聞媒體紛紛介紹與轉載這部作品，不少地方的教育部門迅速將它列為重點教材。大家奔相走告，爭相傳閱，求一睹為快。「陳景潤」一時間成了家喻戶曉的新聞人物，「哥德巴赫猜想」也成了許多人津津樂道的話題。不出人所料，〈哥德巴赫猜想〉獲得了當年全國優秀報導文學獎。它的作者，就是中國著名詩人暨作家——徐遲。

徐遲，原名徐商壽，1914年10月15日出生於浙江省湖州市南潯鎮，父親徐一冰是地方上的一位名人，不是因為徐家的家境殷實，而是他積極創辦孤兒院撫育貧苦兒童，並提倡體育，尤其他

突破封建思想的束縛，開女子體育先河，是一位開明的鄉紳。徐遲的母親也非常賢慧、明理，對丈夫的事業全力支援，毫無怨言。徐遲在這樣的家庭裡受到薰陶，因此後來一直保持著正直善良、勤奮努力等許多優良品格。

1931年秋，徐遲考入東吳大學文學院。九一八事變後，棄學北上東北抗日，行至北京受阻。1933年8月，他借讀於燕京大學，進入英文系三年級學習，並開始文學創作。1933年12月，徐遲首次在《現代》上發表譯詩〈聖達飛之旅程〉和詩論〈詩人維祺‧林高賽〉，次年元旦在《矛盾》上發表處女詩〈寄〉。他的第一篇散文是〈吸紙煙的人〉，刊於1934年2月1日的《時代畫報》上。

1934年春，徐遲重回東吳大學英文系就讀，卻在學期結束前，突然宣布不參加考試，因為他覺得自己已經是作家，而且家庭經濟並不寬裕，決意自動退學，省些錢讓他弟弟能在清華大學讀到畢業。

徐遲退學後回到家鄉南潯鎮，一邊在南潯高等小學當教員，一邊繼續從事創作，並與戴望舒、路易士❸創辦《新詩》月刊。1936年10月，上海時代圖書公司出版了他的第一本詩集《二十歲的人》。11月，他的另一本書《歌劇素描》也在商務印書館出版。這一年，徐遲與他的學生陳松訂婚，翌年元旦結為連理。

1938年，徐遲開始了他的戰時流亡生活。他首先前往香港，在這裡出版了《世界著名音樂家》、《音樂家和樂曲的故事》，後來到了桂林，寫作出版了詩集《最強音》、詩論集《詩歌朗誦手冊》，以及英國詩人雪萊的譯詩選集《明天》。他

同時還發表了《在前方——不朽的一夜》、《太湖游擊隊》、《南潯浩劫實寫》等專題與新聞通訊，並創作了《三大都會的毀滅》等小說。

1943年起，徐遲在重慶擔任郭沫若主編的《中原》文學季刊的執行編輯，還先後翻譯、出版了《托爾斯泰傳》與《托爾斯泰散文集》。他曾與馬思聰❹一起親聆前來重慶的毛澤東談文藝問題，毛澤東還親自給他題詞「詩言志」。

抗戰勝利後，徐遲回家鄉任南潯中學教導主任和英文教員。教學之餘，他繼續寫作和翻譯，曾翻譯、出版了斯湯達爾的《巴瑪修道院》(*La cartuja de Parma*) 和梭羅的《瓦爾登湖》(台譯：《湖濱散記》)。

「解放」後，徐遲出席了全國第一次文代會，在《人民中國》英文版編輯部負責對外報導。抗美援朝（韓國）戰爭中，他奔赴前方採訪，寫出了許多戰地通訊和專題。1957年，他出任中國作協刊物《詩刊》副主編。

1961年徐遲調武漢任《萬里長江》編輯部主任，創作熱情高漲，作品源源不斷。後又出任湖北省文聯副主席、湖北省作家協會副主席。

文革期間，徐遲受到衝擊，一度被下放到「五七幹校」勞動。1973年，他接到有關方面通知，要他立即辦理退休手續，但很快又得知退休遭停辦，當局調他回湖北省文聯文藝創作室，仍舊從事專業作家的本行。

1977年始，徐遲開始了他文學創作的「第二青春期」。他把寫作體裁重點轉向了報導文學，創作出很多「將政論、詩、散文熔於一爐，氣勢恢宏，語言華美而富於哲理」的優秀作品，其中的

〈哥德巴赫猜想〉與〈地質之光〉獲全國優秀報導文學獎，獲喻為「別具特色的科學詩篇」。他也未停止其他的文學創作：1980年，他出版了論法國散文的《法國，一次春天的旅行》和理論著作《紅樓夢藝術論》；此後的兩年間，他又出版了文藝論文集《文藝與現代化》及散文《桔葉蝴蝶》、《急轉的陀螺》等。

徐遲的文學成就為他帶來了新的榮譽。他被公認是報導文學的「扛鼎人物」，還當選全國文聯委員、中國作協理事、湖北省文聯名譽主席。

1989年，筆耕不倦的徐遲開始了自傳體長篇小說〈江南小鎮〉的創作，歷時近七年，完成了一至五部與續集的前三十五章。作品的場面廣闊、氣勢恢宏，被稱為「一幅江南社會變遷的歷史長卷」。這期間，徐遲繼續在科技文學的大道上疾馳，先後發表了〈宇宙頌〉、〈談誇克〉等文章，開始向廣闊又深邃的寰宇提出「天問」。

然而，這位從舊中國艱難歲月中頑強地走過來、從文革的羞辱摧殘中挺過來的文化戰士，卻在鮮花與掌聲簇擁的時候，於1996年12月12日（八十二歲生日剛過不多久），選擇主動離開了人世──從他所住的醫院六樓窗口一躍而下⋯⋯

關於徐遲的辭世經過，徐遲的摯友──湖北省文聯副主席汪洋先生後來回憶道，當他聽到噩耗趕到武漢同濟醫院高幹病房樓的醫療辦公室後，醫院副院長述說了事情發生的經過：

　　⋯⋯大約是半夜12點到1點之間，他從病房陽台的窗戶跳下來了。他住在5號病房的10號床，我們值班的護士半夜查房，看見10號床空著，以為

他在洗手間，推開洗手間半掩的門，不見人。病房有一個密封的陽台，是供病人放置食品和晾曬衣服的，病人有時也在這裡走動一下。值班護士走到陽台上，仍不見人，發現牆角的一扇窗戶開著。冬季放暖氣後，窗戶一般都是關起來的，她到窗口探出頭去，用手電筒從六樓往下照，看見地上有一個白東西，她打電話到一樓值班室，叫她們出去看看；徐老躺在地上，呼吸和脈搏都沒有了……

現場就在大門口的右手邊，沿牆邊種了一排冬青，還只有一尺高左右，稀稀疏疏的。距牆兩公尺處，是一個石砌的矮護欄。副院長指著那排冬青的一個空隙說：

徐老的頭就落在這個地方，你們看，冬青樹都壓斷了。幸好冬青樹托了一下，要是頭直接砸到石頭上，腦漿都會迸出來。剛才我們把他抬起來送往太平間時，他的雙臂雙腿完好，身上衣服也是整整齊齊的，只有前額上有一點血跡，可能是落地時樹枝劃傷的……

張副院長又指著護欄與大牆之間草叢中的一個凹陷處說：

徐老的身子就臥在這裡。頭朝外，腳抵著牆，衣服穿得整整齊齊。

後來，與徐遲同住5號病房、在9號床上養病的一位七十三歲的大個子老先生，也說明了他看

到的經過：

> 夜裡12點鐘，我起來小便。我回到床上，看見他也起來小便，兩人重新躺下後，都睡不著——這是老年人常有的情形……一小會兒，我看見他又爬起來，走到通向陽台的門口站了一會兒。我心想大概是房間裡暖氣太熱，他受不了。一會兒，他就走出去了，接著我聽見陽台角落裡響了一下，我心裡想這個老頭太不小心，一定是把什麼東西絆倒了……

徐遲倒下了，一位受人尊敬的著名作家飛向天國，留下了無數「猜測」。

徐遲的自絕，在社會各界，尤其是在文學界、科技界，引發了震驚的反應。人們為之神傷、惋惜，亦為之困惑，如同汪洋先生所說，眾人無法理解「一個擁有如此豐富的精神世界，一個如此強烈地熱愛生命、熱愛生活的人，怎麼會輕易地棄世而去呢？」

那麼，究竟是有哪些原因造成徐遲的悲劇呢？世人試著從以下幾個方面來分析：

一、第二次婚姻失敗，他的感情受到傷害，難以彌合。

徐遲的結髮妻子名叫陳松。在結婚前，徐遲曾與幾個女同學或女同事談過戀愛，有的還到了談婚論嫁的階段，但最終不是女方家庭不同意，就是女友中途變卦，讓徐遲吃足了失戀的苦頭。

1936年2月的一天早晨，再次失戀的徐遲來到操場散步，猛然看到陳松——他的學生，立即怔住了。後來他說，這是他見過的少女中最美麗的

一位。尤其陳松的笑聲彷彿一串串金色的鈴聲，
又像是喜愛音樂的仙女撥動了他的心弦：

　　好像一個鋼琴家在抓著一架大鋼琴的鍵盤，
一抓就是大把大把的琴音，一放又是一串一串的
顫音。笑聲把整個田野、流水和晴空都震動，且
為之歡樂無涯了。這樣美麗的笑的樂音，聽得人
毛孔暢通，連氣流也被感染得欣欣然。

　　徐遲為此特地買了一本新的日記本，記下這
天上午與陳松遊玩的情景，又很快以〈六十四音
符〉為題，寫下一首詠讚陳松笑聲之美的詩。
　　接下來的十天，徐遲每天的日記都記錄著他
對她的愛戀，而且一天比一天熱烈。到了第十一
天晚上，陳松來和他見面了，他便將日記給她
看。她讀著讀著臉上湧起了一層層紅雲，閃著晶
瑩的眼低聲說道：「我完全沒有想到你是這樣
的。」徐遲問：「你是怎樣想的呢？」她說她不
敢如此想，只是很願意見到他。
　　兩人在暮靄中沿著學校運動場的跑道走了一
圈又一圈。然後，他帶她到自己住的小樓。這
時，「空氣裡有了春天的氣息。四周是黑暗的。」
徐遲回憶說，「我突然捉住她的兩肩，把她推到
牆上，然後猛烈地吻了她。我從沒有這樣激動的
情緒，因此我經歷了以前從未經歷過、從此以後
再也未能經歷到的這樣的狂喜。人，一生只能吻
一次。」這一吻是他終生難忘的一吻。他說：

　　當我的燃燒的嘴唇貼上她的燃燒的嘴唇時，
那牆開始時還是穩定的，然後就沒有，彷彿天上

的群星也都紛紛墜落，或旋轉飛走。我們兩人被火焰燃燒著，火焰的噴發燒毀了一切。這是我的唯一的一吻。這是神聖的吻，這是定情的吻。得到這樣的一吻應是我超乎其他人的罕有幸福。當我們又恢復了知覺，而兩唇分開的時候，我們不需要說什麼了，我們將永不分離了。

徐遲堅信自己和陳松「將永不分離」，因為陳松曾坦然地回答他：「我是我自己做主的。」以至徐遲聽了異常激動，喜悅地說：「那……太好了，太好了！你是你自己做主的，聽你自己的。你真好，謝謝你！」

1936年3月初，徐遲與陳松在《南潯周報》上登了訂婚啟事，在怡豐園酒家辦了兩桌酒，宴請兩家的近親與他們的朋友、同學。同年12月，他得到母親的同意後，即前往南潯接陳松。這時的陳松還在讀初中二年級，她的哥哥陳銘德問徐遲：「陳松太年輕，才十七歲多，應該讀書，結了婚恐怕讀不成書了。」他忙答道：「上學不成問題，已經和在一所中學當教務主任的朋友曹末風說好了。結婚晚一點也可以，但希望她能跟我去上海，住在我家，上學讀書，沒有關係，兄妹一樣過一兩年再結婚好了。」陳銘德又問：「你這人究竟靠得住靠不住，能否永遠愛我妹妹，忠實於她，不變心？」徐遲坦白地答道：「我曾經戀愛過多次，最後的選擇就是陳松，我愛你的妹妹，我會忠實於你的妹妹的。」陳松的哥哥終於滿意地同意了：「只要我妹妹願意，我絕不干涉。我祝福你們幸福！」

1937年元月1日，徐遲與陳松結為夫妻，從此

▼徐遲與夫人陳松合影。

以後兩人恩恩愛愛，白頭偕老。陳松先後為徐遲
生了二兒二女，即徐律、徐延、徐建、徐音，一
家其樂融融。

1985年初，陳松因病去世，給徐遲帶來很大
的精神打擊，一首〈輓亡妻陳松〉的哀詩，表達
了他無比悲痛的心情。詩中寫道：

彼岸有什麼可怕呢？
有最有情義的你在渡口等著我呵……
幸福的一天，
聽濤音昂揚，
我倆的骨灰，
攪和到一處，
投入長江口，
流入太平洋，
做進步人類，
不滅的元素。

陳松過世後，朋友曾多次勸徐遲續弦，但徐
遲忘不了髮妻，總是拒絕。直到1989年，情況發
生了變化。

這年3月，在珠海的一次筆會上，成都某大學
的一位講師陳女士，慕名拜訪了徐遲。這是他們
的第一次見面，從此以後，陳女士窮追不捨，幾
經波折後，終於在1992年10月5日功德圓滿，兩人
正式結婚。陳女士當年五十多歲，前夫是一位樂
隊指揮，育有一男一女。因為男方性格粗暴，在
一次爭吵中打了陳女士一個耳光，陳女士便堅決
離了婚。在結識徐遲到1992年與他結婚之前，陳
女士在北京還與某名人有過一次閃電式的婚姻。

婚姻本身應該是無可非議的。每個人有追求幸福的本能，也有追求幸福的權利。徐遲本人也對同事悄悄說過，陳女士將他的生活照顧很好。婚後的日子，大家也無意中發現徐遲換上了新襯衫，穿上新皮鞋。但是陳女士再婚的目的很快便顯現出來：依附著名人，讓自己也出名。她不顧場合，四處介紹自己是徐遲的夫人，連碰上四川來的打工妹也不例外。她不喜歡別人來串門子，因為她要徐遲多陪她，並為她的作品發表牽線，以至於後來徐遲與同事見面有如從事地下工作。徐遲一開始要求兩人只是同居，互相照顧，但不結婚。可陳女士一進徐遲家門，就在房內貼上一個大紅囍字，眾人簡直不敢相信自己的眼睛，讓徐遲產生被逼婚的感覺……曾有人說：「據說女人再嫁很少是為了愛情；不為愛情，大都是為了錢，但是女人對金錢的慾望遠較男人容易滿足。當重新戀愛的女人既不為金錢所苦、又不滿足於建立一個家園的時候，麻煩就來了。」此時的徐遲，的確已經開始遇到了這樣的麻煩。

1993年4月，徐遲偕陳女士同赴廣東惠陽一個國際華文詩人筆會。這是陳女士第一次以徐遲夫人的身分出席這類場合，其間卻因名單上沒有打出自己的名字，當著眾人的面就把名單撕成碎片，讓在場的詩人和記者大吃一驚。這還只是一個序曲。第二天，她乾脆不出門，飯菜都得送到床邊，徐遲左勸右說都無可奈何。後來筆會在西湖公園舉行詩歌朗誦，參加朗誦的都是一些著名詩人。陳女士也要求登台，被組委會拒絕。陳女士逼著徐遲去說情，徐遲兩次去見詩人野曼❺，請他與擔任司儀的詩人白樺❻通融一下。但白樺

與詩人洛夫❼都不同意，認為既然是著名詩人詩歌朗誦會，她就不應該參加。結果，陳女士當場哭出聲來，徐遲簡直尷尬至極，終於深感日子難過了。

後來，好友曾要徐遲勸陳女士改變一下，徐遲連連說：「不可能！不可能！現在每隔一兩天，她就要和我吵一次。」陳女士口舌鋒利，不願服輸，但徐遲選擇沉默以待，所以吵不起來。家裡的氣氛，由此可想而知了。甚至連電腦也一度成了煩惱之源。徐遲曾對同事抱怨，夫妻倆在搶電腦用。好在徐遲很快又有了一台新電腦，因此在使用電腦上，兩人後來得以相安無事。但徐遲氣惱陳女士一點也不關心他的創作，而只關心蒐集自己的資料。徐遲尤其不欣賞陳女士喜歡瓊瑤；她為瓊瑤寫了本書，並寄給了瓊瑤。徐遲喜歡古典、高雅的荷馬（著名希臘史詩《伊利亞特》作者），不喜歡瓊瑤，甚至可說到了討厭的地步。瓊瑤和荷馬，也暴露了兩人精神世界的差異與性格上的不合。

1995年1月9日，早已忍無可忍的徐遲終得解脫，法庭宣布兩人達成調解，協定離婚。徐遲對這樁婚姻追悔莫及，曾經表示；「離婚那樣的事，也真不愉快。我可沒有虐待她，她就是無理取鬧、裝模作樣的人，合不來，別有用心，一言難盡。」又說：「我一生犯了兩個錯誤。一個小的錯誤是這件事，不用提了……。」

雖說「不用提了」，但此次婚姻的失敗，無疑對這位自尊心強、極講面子的作家造成很大的精神打擊，對他產生厭世情緒不能說沒有直接的關係。

二、老年孤獨，病重痛苦所致。

徐遲膝下有兩兒兩女，對他非常孝順。尤其是小女兒徐音，一直與父親住在一起，照顧徐遲的生活。在徐遲與陳女士再婚的問題上，父親與兒女間產生了分歧，徐音更是反對。當陳女士走進徐家時，在湖北藝術學院鋼琴系任教的徐音負氣出走，遠赴法國巴黎打工求學。兒女因陳女士儼然以家庭女主人自居，因此漸少回家；小女兒又不在身邊，讓八十高齡的徐遲倍感孤獨。陳女士的專橫，更加重了他的痛苦。

離婚後，徐遲曾對同事汪洋說：「怎麼辦？我現在太孤獨了。早晨7點半鐘，徐建他們去上班，剩下我一個人。孤獨是很可怕的。一個人想很多，胡思亂想，很恐怖的……」他在給友人錢能欣的信中也說：「我現在孑然一身，也實在寂寞萬分，將來可能倒下去，誰也不知，無人照料，然後突然發現，早已僵了……」老友馮亦代也歎惜：「他一個人離群索居，眞是太寂寞了。」

徐遲無時無刻不在思念女兒小音，擔心小音靠打工賺學費會累壞身體，擔心巴黎天冷而急著找人給她送去皮鞋與羽絨衣。他把小音寫給哥哥的信珍藏在自己的寫字台抽屜裡，隨時拿出來讀。每讀一遍，思念的痛苦便增加一分。跳樓前的幾個小時，徐遲拉著兒子徐建的手，站起身來送他到病房門口……徐建後來說道：「父親撫摸我的手，是我長大以後，從未有過的事……」這或許可以看出，他是藉著父子間的深情來抗拒孤獨的侵蝕。

晚年的徐遲，身體愈來愈差。血壓高，心臟不好，特別畏寒，易感冒，肺部有感染，但對治

療又缺乏信心。到1996年11月，他的身體更差了，「天氣冷引發了支氣管炎，肺氣腫，影響到心臟。血壓也高了，腿發腫⋯⋯」終於不得不再次住院。住院後的他每晚都睡不好，常做惡夢，甚至白天也有幻覺，簡直痛苦不堪。醫生甚至斷定他患了老年躁動症。

孤獨的折磨與病魔的無情摧殘，或許是徐遲自絕的另一個原因。對此，友人李輝說：

半年來，徐遲常常說他感到孤獨，甚至說到了自殺。孤獨是情感的，也是思想的。他在孤獨中度過日日夜夜。他不得不任由孤獨蠶食他的生命，最後，蠶食掉生存的勇氣和信心，選擇了那種令人痛心的結局。

三、癡迷電腦與網路不能自拔。

1989年2月，七十五歲的徐遲開始學習用電腦寫作，打出的第一行字是：「這是我一生中的一個高潮。」電腦輸入的準確快捷、列印字體的清秀多樣、版式設計的靈活嬗變，很快讓徐遲愛不釋手。他在給友人的信中提到，他開始了生命中的另一個青春期，而電腦就是他的戀人。但電腦也讓徐遲過於癡迷，失去了許多與人交往、瞭解社會的機會，不再享受電腦以外的許多樂趣。他顯得更加消沉、孤寂。他曾對馮亦代說，他已經患了電腦病，一坐在電腦旁，兩隻手就要動、就要打字，就要一直打下去，甚至不知道打的是什麼。他在給友人錢能欣的信中也說：

▼徐遲用電腦寫作。

我的身體一直不好，現在好了一點，已不能

工作。要活下來就得放棄電腦打字。現在右肩胛部酸痛異常，得了電腦病。要活，就得放棄電腦；既寫不成文章，要我這個人活著幹什麼？偏偏腦子特別好使，思路敏捷之至，這不要了我的命。動不動就上機子，故命不長了。

對於徐遲的死因，還有許多猜測，可說是眾說紛紜。但汪洋先生認為：「只用單一的原因去解釋一個精神世界如此豐富而活躍的天才心理，是難以找到那個正確答案的。」此話無疑是中肯的。詩人白樺也說：「一個人，最後的決定是個謎，不好嗎？特別是詩人，詩人從來都不喜歡直白……」此話則更耐人尋味。

世人對徐遲的自絕感到突然，事實上，早有許多跡象隱約可窺見其心中萌發的棄世之念：1994年徐遲八十歲生日時，便在〈八十述懷〉中坦言：「我已超越全世界人壽的平均年齡的至高點……死亡一瞬已在不遠處閃現。」後來他又在日記中說：「我的病不見好，恐怕好不了啦，且逍遙瀟灑，然後飄去太空，目的是：火星，或者木星衛星。你說多麼可喜啊！」之後，他在〈病中隨記〉中也說：「……將軍死於戰場，學者死於書齋，我不可能了，我不認識回書齋的路線……一誤進了醫院，就永回不了書齋。不能自救，還要拖死家裡的人。哀哉！但死亡是一種幸福、解脫、對生命的凱旋，未來正如日之升。」

徐遲真的就這樣走了，就這樣「逍遙瀟灑，飄去太空」了。然而，「將軍死於戰場，學者死於書齋」、「死亡，是對生命的凱旋」所表現出的豪壯胸懷，已深深印記在人們心底。

儘管新華社的通訊稿中稱徐遲是「不幸逝世」，暗示他是非正常死亡，但人們在得知他逝世的消息時所表現的深切關注和誠摯悼念——從《人民日報》到鮮爲人知的南京《服務導報》，全國大小報紙和期刊，以至紐約的《世界日報》、《僑報》等報刊，紛紛發表悼念徐遲的文章，數月間不下百篇。這證明徐遲的人品和作品，使他獲得了摯友和廣大讀者發自內心的尊敬與愛戴。

編按

❶〈哥德巴赫猜想〉，世界近代三大數學難題之一。德國人哥德巴赫（1690-1764），於1742年6月7日寫信給大數學家歐拉，提出一個猜想：每一個大於2的偶數都可以表示爲兩個質數的和（或每一個大於或等於6的偶數都可表示爲兩個奇質數的和）。同年6月30日歐拉回信表示他雖不能證明此猜想，但他相信這是完全正確的。

❷著名的〈哥德巴赫猜想〉，自提出以來便吸引了無數數學家發表相關證明與研究。十九世紀末到二十世紀初，有人做了驗證，如：$6＝3＋3$；$8＝3＋5$；$10＝3＋7$；$12＝5＋7$，直到$33×10^6$以內的偶數都是對的，但對於再大的偶數是否對呢？爲了解決這個問題，引入了一個大偶數的概念，即大於$ko＝e^{e^{49}}$數叫大偶數，將任何一個大偶數N寫成兩個自然數N_1、N_2的和，即$N＝N_1＋N_2$，而N_1、N_2裡質因數的個數記爲s與t，或寫成"s+t"。若能證明對每一個大偶數N總有$s＝t＝1$，即"1+1"成立的話，〈哥德巴赫猜想〉就基本上解決了，只剩下$33×10^6$至ko之間的偶數〈哥德巴赫猜想〉是否成立。1973年，中國的陳景潤證明了"1+2"，這就是所謂的「陳氏定理」：任何一個大偶數等於一個質數與一個不超過兩個質數之積的和。儘管如此，"1+1"尚未有人證明，〈哥德巴赫猜想〉也未得到徹底的解決。

❸即台灣詩壇大老紀弦。1913年出生，原名路逾，早年曾
使路易士為筆名。1928年春開始發表詩作，1933年畢業
於蘇州美術專科學校，自編《易士詩集》。1934年創辦
《火山》詩刊。1936年東渡日本，回國後與戴望舒、徐
遲等創辦《新詩》月刊。1948年赴台，在台北市成功中
學任教二十五年後退休。1976年移居美國。他在1953年
創辦並主編《現代詩》季刊，1956年組成「現代派」，
提倡「新現代主義」，對詩壇產生極廣大而深遠之影
響。

❹馬思聰（1912-1987），廣東人。1923年去法國學習音
樂，先後於南錫音樂學院、巴黎音樂學院學習小提琴，
後1930年再次赴法學習作曲。文革期間因遭受迫害，設
法於1966年11月經香港轉赴美國，直到1987年逝世。主
要作品有：《第一交響樂》（1941），《第二交響樂》
（1959）管弦樂組曲《山林之歌》（1954）、《西藏音
詩》，聲樂作品《民主大合唱》、《春天大合唱》、《祖
國大合唱》，以及他在美國期間寫作的大型歌舞劇《晚
霞》，交響樂《阿美山組曲》等。馬思聰的作曲技巧比
較成熟，並且有其鮮明創作個性。五〇年代以來，他雖
在風格上更積極刻意求新，但自始至終都在追求音樂的
民族特徵。他曾說過：「一個作曲家，特別是一個中國
作曲家，除了個人風格特色外，極端重要的是擁有濃厚
的民族特色」。

❺野曼，1921年8月出生於廣東省蕉嶺縣。1938年參加廣
州的中國詩壇社，並主編《中國詩壇嶺東刊》。1946年
在廣州主編《文藝世紀》，並參加編輯出版《中國詩
壇》。建國後，先後在《廣州日報》和《羊城晚報》主
持文藝副刊編務。現在是《華夏詩報》總編輯、編審，
國際華文詩人筆會執行副主席。專著有詩集、詩論及散
文集等12部。詩作曾被翻譯成多國文字。

❻白樺，1930年出生餘河南信陽。當代作家，1950年後開
始發表作品，文革時期地下文學中的著名青年詩人，文
革後曾因寫作劇本《苦戀》，表達一代人對現實政治的
懷疑而受到批判。作品具有明顯的浪漫主義與理想主義

風格。主要著作有長詩〈孔雀〉、詩集《我在愛和被愛時的歌》、話劇《吳王金戈越王劍》、電影《今夜星光燦爛》，以及小說集《白樺小說選》等。

❼ 洛夫，本姓莫，1928年生於湖南衡陽，淡水大學英文系畢業，曾任教東吳大學外文系。1954年與張默、瘂弦共同創辦《創世紀》詩刊，歷任總編輯數十年，對台灣現代詩的發展影響深遠，出版詩集《時間之傷》等廿二部，散文集《一朵午荷》等四部，評論集《詩人之鏡》等四部，譯著《雨果傳》等八部。洛夫早年為一超現實主義詩人，表現手法近乎魔幻，曾被詩壇譽為「詩魔」。作品被譯成英、法、日、韓、荷蘭、瑞典等文，並收入各大詩選，包括《中國當代十大詩人選集》。

「人言可畏。」

——阮玲玉

阮　玲　玉

(1910-1935)

中國二十世紀三○年代著名電影演員。

原名鳳根，學名玉英，祖籍廣東中山，生於上海某個工人家庭。她曾在上海宗德女子學校就學，1926年3月考入上海明星影片公司，主演第一部影片《掛名夫妻》，獲得好評。1928年冬，她考入大中華百合影片公司，先後主演《歸來》、《新女性》等片，名噪一時，有「電影皇后」之譽。但婚姻不順，受到社會巨大壓力，最後成為「人言可畏」的犧牲品。

1935年3月7日午夜，春寒料峭，萬籟俱寂。上海新閘路沁園村一幢三層樓房的臥室裡，一位憂傷孱弱的女子斜靠在沙發上。她緩緩撐開了安眠藥瓶，然後將一匙匙八珍粥和著幾片安眠藥片，連同不停湧出的淚水強咽下去，不一會兒，她昏昏沉沉地倒下……第二天，正是「三八」國際婦女節，一則驚人的新聞以顯著位置刊登在上海各報上：

有「電影皇后」盛譽的著名影星阮玲玉服毒自殺！

在萬國殯儀館，舉行了「藝人阮玲玉追悼會」，數十萬人為這位女演員送葬、弔唁，靈車經過之處，觀者如潮，一片惋惜噓唏之聲響起。文學家魯迅憤然寫了篇名為〈論人言可畏〉的檄文，聲討社會的黑暗，為阮玲玉鳴冤正名。

阮玲玉在自殺前曾留下遺書，書中說：「人言可畏，我不死不能明我冤。」究竟那是麼樣的冤屈？

阮玲玉幼時是一個苦命的孩子。六歲時，她積勞成疾的父親重病離世，她的母親不得已到虹口一地靠買賣土地與煙土發財的張家幫工，阮玲玉自然隨母同去。阮母因不忍心女兒將來同自己一樣受苦，便省吃儉用送阮玲玉去上學。阮玲玉十三歲那年，張家太太誣賴阮母偷她的錢好送女兒去讀書，將阮家母女逐出張家。幸虧與玲玉一同長大的張家小少爺張達民出面幫忙，她們倆總算沒有流落街頭。但張達民的「善意」終究得到了報償——三年後，阮玲玉在他的甜言蜜語下，

終於答應與他同居。

　　1926年3月，《新聞報》登出了上海明星影片公司爲拍攝新片《掛名夫妻》公開招考女主角的啓事。靦腆的玲玉經過再三考慮，鼓起勇氣去報考。誰知，命運之神這次竟眷顧了她：她被錄取了。幾個月後，阮玲玉主演的《掛名夫妻》正式上演。也許是因爲她與張達民本身就是一對掛名夫妻，因此她對劇中角色的理解較深，演來得心應手。她質樸眞純的表演，感動了許多電影觀眾，阮玲玉的名字很快就爲人知曉了。

　　接著，阮玲玉在明星影片公司又拍了《血淚碑》、《楊小眞》、《奮鬥的婚姻》、《洛陽橋》。她雖然在演藝工作上進步很快，但因受不了公司裡「紅明星」的刁難、導演的橫蠻無理與過分要求，終於在1928年冬天脫離了明星影片公司，轉而考入大中華百合影片公司，一連拍了《銀幕之花》、《大破九龍山》等五部影片，其中大多是渲染半封建半殖民地的糜爛生活、描寫名流隱私的八卦影片。這一點爲追求藝術眞諦的阮玲玉帶來很大的苦惱，常常夜不能寐。只是，更使她痛苦的，是浪蕩子張達民的所作所爲。

　　此時的張大少爺已經淪爲一個賭徒，他敗光了家族遺產，經常被債主追逼得東躲西藏。阮玲玉埋怨他不該去賭博，白白丟掉了遺產，正式結婚也遙遙無期。誰知張達民聞言大怒，甩出一派流氓腔：「能怪我嗎？都怪你！傭人出身，低三下四，害得我這張家的少爺連婚也結不成；也是因爲你，我娘的財產不給我一文，還把我轟出家門，再這樣下去，我怎麼見人……」語畢，竟朝床上一滾，嚎啕大哭起來。

▼電影《掛名夫妻》劇照（明星電影公司出品，1927年）。

阮玲玉面對如此殘酷的現實，感到彷若萬箭鑽心。影藝生涯已是萬般艱辛，感情又如此不順遂，絕望的她心想與其痛苦地苟活，不如一死了之。一天晚上，她吞下一整包買來的安眠藥自盡，幸虧一直留心她行動的阮母發現得早，及時送到醫院搶救，終於撿回了一條命。

阮玲玉的自殺未遂卻沒有喚醒張達民，他反而在黑道上越陷越深。阮玲玉要他找工作，莫再遊手好閒，他卻要求她先拿出三百元幫他還賭債。阮玲玉望他改邪歸正，只好依允，將辛辛苦苦拍片數月的全部收入三百元都給了他。接下來，阮玲玉幫他在劇院找了個經理職位，還為他添置西裝、包車接送上下班。可不久後，他便因侵吞票款遭到革職。阮玲玉再託人安排他到太古輪船公司的「瑞安輪」上當買辦，他卻私賣船票，將票款輸光，搞得輪船好幾次差點因超載而出事。後來阮玲玉再求人在福建省福清縣的稅務單位為他安排一個職位，誰知他沒做幾天，便因留戀上海的賭場而落跑。阮母說了他兩句，他竟當著玲玉的面，喪心病狂地朝阮母甩了一個耳光……

阮玲玉被激怒了，她再也不能同這樣一個無賴生活下去，毅然決然向張達民要求「一刀兩斷」。厚顏無恥的張達民老羞成怒，竟然提出：「分手可以，你每月津貼我一百元，為期兩年。」

▼阮玲玉在家中。

為了從掛名夫妻的桎梏中解脫出來，阮玲玉咬牙答應了，甘願為新生付出血汗的代價。第二天，兩人僱了一位姓伍的律師作證，簽訂脫離同居的協定，並在顧及雙方名譽的考量下，協定不予公開。

阮玲玉同張達民分手後，成功主演了朱石麟導演的《歸來》。在慶祝新片隆重上演的宴會上，上海茶葉大王唐季珊主動向阮玲玉大獻殷勤。此後，唐季珊經常送禮物給阮玲玉，向她求愛。阮玲玉覺得他為人熱情誠懇，在向好友林楚楚等人徵求意見並經過認真考慮後，終於與唐季珊同居。鑒於阮玲玉答應了張達民為期二年的補償，兩人決定等這件事了結後再宣布結婚。

不久，阮玲玉參加了《新女性》的演出。由於這部影片為廣大勞動婦女發聲，表現出革新社會的要求，如此鮮明的思想主題刺痛了當權的政府，因此，一個藉詆毀阮玲玉以打擊文藝界進步人士的陰謀朝這位柔弱的女子襲來。

《新女性》試映前不久，一個妖豔的少婦找到阮玲玉家，自稱是張達民的親戚，來幫張達民索要津貼，言道：「達民要做生意，急需五百元，要你把五個月的津貼提前支給他。」阮玲玉怕當著唐季珊的面使大家難堪，只好拿了五百元給了那個女人。沒幾天，又有人來阮家，代張達民要五十元，並說：「阮女士是大明星，唐老闆是大老闆，五十元算個啥。」把阮玲玉與唐季珊差點氣昏。

最後，張達民恬不知恥地找上門來，稱：「姓伍的律師犯了事，牌子吊銷了，那個據約無效，人家都說我是阮玲玉的丈夫……」與此同時，小報連篇累牘地造謠，譏諷阮玲玉是一個追求榮華享樂的輕浮女人；某報還以「紅女星被富商金屋藏嬌，原丈夫只落得人財兩空」為題，無中生有地編造張達民與唐季珊爭奪阮玲玉的所謂新聞。阮玲玉感到很大壓力，不得已只好請律師

▼阮玲玉在電影《新女性》中飾演女主角書明（上海聯華影業公司拍攝，1934年）。

代她在報上發表聲明：

　　聞報登載唐季珊、張達民訴訟案內所述各節，完全與事實不符。玲玉雖係女流，為社會弱者，橫逆之來，原可置諸不論，惟念名譽有關，實難緘忍，不得不細述身世藉明真相，以求海內人士主持正言而昭是非。查張達民君於數年前雖與玲玉同居，並未締結婚約。張君本無正當職業，又復浪蕩成性，生活所需漸難維繫，在此家庭經濟壓迫下，玲玉無可奈何，遂投身影界，月得微資，維持生活，張君則安坐而食如故也。玲玉猶癡望其有成，輾轉為張君代謀瑞安輪船、閩福清縣稅所等職務，奈何張君未忘故習，不克終於所職，返申後仍逼玲玉，滿足其無邊之慾為能事，人生至此哀痛極矣。緣於二十二年（1933年）四月間雙方敦清伍律師證明解除雙方關係，玲玉猶不忍見張君飄零，於毫無義務下每月以一百元助之，以兩年為限。此兩年中果能泯袪昨非，力求振作，何嘗不可立身揚名，不意今歲為兩年屆滿之期，而張君並不自新進步，亦未能忘情於玲玉供食之初心，遂不惜捏造偽詞，變更事實，誣陷侮辱，達到極點，以恐嚇手段，以法律為工具以遂其圖，謀玲玉於萬劫不復之境而後快。不知天下是非根據，事實真偽，難逃公評。張君果能覺悟，何不向光明正大途中進展，而必欲與早經脫離同居關係現在以售藝為活之弱者女子，糾纏不休，以使天下女子寒心，而為顧人道德所不齒？玲玉感於自身益被侵害，頃已檢齊證據，依法進行，因請貴大律師代登報端，以昭事實。

阮玲玉字字血淚的聲明登出後，張達民並沒有為玲玉善良、忍讓與規勸感到內疚而有所收斂，相反的，在一些幕後人物的指使下，竟變本加厲地編造證詞，誣衊阮玲玉與唐季珊通姦捲逃，還說阮玲玉侵占了他在萬國銀行的一個存摺。一些「軟性電影」和黃色小報則藉機大肆渲染，流言蜚語像傾盆污水一般潑向阮玲玉。於是，世人心目中的「電影皇后」一下成了人們茶餘飯後的談資與笑料。

　　阮玲玉感到了社會黑暗的恐懼，心想唐季珊能理解她、安慰她、作她的守護神，可此時只求明哲保身的唐季珊一改當初向阮玲玉求愛的溫情，反而斥責阮玲玉：「當初張織雲（唐過去的情人）害得我傾家蕩產，你又招我吃官司，你們這些演員都是害人精……」

　　這下，阮玲玉徹底絕望了。她曾經對生活充滿了憧憬，但張達民欺騙了她，唐季珊也只是在玩弄她，自己明明是清白的，卻遭到不明不白的非議。這世道實在太黑暗、太污濁了。她感到前途茫茫，沒有盡頭。柔弱而又倔強的阮玲玉，決心以死來抗議社會的腐朽黑暗與惡勢力的卑劣無恥。

　　1935年3月7日，她刻意穿上了自己買的織錦旗袍，戴著紅寶石耳環，腳蹬閃亮的皮鞋，同唐季珊一道應邀到好友黎灼灼家中赴宴。席中，她問導演費穆：「費導演，您覺得我是不是一個好人？」

　　費穆瞭解阮玲玉的苦境，安慰她說：「不管別人說什麼，我和你的朋友們都瞭解你，你是一個大好的人。」

阮玲玉微笑致謝，可心裡在哭。她多麼珍惜她離開人世前聽到對自己的肯定與讚美啊。晚上回到家，唐季珊因喝多了酒，倒頭便睡。阮母給女兒熬了她愛吃的八珍粥，勸她吃一點。阮玲玉強忍住淚水，躲開媽媽，端起八珍粥，來到自己房間，輕輕帶上門。她靜坐了一會，首先提筆寫下了控訴張達民的遺書：

我現在一死，人們一定以為我是畏罪，其是（實）我何罪可畏？因為我對於張達民沒有一樣有對他不住的地方。別的姑且勿論，就拿我和他臨別脫離同居的時候，還每月送給他一百元，這不是空口說的話，是有憑據和收條的。可是他恩將仇報，以冤（怨）報德，更加以外界不明，還以為我對他不住。唉，那有什麼法子想呢！想了又想，唯有一死了之罷。唉，我一死何足惜，不過，還是怕人言可畏，人言可畏罷了！

阮玲玉絕筆
廿四年三月七日晚午夜

我不死不能明我冤，我現在死了，總可以如他心願；你雖不殺伯仁，伯仁由你而死。張達民我看你怎樣逃得過這個輿論；你現在總可以不能再誣害唐季珊，因為你以（已）害死了我啊。
　　請代付各報館登之。

阮託

接著，她又給唐季珊寫了一則遺言：

季珊：

　　我真做夢也想不到這麼快，就會和你死別。但是不要悲哀，因為天下無不散的筵席，請你千萬節哀為要。我很對你不住，令你為我受罪。現在他雖這樣百般地陷害你我，但終會有水落石出的一日，天網恢恢，疏而不漏，我看他又怎麼活著呢。鳥之將死，其鳴也哀；人之將死，其言也善。我死而有靈，將永永遠遠保護你的。我死之後，請你拿我的餘資來養活我母親和囝囝。如果不夠的話，請你費力吧。而且刻刻提防，免他老人家步我後塵，那是我所至望你的。你如果真的愛我，那就請你千萬不要負我之所望才好。好了，有緣來生再會！另有公司欠我之人工，請向之收回，用來供養阿媽和囝囝，共二千另五元，至要至要。另有一封信，如果外界知我自殺，即登報發表，如不知請即不宣為要。

　　　　　阮玲玉絕筆廿四年三月七日晚午夜

　　待唐季珊醒來發現阮玲玉服了藥，趕忙與阮母一起將她送到日本人開設的福民醫院，不巧沒有醫生值班。後來玲玉的同事林楚楚、黎民偉等人聞訊趕來，叫救護車把玲玉送到中國療養院會診救治。第二天，阮玲玉已呼吸微弱，下午 2 時半，她失去知覺，傍晚 6 時 30 分，阮玲玉終於停止呼吸。一代巨星就此隕落。

「……不能不來個總休息」

——英茵

英 茵

(1917-1942)

中國現代著名演員。

原名潔卿，字鳳貞，北京人。1931年
考入明月歌舞劇社，隻身南下上海。
1934年應上海影戲公司邀請主演《健
美運動》，旋在沈西苓導演的話劇《武
則天》出演主角，一舉成名。1936年
進入明星影片公司，先後拍攝《十字
街頭》、《壓歲錢》、《社會之花》等
影片。1937年參加青鳥劇社演出話
劇。抗日戰爭爆發後，隨救亡演劇隊
輾轉赴重慶，後加入中國電影製片
廠。1939年在上海演出話劇《武則
天》、《北京人》等，並參加拍攝《賽
金花》、《世界兒女》、《靈與肉》等
影片。

1938年4月，重慶。青鳥劇社的大型海報十分醒目：隆重獻演曹禺名作——《日出》。

　　劇場裡，當晚演出的《日出》第四幕已近尾聲：交際花陳白露在絕望中緩緩擰開安眠藥瓶，對著鏡子淒切地說：「生得不算太難看吧？」她又做了個柔美的姿態：「不算太老吧？」漸漸地，她宏亮的嗓音低得像金鈴子般輕輕地響，緩慢、淒楚，感慨無限。整個劇場鴉雀無聲，注視著她喃喃低語：「這——麼——年——輕，這——麼美，這——麼——」觀眾都在傾聽她臨終的獨白。她將藥片爽快咽下，扔下空瓶時表現得如此留戀生命，但又無法改變扼殺自己的決心……

　　大幕慢慢落下，劇場驟然響起久久不止的掌聲。當飾演陳白露的女演員出來謝幕時，觀眾紛紛投以讚許的目光，掌聲亦更加熱烈。這位女演員，就是當紅影劇明星英茵。

　　英茵，原名潔卿，字鳳貞，滿族人。1917年生於北平，自幼家貧，出生才兩個月父親就病逝。她在上學期間就喜歡登台演戲和表演歌舞，十五歲參加黎錦輝主辦的明月歌舞劇社，與王人美、黎莉莉、周璇等浪跡天涯演出歌舞劇。由於她個子高大健美，充滿活力，給觀眾留下了深刻的印象。

　　三、四○年代，有聲電影剛剛傳入中國，上海各電影公司開始拍攝有聲電影，卻都遇到一個共同的難題：女明星多是南方佳麗，不會講普通話。有人拚命學習，有人則無論怎樣努力也學不會，不少人因此而遭到淘汰。這時，來自北平的英茵，憑著一口清脆的普通話與扎實的藝術功底，很快進入了電影界。

英茵最早登上銀幕是在影片《火山情血》中扮演南洋赤腳女郎，因此被善於拍攝女性線條美的影壇能手杜字發現，邀請加盟上海影戲公司，並請她擔任影片《健美之路》中的主角。從此，英茵在影壇嶄露頭角。接著，她又在沈西岑導演的話劇《武則天》中出演主角，獲得廣泛好評而一舉成名。

不久後，年僅十九歲的英茵加入了實力雄厚的明星影片公司，並博得一席之地，先後在《十字街頭》、《生死同心》等片中擔任第二女主角，在《夢裡乾坤》中擔任女主角。評論界、電影界都對她寄予厚望，預言她在表演藝術上將有更高超的表現。

就在這時，蘆溝橋事變的炮火揭開了中國八年抗戰的序幕。影劇界人士自動組織了十三個抗日演劇宣傳隊，英茵參加了其中的青鳥劇社，來到戰時的陪都重慶，與趙丹、顧而已、王為一等人演出話劇。她的戲路廣，主演了許多話劇：在《慾魔》中飾花月英，在《阿Q正傳》中飾吳媽，在《日出》中飾陳白露，在《太平天國》中飾洪宣嬌，塑造出令人難忘、光彩奪目的角色人物。

曾與英茵共事的著名演員顧也魯認為：英茵的演藝精湛，例如在《日出》第一幕演出陳白露鎮唬流氓那場戲中，「曹禺先生的台詞寫得精彩，英茵演得也夠味兒，加上她有特殊的條件——個頭高，富魅力，口齒清，嗓音亮，像敲鑼鼓點似的有板有眼。」他還回憶道：英茵是一個非常敬業的人，「鑽研劇本與角色，真是廢寢忘食。有一天我去找她，敲門，她不開門，屋裡明明有她的聲音，原來她在自我排練。第二天她跟

我說：『明天要拍的戲，今天一定要準備得心中有數，成竹在胸。一部影片有幾個使人難忘的鏡頭，是導演的功力；但演員能通過自己的表演刻畫得扣人心弦，才算是付出了有益的勞動。』」

英茵對待藝術的確是全身心投入的。在重慶，中國電影製片廠（重慶）拍攝了影片《保家鄉》（何非光導演），英茵擔任女主角。該片揭露日寇侵華、殘害無辜中國民眾的血腥罪行，表現出軍民一致抗敵、保衛家鄉的決心。由於英茵在拍片時表演過於逼真，遭扮演日本軍官的演員眞的割破血管，令她在醫院中休養了很長的時間。

1939年仲冬，英茵回到了上海。在「孤島」時期❶，她爲合眾、民華、大成等影片公司主演了朱石麟導演的《返魂香》、《賽金花》、《靈與肉》以及費穆導演的《世界兒女》。隨著英茵的作品不斷增多，她的演技愈來愈精湛，名氣也愈來愈大。廣大觀眾（尤其是上海、重慶的觀眾），說起英茵，無人不曉。然而，就在英茵演藝生涯如日中天之際，她卻於1942年3月9日自絕離世，享年僅二十五歲。

消息傳來，影藝圈內外一片惋惜之聲，其死因也成了眾人關注的焦點：

推論一是情人平祖仁的犧牲，使她失去了對人世的留戀。

英茵流亡重慶時，認識了在重慶陪都政府任職的平祖仁，兩人互有好感。但平祖仁當時已有家室，英茵只能把愛情埋在心底。後來，平祖仁擔任重慶派出的對日諜報員去了上海。其間有傳說英茵因「病」，從重慶回到上海，但不久又悄悄經香港返回重慶之事。她是受命於重慶政府，抑或

去會聚平祖仁，外人傳說紛紜。

1939年仲冬，重慶報刊報導了英茵突然出走的消息，引起影劇界軒然大波，香港的報紙則以「英茵情奔」為題，大肆渲染英茵的愛情糾紛。當時中國電影製片廠廠長鄭用之特別寫信給香港各報，聲明「英茵行為浪漫，中製已予開除」，使人更相信英茵確實是「情奔」。

直至二十世紀八○年代，鄭用之在談起英茵時才說起當年：「有一天，軍統頭子戴笠約見我，把擬好的信件，請我用鄭用之的名義，抄寫後寄香港各報，開除英茵，並要我對新聞界抨擊英茵『情奔』。後來英茵自殺，我才回悟過來，她是被派出的情報員。」

英茵到上海後，對報上的「情奔」新聞一直保持沉默，既不否認也不承認。後來世人終於得知，英茵離港赴滬，其實負有國民政府的重大使命，安插她在上海進行地下工作。報紙發布的新聞，只是分散敵方耳目的煙幕彈。

不久後風波平息，英茵從辣斐德路（今復興中路）遷往克萊門公寓。她表面上仍作她的演員，暗地裡已成為第三戰區諜報組長平祖仁的重要幹部，協助他蒐集對日情報。

1940年4月，日本憲兵隊逮捕了平祖仁夫婦。平祖仁被解押到滬西的極司斐爾路（今愚園路）七十六號特務機關，受盡嚴刑逼供與非人折磨。

平祖仁身陷魔窟，對英茵是個重大打擊。但為了不暴露更多的線索，她只能做出若無其事的樣子繼續拍電影、演話劇，營救平祖仁的工作和照顧平家三個孩子的重任完全落在她的肩上。

儘管英茵做了最大努力，卻仍無濟於事。

1942年1月8日，日本憲兵隊終於殺害了平祖仁。英茵得到噩耗，悲痛欲絕。她親自去領屍體，請化妝師補好平祖仁頭上的槍洞，再將屍體安葬在萬國公墓。此時，英茵已懷抱了赴死的念頭。她在買墓地時，也爲自己在平祖仁身旁買了一塊墓地。這時，她的態度反倒平靜下來，看不到憂傷的痕跡。有一天，同事屠光啓在她家吃飯，問起平祖仁的事，英茵承認他們「非常要好」：「一個好朋友遇到這種事，我不能不爲他去做我應該做的事。要是你也遇上這種事，我也會盡力去爲你辦你的後事的。」屠光啓啼笑皆非：「去你的，我才不會那樣呢！不過萬一有一天，你有不測，我倒會盡一切力量，替你辦後事。」

3月9日，戲言成眞，自覺失責、又爲情所困不能自拔的英茵，終於尋覓情人而去。

推論二是她失財失身，救人無果，悔恨至極。

後來根據英茵的女秘書談到，平祖仁有十幾萬元公費和聯絡費交英茵保管。平祖仁被捕後，英茵用這筆錢上下打點，千方百計實施營救。可錢雖花了，但人卻沒能救出來。尤其讓她悔恨的是，當時的僞江蘇省教育長袁殊，追求英茵已久，揚言能救平祖仁出獄，先決條件是英茵要嫁給他。此時英茵救人心切，再加本身亦有暴露身分的危險，遂不惜自我犧牲，委身袁殊，結果平祖仁卻仍被槍決。英茵既痛惜心上人的慘死，又羞憤遇騙失身，終含恨走上絕路。

推論三則是因他人存疑，敵人相逼，故無奈棄世。

英茵爲救平祖仁，傾其所有；平祖仁死後，

英茵又花自己的錢領出屍體安葬。但平祖仁的妻子及家人不能諒解，硬說她私吞了這筆錢。她有冤無處訴，感到非常委屈。日本憲兵隊也仍不放過她，逼問她與平祖仁的關係與工作內情，並不斷傳訊調查，甚至還要逮捕她。在這幾重壓力下，內心本來已悲痛萬分的英茵只能選擇死路。

英茵的好友顧也魯回憶了英茵離世前的相關情形：

1942年3月，她找我和賀賓，在霞飛路（今淮海中路）D.D.S.咖啡室長談了兩個小時，她說：「我現在身體不好，既不能演話劇，又沒有合適的影片可拍，準備退出劇影圈！你們不必再留在上海了，我能介紹你們去內地，參加抗日活動。」那天她的建議尚未談定，我就去拍戲了。

過了兩天，英茵又來找我，我不在家；晚上又來找我，我們仍未碰頭。第二天屠光啓（大成公司的演員）打電話告訴我英茵服毒自殺了，這噩耗猶如晴天霹靂。D.D.S.咖啡室竟成了我們永訣的場所。

後來聽人說，英茵就在找我的那天晚上，住國際飯店十層，旅客登記簿上填寫著「乾淨」兩字。國際飯店的服務員很少看電影，並不認識英茵。他對「乾淨」的姓名感到詫異，打門探看旅客的情景。英茵回答：「不要按鈴，不許打擾我。」服務員察看她的臉色不好，隔了半小時又打門問她：「小姐，是否要叫晚飯？」英茵發怒了：「你有完沒完？再打門，我不會理你了。」服務員碰了幾次釘子，便自顧自吃飯去了。吃罷飯回來，又打門，房門已鎖住了，打不開，也無

動靜，服務員吃準她一定是自殺。於是撬開房門，英茵果然躺在床上，她吃了許多生鴉片煙，昏迷過去了，服務員忙把她送進寶隆醫院。

誰知到了寶隆醫院，由於沒人認出是英茵，將她放在過道排隊候診。後來有個護士發覺是英茵，找了好多電影公司，才打聽到她是大成的演員。等轉到二等病房，經過灌腸搶救，由於服毒時間過久，救治無效，英茵終於英年早逝！

據友人回憶，英茵在服毒前還打電話給了她的老朋友和合作者周璇、朱石麟及同宿的女友，最後打給導演費穆，只說了半句，就哽咽得泣不成聲。費穆驚異地喚她幾聲，都沒有回答。周璇則在聽到英茵在電話中哭泣地說「我要走了……」時，立即追問她要去哪裡，但英茵卻掛上電話。

英茵的聲音斷了，這位才華橫溢的女藝術家也隨之了斷了自己的一切。

英茵死後留下遺書給上海合眾電影製片廠廠長陸浩，信上寫道：

陸先生：

我因為……不能不來個總休息。我存在你處的兩萬元作為我的埋葬費，我想可能夠了。

英茵

英茵走了，她因為種種原因「不能不來個總休息」，這是黑暗勢力對正義與良知的又一次摧殘，也可說是一個弱女子用生命發出的控訴和表示抗爭。

英茵曾對好友顧也魯說過：「日寇鐵蹄在中

國踐踏的日子不長了，因為世界的正義力量必然
會打敗它的。黑暗的盡頭就是光明！」雖然她自
己未能熬過這段苦難的歲月，但她的抗日壯舉與
以死抗爭的精神，以及對朋友的忠誠，將令後人
永遠緬懷她。

編按
────────────────────────────

❶ 所謂上海「孤島時期」，時間上是指抗日戰爭中，自
   1937年11月12日中國軍隊撤離上海之後，至1941年12月
   8日太平洋戰爭爆發之前的四年又一個月；空間地理範
   圍則是指上海「公共租界」的英、美控制地區（即蘇州
   河以南）和「法租界」這兩片地區。

「做人難，難做人，人難做」

——筱丹桂

筱　丹　桂

(1 9 2 0 - 1 9 4 7)

中國著名越劇女演員。
原名錢春鳳，浙江嵊縣人。小時做過
童養媳，1930年進高升舞臺科班學
藝，飾演花旦。1937年入上海，在丹
桂劇團中，先後與張湘卿、張桂蓮、
徐玉蘭等合作，演出《秦淮月》、《是
我錯》等劇。1947年參與「越劇十姐
妹」聯合義演《山河戀》。留有《西廂
記·拷紅》、《馬寡婦開店》、《玉蜻
蜓·張氏勸夫》等唱片傳世。

1947年10月16日，年僅二十七歲的上海著名越劇演員筱丹桂在住所飲毒自殺。消息很快不脛而走，上海各大報刊紛紛報導了此一噩耗，有的還配上了評論與照片。某記者在現場採訪中描述：

　　第二天早晨，筱丹桂的屍體移到樂園殯儀館，到中午十二點，趕去看遺容的先後已近萬人。樂園殯儀館的那條里弄，好似山陰道，人擁擠得像潮水一樣，殯儀館的草坪被踏毀，花木被摧折，門窗被擠破，桌椅家具被碰壞，外界送來的許多輓聯和花圈等物，都無法掛上去。

　　這次筱丹桂死後的情形，不亞於從前電影女皇阮玲玉，是阮玲玉死後十多年來未有的盛況。

　　緊接著，上海越劇界三十四家越劇院宣布一律停演三天，一些劇團迅速排出《筱丹桂自殺記》、《筱丹桂自殺眞相記》、《名伶丹桂之死》、《丹桂香消》等劇，以舞台形象揭露黑暗社會與惡勢力，爲藝人受到的迫害提出抗議。許多報社幾乎每天發出追蹤報導與背景資料，長達兩個多月不絕。

　　筱丹桂是個名人，但畢竟只是一個越劇演員，她的自殺竟然引起社會這麼大的轟動，產生如此大的回響，不是沒有原因的。

　　筱丹桂出身貧苦，五歲時，一輩子種田的父親去世了。八歲時，她被送到離家幾十里的西來村當人家的童養媳，每天有幹不完的雜活，還要被公公婆婆打罵，經常不給她飯吃。人餓得只剩皮包骨。幸虧一個同鄉老漢發現，勸她娘把她接

了回來。十歲時，裘廣賢在長樂成立高升舞臺戲班，丹桂的母親為了使家裡少一個人吃飯，狠心把丹桂送到戲班學戲。丹桂覺得戲班雖苦，卻已比過去的日子要強，因此刻苦練功吊嗓，很快便成了戲班的頂尖角色。十三歲那年她出了師，十六歲便唱出了名。在《貴妃醉酒》裡扮楊玉環，在《華麗緣》裡扮孟麗君等角色，都演得楚楚動人。她飾女角，嫵媚嫻靜；飾男角，瀟灑風流。能文能武的她，唱做俱佳，很受觀眾的喜愛。

1936年，筱丹桂隨高升戲班到上海演出。「八一三」日寇轟炸上海後，她隨戲班又回到了家鄉。1938年春，上海淪為孤島後，出現了一種畸形的繁榮。浙東戲院的老闆見演戲走俏，便派戲院的跑街張春帆到鄉下，將過去在上海唱戲效果極佳的筱丹桂邀來上海演戲。張春帆——曾姦污幼女、逼死人命，後又逃脫追究，混入越劇界——憑著三寸不爛之舌，以同鄉與叔輩的身分擔保，將筱丹桂與另一個小生演員張湘卿一同騙到上海。

筱丹桂到了上海，很快就唱紅了。在當時上海越劇舞臺五大名旦中，她獨占鰲頭，人稱「越劇皇后」，當時甚至有「三花（施銀花、趙瑞化、王杏花）不如一娟（姚水娟），一娟不如一桂（筱丹桂）」之說。

惡習未改的張春帆看到筱丹桂愈來愈紅，猶如發現了一棵搖錢樹，便起了歹心。他先是以叔叔的身分送點心、首飾給丹桂，後又在後臺動手動腳，調戲丹桂。丹桂在上海舉目無親，又是一介弱女子，不敢得罪對方，只好極力迴避。誰知張春帆有恃無恐，在1942年一個秋雨連綿的午

後，趁筱丹桂演出日場戲回到單身宿舍午睡時，偷偷溜進屋內，用手槍威逼恫嚇，將筱丹桂姦污了。可憐一個柔弱女子，有口難辯，有苦難訴。委屈求全，於是這位名噪一時的名伶竟遭挾迫成為張春帆的小妾。從此，筱丹桂的生活、交往、演出和收入全被張春帆控制，她開始在更難以忍受的痛苦中受煎熬。

由於有筱丹桂、徐玉蘭等著名演員撐台，《秦淮月》、《是我錯》、《圓圓紅》等劇目十分賣座。丹桂劇團在上海灘的名聲更響亮了。張春帆趁機大發橫財，不但買了一家舞廳裝修成容納一千多人的大戲院——國泰劇場，同時，還掛起了「越劇界同業公會」與「越劇藝員聯誼會」兩塊招牌，野心勃勃地企圖爭奪越劇界霸主的地位。

筱丹桂畢竟是年輕人，雖然環境艱辛，她仍熱情地追求新思想，希望演出新戲。張春帆對此極力阻撓，直到後來輿論力量太大，才勉強讓她參與雪聲劇團的《吳山點點愁》、《寒夜曲》等有積極意義的劇目。

當時，新文藝工作者在地下組織的組織下，正透過各種形式展開「反對內戰，要求民主」的宣傳活動。1947年7月29日，筱丹桂與上海越劇界同仁相聚在大西洋西菜社（西餐廳），簽定了聯合義演合約。在上面先後簽名的有尹桂芬、徐玉蘭、竺水招、筱丹桂、袁雪芬、張桂鳳、吳筱樓、傅全香、範瑞娟等十人，後來被稱為「越劇十姐妹」。她們隨即趕排新編越劇《山河戀》，筱丹桂在劇中飾主角宓姬。同年8月19日，以「越劇十姐妹」為主要演員的上海越劇界人士，在黃金大戲院義演《山河戀》，獲得極大成功。並連演月

▼筱丹桂（後排左二）等「越劇十姊妹」。

餘，場場爆滿，社會各界的回響激烈。

張春帆對筱丹桂參與義演、追求人格獨立的舉動大為不滿，因此日漸加緊對她的控制。他不許筱丹桂與有進步思想的女演員來往，更不准她與其他男人有任何接觸。戲院附近有個南方小吃店老闆是個戲迷，曾寫過一封信給丹桂，後竟遭張春帆派流氓去毒打一頓，筱丹桂也因此被訓斥與責罵。丹桂在張春帆的淫威下，可以說幾乎沒有一點人身自由。更可惡的是，張春帆的大老婆經常大發雌威，動不動就當面侮辱丹桂。連張春帆的小舅子和手下的小流氓也常有意找丹桂麻煩。尤其是在丹桂熱心社會活動、自主意識增強後，張春帆的刁難也更加緊了。

這種牢獄式的生活，讓筱丹桂感到異常壓抑，精神上十分痛苦，整日雙眉緊蹙，不時以淚洗面，常有生命走到盡頭之感。不久，終於發生一件「看電影」的小事引燃了丹桂被迫自殺的導火線。

緣由初起，是因為當時在上海實驗電影公司的導演冷山受朋友喬奇之邀到丹桂劇團幫助演員排戲，因此認識了筱丹桂。他認為丹桂的天賦很高，條件也不錯，只可惜文化水平與藝術修養不足，因此便在排戲過程中經常提供她這方面的知識與看法。丹桂自知不足，也很願意聽冷山的意見，後來還請了一位中文教師專門為自己講授語文和文學知識。1947年10月，在排演《山河戀》過程中，筱丹桂很想找人談一談自己對劇目的理解與認識，記起了已回電影廠的冷山，便經過電話約他出來談談。

10月7日下午，冷山應約與筱丹桂碰面，一起

探討對藝術創作的看法，同時還在龍門戲院看了一齣因為遭張春帆排擠而與別人合作的徐玉蘭的戲，並先後走了兩家電影院，準備看一場電影，探討一下電影現實主義表現手法對越劇創作的借鏡作用。到晚上10時，兩人分手。

　　筱丹桂回到家中，立即遭到張春帆威逼審問。她平靜地回答是為了排戲而與冷山去看電影了。張春帆一聽大發雷霆，逼問丹桂與冷山通過多少信、寫了些什麼、作過哪些許諾、在哪幾個旅館開過房間……丹桂反覆向他解釋與表白，張春帆就是不聽，反而愈吵愈凶。丹桂氣憤已極，對張春帆說：「你不要血口噴人，我的身子是清白的！不然，我就去死！」語畢，已氣得喘不過氣來。張春帆毫不憐惜，反而更兇狠地瞪著兩眼吼道：「那你就去死！死了，才能說明你的身子是清白的！」

　　第二天，張春帆衝到冷山的住處，將他騙到自己家中，然後兇神惡煞地要他與筱丹桂搞所謂的「對證」，逼他承認與丹桂有不正當關係。冷山憤懣地予以駁斥，明確告訴他只是在昨天晚上與筱丹桂看了一場電影，完全是導演與演員之間為探討藝術問題而進行的正常活動，除此之外，無任何不軌行為。但張春帆完全不聽，筱丹桂再也忍不住，辯白道：「我的身子是清白的，你為什麼定要誣陷人家。不信，我可以去死！」張春帆立即冷笑答道：「天在頭上，你不能黃口白牙地瞎說一通，老天要報應的！」筱丹桂強忍住淚水，說道：「我可以對天發誓！」張春帆一把揪住筱丹桂的頭髮說：「好，好，你與冷山一塊起誓！」冷山見丹桂受到如此侮辱，便想以此表白

來洗刷丹桂的不白之冤，打消張春帆繼續折磨丹桂的企圖，因此，他也跪了下去，與筱丹桂一起發了誓。

此後的幾天裡，張春帆沒有一時停止過威逼、恐嚇、毆打和辱罵，甚至每當有客人來時，張春帆更加肆無忌憚地侮辱丹桂，罵她偷漢子，令連帶他也沒有臉見人，諸如他「堂堂正正的國泰劇院經理，竟成了烏龜頭、三孫子！」什麼污濁難聽的話都毫無忌諱地罵出來。而在張春帆大發淫威時，他的老婆、孩子與一位姐夫，也在隔壁各自的房間裡摔東打西，用各種刺耳的聲響為張春帆助威。張春帆那些狐朋狗友則一邊假勸解，一邊添些話頭，激得張春帆愈罵愈兇。

對張春帆的險惡用心，在現場目睹且知曉前因後果的著名越劇導演吳琛看得很清楚：「張春帆這個流氓及他們那夥人想抓住『看電影』這件事大做文章，一箭雙鵰，或者一箭數鵰——對於越劇改革、對於新文藝工作者、對於色藝漸衰的筱丹桂進行打擊報復與要挾勒索。」

筱丹桂完全絕望了。她有口難辯，也不想再辯。她將這個世道以及張春帆之流，已完全看透。她在自殺前兩天，對在劇團唱二肩頭的魏蘭芳說：「為了看一場電影這樣一件小事，就鬧得天翻地覆，做人還有什麼趣味！看來，我一定要走馬樟花（被流言誣害而死的女演員）這一條路了。」

10月13日下午3時，筱丹桂先將一直陪在身邊的二妹錢瓊韻支出去買點心，然後趁隔壁魏老伯出去洗澡時，去到他的家，拿起原本已特意放在床腳旁的一瓶來沙爾消毒水，迅速擰開蓋，一仰

頭便全吞咽了下去……等她撐著回到自己的房間時，藥性已開始發作。她扯過床單，用手指醮墨水寫下了幾個字「做人難，難做人，人難做」、「春帆，我和你……」此時，過多的消毒水在腹內燒灼著她的腸胃，令她肝摧膽裂。劇烈的疼痛終於未能讓她寫完這滿腔憤怒的絕命書。

魏老伯洗頭回來聞到屋內濃烈的藥味，又看見床頭裝消毒水的空瓶，急忙跑到筱丹桂房中，發現筱丹桂已經昏迷。這時二妹錢瓊韻正好趕回，兩人連忙把丹桂送往中美醫院搶救，卻已經太遲了。一代名伶筱丹桂終於在當日下午6時15分，結束了她那淒涼苦澀的短暫一生。

張春帆得知筱丹桂自殺後，先是恐嚇錢瓊韻，不准她說出真相，繼而威脅冷山，企圖轉嫁罪責。後來由於社會各界的巨大壓力，國民黨當局怕事態鬧大，因此在10月30日晚拘捕了張春帆。可不久，又將他無罪開釋。

然而，張春帆這個戲霸終於未能逃脫人民的懲罰。「解放後」，在鎮壓反革命中，他被第一批押上了刑場。

「我希望人們把我看做一個
從事藝術的人，而不要把我當成一部機器……」

——瑪麗蓮·夢露

瑪麗蓮‧夢露

Marilyn Monroe

(1 9 2 6 - 1 9 6 2)

美國好萊塢著名影星。

曾擔任攝影模特兒。1946年進入好萊塢，先後在福斯、哥倫比亞、聯美等電影公司拍片。1950年在影片《夜闌人未靜》中嶄露頭角。1953年在影片《飛瀑怒潮》中擔任主角，一舉成名。接著又主演影片《紳士愛美人》，奠定了她的國際明星地位，成為最負盛名的性感明星。她一生共拍片二十八部，主演過十六部，並一度創立自己的電影公司。主要代表作還有《七年之癢》、《熱情如火》等。

1962年8月5日清晨4時25分，洛杉磯西區警察局值班警官傑克‧克萊蒙斯突然接到一個令人難以置信的電話：

　　好萊塢著名性感明星瑪麗蓮‧夢露死了。

　　傑克立刻驅車趕往夢露的別墅，那裡早已聚集了一大群人，除了她的女管家默里太太外，還有夢露的精神分析醫生格林森和私人醫生恩格爾伯格等。

　　默里太太向警官說明了當時的情況。她說，她半夜醒來時，發現夢露臥室門下仍透出燈光，心中感到一種莫名的不安。她試圖打開臥室的門，但未成功。她隨即打電話向格林森大夫求助，後者很快趕到，砸碎窗戶玻璃鑽進去，看到夢露躺在臥室床上，被單皺成一團裹著她。夢露身上一絲不掛，身軀已經開始僵硬。不一會兒，恩格爾伯格大夫也趕到了，確認夢露已經死亡。

　　兩位大夫立即著手對夢露死因進行檢查分析，一致認定，夢露是因吞服過量巴比妥酸鹽而死。巴比妥酸鹽是一種鎮靜藥，服用過量會造成呼吸困難、噁心和嘔吐；劑量如再增多，將導致體溫過低，直至死亡。夢露近年因精神狀態不佳，一直服用這種藥物，因這種藥物致死不足為奇。

　　得知消息的新聞記者蜂擁而至。警察局長威廉‧帕克趕緊安排傑克等警員保護現場，維持秩序，並走到記者面前宣布：現場檢查結果顯示，電影明星瑪麗蓮‧夢露是吞服藥物過量自殺身亡。

瑪麗蓮‧夢露的名聲顯赫，資財萬貫，影迷如雲，爲何會自殺身亡？記者現在開始把焦點轉移到探討瑪麗蓮‧夢露自殺的原因上，報紙、電台、電視台連篇累牘地發表各類文章與評論，一時間形成了一股新的「夢露熱」，並將其死因歸結於兩方面：

　　首先是事業上的挫折。

　　瑪麗蓮‧夢露原名諾瑪‧珍‧貝克（Norma Jean Baker），1926年6月1日在洛杉磯一家綜合醫院出生。她還沒有出生前，父親便拋棄她生母不知去向。母親葛洛蒂絲‧貝克，是一家影片沖印公司的女工。她的家族有精神異常病史，葛洛蒂絲也得到遺傳。小諾瑪五歲時，她被送進了精神病院。

　　諾瑪的童年是在孤兒院和好幾個養父母的家裡度過的。九歲時，出院後改嫁的母親只接她回過家兩次。精神不正常的外祖母竟然想要掐死她；兩個繼父則企圖強姦她。在別的孩子只知道歡樂的年齡，她度過了一個孤獨和恐懼的童年。

　　母親想法子讓女兒上了中學，但不能與她同住。到了1941年，十五歲的諾瑪才在一個叫做「安娜姨媽」的好人家裡，找到了一個較安穩的棲身之所。安娜姨媽的家離好萊塢很近，在這座電影城的人行道上，用水泥澆鑄著許多大明星的手印和足跡。諾瑪常去看這些印記，對當明星充滿了憧憬。

　　第二次世界大戰時期，諾瑪已進入一家軍工廠工作。當時軍方特地派了許多攝影組到後方軍工廠拍攝生活照片，以此鼓舞前方將士的士氣。十七歲諾瑪的天生麗質被攝影師戴維‧康納沃

（David Conover）相中了。不久後，她的照片在報刊上刊登了出來。著名攝影師安筑・狄尼斯（Andrede Dienes）從報刊上開始注意諾瑪，當時他開辦了一家模特兒介紹所，很快便吸收諾瑪成爲他的模特兒，爲她拍了不少展示青春活力、玲瓏有致身材的藝術照，並廣被雜誌採用。這對已有了初步視覺形象體驗的諾瑪來說，無疑強化了她欲從事演藝事業的信心。

1946年，二十歲的諾瑪鼓足勇氣來到好萊塢，希望實現自己孩提時期的夢想。「二十世紀福斯」電影公司看中了她浪漫的氣質與獨特的魅力，錄用了她，並爲她取了個動聽的藝名：瑪麗蓮・夢露。

一開始，夢露只演一些小角色。她在參與拍攝的第一部影片《呵！快跑》（*The Shocking Miss Pilgrim*, 1947）中，只有一句台詞，這個鏡頭在電影上映時還被剪掉了；第二部影片《危險年頭》（*Dangerous Years*）裡，演員名單列了十五位，她排在第十四。夢露對福斯公司有些灰心，先後跳槽到了哥倫比亞電影公司和聯美電影公司，參與拍攝了《合唱團女郎》（*Ladies of the Chorus*）、《愛情事業》（*Love Happy*）等片，但只仍是在影片中一閃而過的跑龍套角色。

夢露發現電影界裡靠的是名聲，既然直接進入不行，她決定另闢蹊徑——重回模特兒圈；透過充分展示她令人讚歎的身材和風姿，取得躋身電影名流行列的入場券。不久後，攝影師湯姆・凱利（Tom Kelley）爲她拍攝了一張名爲《金色的夢》（*Golden Dreams*）的裸照，酬金只有五十美元，但這張裸照後來成了無價之寶。夢露曾回

憶道：「我爲了五十塊美金，聽攝影師的要求，穿越一層層音樂的旋律，才擺好姿勢」，「我希望拍廣告」。

夢露雖星運不佳，裸照卻吸引了不少好萊塢大亨。福斯電影公司總裁約瑟夫·謝洛克、威廉摩里斯經紀公司（William Morris Agency）執行副總裁強尼·海德（Johnny Hyde）與她常有來往，海德甚至全力推薦她參與米高梅公司的新片《夜闌人未靜》（The Asphalt Jungle, 1950）的演出。這是夢露參演的第一部重要作品，飾演一個黑社會頭目的情婦，戲分雖不重，導演卻讓她在片中放出了光芒。很多觀眾在看完該片後，不禁發問：「那個金髮小姐是誰？」

與此同時，夢露與這些大亨打得火熱的消息也上了報紙。夢露借題發揮，擴大其影響，聲稱：「我知道大家都說我是約瑟夫的情婦，真是胡說八道。我常去約瑟夫家，是因爲我喜歡他家的菜，那比好萊塢電影俱樂部的伙食好多了。」但看過報紙的人卻認爲，約瑟夫家的菜並不是那麼好吃，夢露不可能不爲之付出代價。

在美國這個弱肉強食、現實醜陋的社會中，女人靠美色登上明星地位不失爲一條捷徑，夢露也未能免俗，但這又恰恰爲其最後步上無數女星悲慘結局的後塵埋下了禍根。

從1950年到1952年，瑪麗蓮·夢露時運頗佳，一連拍了十部影片。真正使她一舉成名的是1953年的《飛瀑怒潮》（Niagara）。

《飛瀑怒潮》是以尼加拉大瀑布爲背景，描寫一對新婚夫妻在蜜月旅行中的矛盾，影射男女間爾虞我詐的情慾衝突。夢露是第二女主角，當

▼夢露的第一張裸照被《花花公子》雜誌刊登後，聲明大噪（1952年）。

她首度亮相於瀑布前，扭腰擺臀、婀娜前進的鏡頭十分搶戲，是這部片子的魅力焦點所在。當時夢露的私生活已被花邊新聞炒得沸沸揚揚，《飛瀑怒潮》的導演因此借題發揮，特別設計她的出場與走路時的風騷姿態，利用緋聞烘托她在片中的性感角色，果然獲得強烈回響。夢露被一舉推上「性感女神」的寶座，開創了「MM時代」（瑪麗蓮・夢露名字字首為M.M.）。

同年，夢露還參加了《紳士愛美人》（*Gentlemen Prefer Blondes*）一片的拍攝，擔任女主角之一，與早她十年成名的「肉彈」珍・羅素（Jane Russell）飾演一對歌舞女郎。在片中，夢露刻意表現出自己的自在氣質，動作透露出一種活力，愉快的表情和朗朗的笑聲也極富感染力。再加上她聲音中獨特的童稚甜音，終於異軍突起，把珍・羅素的性感魅力比了下去。

這部影片為夢露奠定了國際影星的地位，以至於福斯電影公司的歌舞瑰寶蓓蒂・葛蘭寶（Betty Grable）在看完該片後對她說：「親愛的，我已經得到我想要的，現在該輪到你了。」

1954年，夢露參加了影片《七年之癢》（*The Seven-Year Itch*）的拍攝，這是她銀幕生涯的一個里程碑。在喜劇大師比利・懷德（Billy Wilder）的編導下，她飾演一個媚態十足，卻似乎總還沒睡醒、讓男人無法抑制種種綺思妄念的美女。夢露很準確地把握了人物性格的特徵，每一個眼神、每一個動作都恰到好處，顯示她的演技已趨成熟。夢露在本片中的一個鏡頭——她站在紐約時代廣場地下鐵的通風口上，任風將她的大蓬裙掀起一朵裙花——則成了好萊塢性感場面的著名商標。

在水銀燈下度過了將近十個春秋後，隨著人生閱歷的豐富與對世道的觀察體會加深，夢露逐漸感到電影這一門藝術，不能光靠性感，還必須有真正的演技。當年齡逐漸增長、青春美麗的優勢日漸消失時，她更深刻地體認到了這一點。

夢露想改變自己「性感明星」的形象，以演技派的面孔出現在觀眾面前。她一方面努力以體操、游泳、健身等運動保持體型，另一方面也留意加強自己各方面的知識與實力。攝影記者拉里曾經看到夢露在閱讀一本人體解剖學，上面記滿了筆記。她當時正在研究人體的骨骼，認為只有瞭解人體的構造，才能掌握人體自然和諧的律動。這位記者因此評論道：「夢露的魅力絕不是在於某些女人那種扭扭屁股、挺挺胸那種招數。」

在《大江東去》（*River of No Return*）這部影片中，夢露拿出了她平時勤加練習的另一手絕活，在片中高歌了一曲，傳唱至今。

1955年，剛拍完《七年之癢》的夢露飛往紐約，求教於「方法表演」論❶（Method Acting）的表演學家史特拉斯堡（Lee Strasberg, 1899-1982）門下，潛心學習演技，與馬龍・白蘭度、保羅・紐曼、珍妮・伍德華德（Joanne Woodward）、詹姆斯・狄恩成了前後期師兄妹。有人嘲諷夢露此舉是「二十世紀最大的噱頭」，但是這無法否認夢露的進取心。她要成為一名真正的藝術家，而不是「性感機器」。

但好萊塢的大亨對夢露重塑形象的願望不予理睬，他們需要夢露這個最具票房價值的演員繼續以肉彈身分出現在銀幕上。他們追求的只是鉅額利潤，其他都不值一談。此時，福斯公司打算

▼夢露在沙灘上慢跑。

重拍德國電影《藍天使》（The Blue Angel, 1930），要求夢露扮演瑪琳‧黛德麗（Marlene Dietrich）在劇中擔綱的狐媚角色，遭夢露一口回絕。福斯電影公司的老闆們大為不滿，告上了法庭。夢露據理力爭，終於讓福斯公司敗訴。大亨怕失去這棵搖錢樹，只得無奈地做出讓步，重新修改合約，允許夢露有挑選編製、導演和男主角的權利，並議定七年四部片約。夢露知道好萊塢的權貴不會放過她；為了發展自己的藝術事業，她同時在紐約自行成立了一家製片公司。

然而，夢露在強大的電影集團面前畢竟勢單力薄。大亨們對夢露不聽擺布本已十分惱怒，等到夢露年逾三十、性感魅力日衰，加上她因婚姻受挫而開始酗酒，出現某些神經質反應時，更使他們對這株原來的搖錢樹失去了繼續澆灌的耐心。1962年6月，福斯公司以夢露某次不能按時到攝影棚為藉口開除了她，並揚言：「瑪麗蓮‧夢露已經完了！」

福斯公司的卑劣與無情，使夢露感到非常氣憤與痛苦。她曾經為該公司帶來滾滾財源，現在卻被一腳踢開，實在令她心寒。儘管與她合作的男演員迪安‧馬丁（Dean Martin）支持她，拒絕在沒有夢露的情況下拍片，也有不少人也為她鳴不平，但夢露已感覺到自己的前途渺茫。另外，夢露因為以前拍過的那些性感鏡頭，使她一直沒有得到美國電影藝術的桂冠──奧斯卡獎，這也使夢露對繼續從事電影藝術心生厭惡，對前景失去信心。最主要的原因，則是夢露衷心想做一個好演員，做一個堂堂正正的藝人，但這個社會不讓她如願；她的事業在電影巨頭的控制與壓制下必敗無疑。夢露曾極傷心地

對《時代》雜誌記者說：

我希望人們把我看做一個從事藝術的人，而不要把我當成一部機器……但有人卻認為凡事只能照他們的意思去做；他要你流一滴眼淚，如果你流了二滴或三滴，他便認定你的表演拙劣、失敗。結果你只能像機器一樣隨他擺布。

夢露不願做電影大亨們手中的「玩物」，也不忍心看到自己色衰技盡。當眼前現實是如此殘酷無情而自己又無力抗拒時，她終於下定決心趁早脫離此一苦海。

夢露自殺的原因之二，是因為婚姻失敗。

早在1942年6月19日，十六歲的夢露就在安娜姨媽的撮合下，與二十歲的大學生吉姆‧道提（Jim Dougherty）結婚。

此時正值第二次世界大戰，詹姆斯不久後即被招募到海軍服役，夢露則到一家工廠做工。這時，來廠裡拍攝後方情況的攝影師看中了夢露熱情奔放的少女倩影，為她拍了不少穿緊身運動衫的相片。這些展露身材輪廓的照片，後來大多登在男性雜誌上，當詹姆斯看到嬌妻賣弄風情的照片後，立即做出了斷然的決定，寄給夢露一張離婚證書。夢露與丈夫的感情本來就不深，婚後丈夫沒有在身邊給予愛撫與關懷，這種聚少離多的分居生活也使她感到煩惱。因此當詹姆斯提出離婚，她立即同意結束這場為時四年的無望婚姻。

夢露在電影圈中嶄露頭角後，儘管追逐者雲集，但她一直未找到真正愛的人，無時無刻不感到寂寞與孤獨。其實，她仍像兒時一樣需要呵護

與理解，需要有人給她力量。

首先闖入她生活中的男人是亞瑟・米勒❷（Arthur Miller），百老匯著名的劇作家，比夢露大十一歲。1949年2月10日晚，他的名劇《推銷員之死》（*Death of a Salesman*）在百老匯公演，驚動美國劇壇，於百老匯演出七百四十二場才告功德圓滿，並榮獲普立茲獎。爲了《推銷員之死》改編電影的事宜，他來到好萊塢。在好萊塢的一次酒會上，他經由導演伊力・卡山（Elia Kazan）介紹認識了夢露。

這次的偶遇，雙方似乎一見鍾情，頻頻約會，在好萊塢已不是秘密。米勒的家庭本來就有裂痕，親近的朋友認爲這回米勒將會做出決定。可是幾個禮拜後，米勒卻離開夢露回到紐約妻子身邊去。

1954年1月14日，夢露與全美棒球明星狄馬喬（Joe Di Maggio）結婚。他們相識於1952年，當時她正在拍攝《不用敲門》（*Don't Bother to Knock*）。朋友介紹她與狄馬喬認識之前，她從沒有看過棒球，也不知狄馬喬是何人。首次相見時，她一個勁地望著身高一百九十九公分的狄馬喬嬌笑。她就如同一隻怯懦的小鹿，盼望的就是這樣強壯的男人來保護。

狄馬喬是美國第一位年薪十萬美元的棒球明星。1949年10月1日紐約洋基棒球場舉行「狄馬喬日」時，曾有七萬名崇拜他的球迷湧進球場向他歡呼。

狄馬喬與夢露結婚時，他已退出棒壇三年，但聲名仍然顯赫。影星與棒球巨星的結合，當然是國際級新聞。可是，這段被新聞界炒得十分火熱的婚

姻僅維持了九個月，便於1954年10月告吹。

這是因為狄馬喬一直認為自己是眾多球迷的偶像，殊不知夢露的影迷更多更瘋。當他們到東京度蜜月時，圍觀的人們一遍又一遍狂熱地呼喊夢露的名字，狄馬喬則成了不起眼的陪襯人物「夢露先生」，令自尊心很強的狄馬喬感到極為不快。特別是日本記者問她「夢露小姐，你晚上穿什麼款式的睡衣？」夢露竟回答：「噢，是香奈爾五號（香水）。」夢露的暗示令狄馬喬氣憤不已。

另外，狄馬喬整天沉溺於電視機前，偶爾與朋友聊天，也不超脫運動或露營的範圍，對戲劇、音樂、藝術毫無興趣，與夢露在事業上沒有共同語言。相反的，他對做細麵條和夢露不隨手關燈、將胸罩丟在地板上，以及刷牙後忘記蓋上牙膏蓋等小事，卻十分挑剔，讓夢露感到難以忍受。

《七年之癢》上映後，夢露在紐約地下鐵站被鐵柵欄撕破裙子的鏡頭讓狄馬喬看到了。見到妻子在眾目睽睽下，讓風吹起裙子使春光外洩，嫉妒心令他歇斯底里起來。儘管夢露安慰他：「要緊的不是眼裡看到的，而是心裡想到的。」但狄馬喬還是覺得無法忍受，留下一張離婚書後便離開她。

1955年，夢露來到紐約向「演員工作室」表演學家史特拉斯堡求教，同時與人在紐約的舊情人亞瑟·米勒舊情複燃。消息不脛而走，採訪的記者接連不斷，一名法國《巴黎競賽鏡報》的女記者為了跟蹤他們的汽車，竟遭車禍喪生。

1956年6月12日，米勒夫婦到雷諾城辦妥了離婚手續。十四天後，米勒與夢露這對才子配佳人的結婚消息，就刊登在全球各地的報紙上。

▼影片《七年之癢》中，身著白色紗裙的夢露。

但這段婚姻一開始就註定是要失敗的。

夢露看中的是米勒的儒雅風度與淵博知識；此時她正在追求新知充實自己，以求改變形象。她認為米勒是一個合格的老師與丈夫，這是她最滿意的一次婚姻，以至於她在結婚典禮上這樣對米勒說：「我終於和我熱愛又敬佩的人結合了。」

但是米勒卻一直認為夢露有神經質的病態心理，不宜灌輸她太多知識，以免她胡思亂想。他曾舉例，夢露在參加《我喜歡熱戀》拍攝時，積極模仿劇中角色的瘋狂行為，連在家裡也垂頭喪氣、語無倫次。夢露對米勒此語頗不滿，認為丈夫看不起她。

在倫敦拍《王子與舞女》(*The Prince and the Showgirl*) 時，一名來採訪的英國記者問夢露是否喜歡音樂，夢露表示喜歡貝多芬的古典音樂；記者又問她喜歡貝多芬的什麼曲子，夢露沒有準備，一下愣住了。對貝多芬《田園交響曲》與《命運交響曲》很熟悉的米勒在一旁沒有幫她解圍，照樣埋頭抽煙，讓夢露出足了洋相。夢露的淚水差點淌了下來，不敢相信眼前這位男子是自己的丈夫。

米勒也有他的苦衷。他發現儘管自己是世界知名作家，但與夢露相比卻相形見絀。飛機場上的記者採訪與影迷的圍觀，都是衝著夢露而來，他們每到一處都不得安寧。夢露忙著拍片，每日緊張不堪，經常得靠安眠藥才能入睡，米勒因此成了保母；有時為了陪夢露拍片，米勒不得不放棄自己的事業。這些都使他感到苦惱。尤其是結婚後，米勒幾乎是靠夢露的錢過日子，因為他不是多產的作家，收入很少，開銷卻很大。名聲與

金錢的反常現象，使他與夢露都感到煩躁不安。他們開始爭吵，夫妻感情裂痕逐漸擴大。夢露因為自己原以為美滿的婚姻如今有了破滅的危險，精神病症逐漸加劇，令米勒更加反感。

1960年11月，夢露與米勒在經過長時間的不和後宣布「友好的分居」，次年正式離婚。這次婚姻失敗對夢露的打擊極大，兩個月後，她因精神分裂自殺未遂，被送進紐約一家醫院救治。不久，她又接受膽囊炎手術，好幾個月後才恢復過來。

1961年1月，經美國總統約翰·甘迺迪的演員妹夫彼德·勞福（Peter Lawford）的介紹，夢露在拉斯維加斯一次聚會上認識了風流倜儻的美國總統，巨大的權力與絕世的美貌之間產生了一種微妙的默契，兩人很快便打得火熱：在賭城拉斯維加斯的酒店泳池畔攀肩挽臂，儼然是一對情侶；在勞福出讓的加州豪華別墅中，兩人共築臨時愛巢，互訴衷腸；夢露甚至曾經假扮成他的私人秘書，潛入白宮與總統幽會……

1962年5月19日，約翰·甘迺迪舉行四十五歲生日慶典，夢露應邀出席，並在麥迪遜廣場公園舉行的聚會上，當著兩千名來賓面前妖豔地為總統演獻唱一首《祝你生日快樂，總統先生》。

甘迺迪在隨後的發言中情不自禁地說：「聽了像瑪麗蓮·夢露這樣充滿青春氣息的漂亮姑娘為我唱的生日歌，我想我可以退出政治舞台了。」

數百萬美國人觀看了慶典的實況轉播，「性感女神」成了總統的座上賓，全國為之譁然。夢露似乎對總統動了真感情，當然希望得到總統的某些回報，有的人甚至懷疑她是否有想當總統夫人的野心，但這項冒險計畫最後使她付出了包括

生命在內的巨大代價。

當時甘迺迪正忙於下一屆的總統選舉事宜，於是把夢露當做禮物送給了他的弟弟——司法部長羅伯特·甘迺迪。據說兩人成了情人，她甚至向他求婚。一開始羅伯特為了討她歡心，一口答應下來，後來又食言。因為羅伯特同樣基於政治上的考量，也不可能和夢露保持長久的關係，而甘迺迪兄弟的政敵正死盯著他們。兄弟倆與夢露的交往不過是逢場作戲，豈可能為一個女演員斷送了自己的政治前程。

夢露的幻想又一次破滅了，她感到這些政客太虛偽、太多變，可是他們又太強大。她在他們面前只能是弱者與犧牲品。

事業的挫折與婚姻的失敗讓夢露絕望，她終日借酒澆愁，在當時參加拍攝《得與失》（*Something's Got to Give*）一片中已出現難以支撐的境況，「看上去像一隻病懨懨的貓」。

1962年8月4日晚上8時，夢露對女管家默里太太說：「晚安，默里太太，我該上床睡了。」說完便關上臥室的門。

她睡去了，但再也沒有醒來。

夢露的葬禮十分簡單，只有二十四個人參加。她的靈柩上覆蓋著白花。狄馬喬以前夫的身分參加追悼會，拒絕讓好萊塢任何人參加，認為是好萊塢奪去了他的妻子並殺害了她。後來他每年在夢露忌日都會到她的墳上獻上一朵紅玫瑰花。狄馬喬七十三歲那年宣布：「我死後要葬在夢露的身邊，她是我唯一、也是最後的妻子。」他對夢露的一片癡情，在美國傳為佳話。

夢露被埋葬在從好萊塢駕車西行約二十分鐘

便可抵達的一所「西木村公園紀念墓園」公墓裡，裡面一片鋼筋混凝土質地的圍牆內，便是她長眠的地方。墓碑的銘文與她顯赫的聲名落差極大，上面僅有寥寥兩行字：

瑪麗蓮‧夢露

（1926-1962）

編按

❶方法表演：1947年，史特拉斯堡與美國導演伊力‧卡山成立「演員工作室」（Actors Studio），將俄國戲劇大師史坦尼斯拉夫斯基（Constantin Stanislavsky, 1863-1938）的「方法表演」演出方式引介至美國，影響層面涵括了表演戲劇界至好萊塢。此一理論認為：演員必須精於觀察事實，揣摩真實生活中的行動，同時應有相當的心理學訓練，能夠想像角色的心理狀態，並透過頻繁的排演，從而在舞台上投射出真實生活。

❷亞瑟‧米勒（1915-），美國當代首屈一指的劇作家，一般認為其風格與挪威名劇作家易卜生（HenrikIbsen）的寫實主義風格一脈相承。他以劇作《我的諸子》（*All My Sons*, 1947）一舉成名，但最為人熟悉的是《推銷員之死》（*Death of a Salesman*），不僅可視為現代戲劇的經典作品，亦令現代戲劇界重新探討自古希臘與莎士比亞時代以來根深柢固的悲劇意識。因為劇中主角只是一個小小的推銷員，缺乏希臘悲劇中那種高貴身分隕落的悲劇意識，但米勒認為當角色懷抱自我犧牲情操時，則不論其身分如何，此種尊貴情操便可以構成悲劇。

「林黛在銀壇上地位愈高，其意識形態就愈感孤立。
她這些年來汲汲徨徨於榮譽的保持，內心緊張得透不過氣來。」

——林黛之父程思遠

林　黛

(1934-1964)

香港著名電影演員。

本姓程，名月女，廣西賓陽人，著名
民主人士程思遠先生和蔣秀華女士之
長女。曾在重慶、桂林等地上學。
1949年4月赴香港，1950年初進香港長
城影片公司，第二年轉入永華影片公
司，在她的第一部影片《翠翠》中飾
演女主角。以後十餘年内，先後主演
了影片數十部，並以《金蓮花》、《貂
嬋》、《千嬌百媚》、《不了情》等四
片在亞洲影展中獲最佳女主角獎，連
續四屆高踞亞洲影后寶座。

1964年7月17日，香港的晚報登出了一條令千萬計的影迷驚詫的消息：

　　影后林黛自殺身亡。藝苑名伶玉殞星沉。

　　接著，台北、新加坡乃至整個東南亞及海外華僑社會都震動了。港台報紙爲此加出了號外，各報發行量劇增。

　　林黛死後第二天，成千上萬的香港居民頂著烈日，擁集在海仔道的香港殯儀館門前，排了一里多長的人龍，爭睹林黛的遺容。出殯之日，香港約有十萬人湧向靈車經過的街頭，爲林黛送葬。港報評論：「林黛所獲哀榮，爲香港開埠以來罕見！」

　　林黛的自殺，是中國電影界繼阮玲玉自殺後的最大損失。

　　著名電影導演李翰祥先生如此評論。

　　自阮玲玉後，中國影星之死，沒有一個能像她這樣感動人心的。

▼林黛出殯時，萬眾圍觀，交通爲之堵塞。

　　香港人士姚克先生亦如是說。

　　林黛，這個深受觀眾喜愛、已連續四屆獲亞洲影后的著名影星，怎會在事業正處於高峰之際自行走上絕路呢？

　　其實，林黛的人生道路並不平坦。今天的榮耀背後，蘊藏著她三十年風風雨雨的艱辛。

　　林黛本名叫程月女，父親程思遠曾是國民黨

中常委。十六歲前，她雖然曾短暫享受過千金小姐的榮華，但更多的日子裡其實是在承受父母離異、逃難的痛苦、當打字員與電話接線員以求溫飽的磨難。她從小就養成了一種深沉內向的性格，對社會的各種刺激十分敏感，但青春少女的豆蔻年華，又使她對未來生活充滿憧憬。

一個偶然的機會，將月女帶入一個新的天地。

1950年初，已抵達香港的月女到九龍尖沙嘴一家照相館照相，照相館老闆宗維庚是個拍美人的能手。他一見月女，就認定這是個好模特兒，立即親自操刀，從不同的角度爲她拍了幾張藝術照，並將其中他最得意的一張加以放大，陳列在櫥窗內最顯著的位置上。

說來也巧，就在這時，香港長城影片公司負責人袁仰安打此路過。袁仰安非常重視同時也善於發現、培養新星，長城公司紅極一時的影星夏夢、石慧等人，都是被他發掘並一手栽培起來的。這時的他正爲一部拍攝中的影片女主角因要求加薪未遂而撒手不幹在大傷腦筋。一見櫥窗中月女的照片，他不禁喜出望外，很快便透過宗老闆提供的一些線索找到了月女。見面後，他覺得月女比照片更楚楚動人，當即敲定請月女前往公司試鏡。

試鏡的內容是曹禺的話劇《雷雨》中四鳳的一段小品，月女必須唸一段臺詞。她從小愛看戲劇與電影，多少有些感受，加上這次準備也很認眞，因此試鏡效果甚佳，很快被長城公司錄取，並簽了爲期二年的合同。公司還特地爲她起了一個藝名：林黛。

長城公司對林黛很重視，由於原定拍攝的影片因故停拍，便利用這段時間輔導林黛加強基礎訓練，以改變她國語發音不準、表演較外露的不足。一些攝影師也給她拍了不少照片，幫她增加鏡頭前的體驗。這些照片後來陸續出現在高級時裝店和美容店的櫥窗裡、在雜誌與畫報封面上、在年曆卡片上，林黛因此為愈來愈多的觀眾所認識，但也給她帶來了一些嫉妒者尖刻的議論，說她是「靠照片進了電影圈的幸運兒，只能在照片上出風頭！」是一個「照片影星」。

　　這是社會的陰暗面向這名善良女孩射來的第一箭，林黛受不住，向公司提出要求拍片，否則解除合約。袁仰安向她做了解釋。看到袁先生這樣誠懇，林黛幾次打消了解約的念頭。只是嫉妒挖苦之風仍然不斷；看到一些人難看的眼色，聽到那難聽的議論，林黛簡直難以忍受，最後還是下了決心，退出了長城影片公司。

　　就在這時，新加坡一位華人鉅商的後裔在香港新辦了一個永華影片公司，正在四處網羅演員，知道林黛脫離了長城，很快便以高薪與另付拍片報酬的優厚條件將林黛拉進了永華。

　　1951年，十七歲的林黛初躍銀幕，與嚴俊、鮑方合演《翠翠》。劇本是根據沈從文的原著《邊城》改編的，林黛在片中飾演主角——伶俐可愛的漁家女翠翠。五個月後，《翠翠》殺青，首先在新加坡上映，公司很快就收到從新加坡發來的電報：「《翠翠》首映大捷，淨收叻幣（新加坡幣）萬元，請向林黛道賀！」當林黛接過公司經理送來的電報時，她熱淚盈眶，因為她知道她成功了！

▼林黛主演的電影《燕子盜》，劇情為民國初年的俠盜故事。

以後，林黛又接連出演了《吃耳光的人》、《春天不是讀書天》、《金鳳》、《杏花溪之戀》等影片。由於她扮相俊俏，演技成熟，她主演的影片大受觀眾歡迎。

1957年，林黛因主演《金蓮花》在亞洲影展大會上第一次獲女主角獎，被封爲「亞洲影后」。接著，因主演《貂嬋》（1958）、《千嬌百媚》（1961）、《不了情》（1962）而又三次獲得「亞洲影后」的桂冠。林黛的名字在香港，乃至東南亞和海外華僑中幾乎家喻戶曉了。

林黛的藝術生命是如此旺盛，銀幕形象是如此光彩照人，引得愛神丘比特也尾隨而來。

那是在1957年，林黛去美國哥倫比亞大學攻讀戲劇。到校第二星期，在留美同學會舉辦的一個晚會上，她認識了正在該校攻讀博士學位的中國留學生龍繩勳碩士。龍繩勳是原雲南省主席龍雲的兒子，林黛對這個英俊瀟灑的小夥子一見鍾情，很快雙雙墜入愛河。1961年2月12日，學成歸國的林黛與龍繩勳在香港舉行了婚禮。一年之後，他們有了一個可愛的男孩，取名龍宗瀚。

一切似乎都是美好的，林黛應該知足了、滿意了。但此時的林黛，忽然發現煩惱也隨之而來。香港社會是一個弱肉強食的社會，林黛感覺到自己耀眼的榮譽面臨著挑戰以及崇高地位帶來的孤立。她逐漸擔心這種挑戰，害怕起這種孤立來，這時，一個算命師早幾年的預言，更使她感到了強烈的恐懼與不安。

幾年前，攝影棚曾無端起火，公司決定請巫師敬神驅邪。生活在這個現代文明與封建愚昧並存的社會裡的林黛，在這些令人啼笑皆非的花樣

▼電影《藍與黑》（1966年）是林黛的遺作，影片未完成便自殺身亡。

中也未能免俗，而且對面相特別看重。她趁算命師來公司的機會，請他為自己看相。算命師斷言：「四七之年開花，六五之年結果，可能在劫難逃。廣行善事，可以消災降祥。大難不死，後福無量，起碼當上四屆影后。」

林黛聽了後，十分憂鬱；巫師說四七之年開花，而生宗瀚那年正是四七二十八歲；六五結果，即三十歲就要離世，那眞難以想像；尤其是她會當四屆影后的預言，更是愈驗愈「靈」。儘管後來算命師行騙露餡，登門向林黛道歉，聲明當初純屬胡編，後來發生的一切傳屬巧合，但那謊言像魔影一般一直襲擊著林黛。她時時感到災難即將臨頭的恐懼和焦躁。

1964年7月，一件小事終於釀成了一場悲劇。

當時，林黛與龍繩勳住在渣甸山花園大廈4樓1號。龍家雇有三名女傭人，一名做飯，一名帶小孩，家庭帳目則由管理雜務的老傭人阿帶兼管。在出事前的幾天，阿帶說，一年來家用超支約六千元，林黛於是建議算算帳。阿帶是跟隨龍家多年的老傭人，以為林黛不相信自己，便頂撞了她一句：「你不配！」這句話傷了林黛的心。龍繩勳沒有責怪阿帶，反而為她說了幾句好話。林黛覺得丈夫站在傭人一邊，更傷了她的心，因此吵了起來，並一氣之下帶著孩子回了娘家。

7月16日，林黛在母親家幾次打電話回家，要家人來接她母子回去，但接電話的傭人都不大客氣。林黛很氣憤，當即回家開除了阿帶。待龍繩勳回家知道此事，兩口子又發生了衝突。

林黛哭著說：「傭人欺負我，可你總護著傭人，你心裡有沒有我？我死給你看！」

▼「亞洲影后」林黛與
早期影星胡蝶。

龍繩勳也不示弱，氣衝衝地說：「你不要總拿死來嚇唬我！」

「好，你等著吧，你別後悔！」說著，林黛衝進臥室，「碰」的一聲關上房門，當晚再沒有出來。龍繩勳先後三、四次敲門，都沒有回應，他只好到一家酒店過夜。

第二天下午1時，龍繩勳回到家，發現林黛仍沒有出來，這下慌了張，連忙使勁敲林黛的房門，大聲叫她的名字，房內卻仍毫無反應。他別無他法，只得破門而入。當他跨進那間熟悉的房間時，一下被眼前的景象震呆了：林黛臥在床的右側，左手握著兒子的照片，右手握著聖母像。

她已經停止了呼吸。

在林黛的化妝台上，他發現了她留下的一封遺書，遺書上寫著：

繩勳：

把我火化了，骨灰丟到海裡去，我在胡博士處立了遺書，本來約好明日去簽字的，但我已無法等了。在我死後，我把我所有一切的財產給我的兒子龍宗瀚，並託公子為龍宗瀚的保護人。在宗瀚二十一歲以前，他父親有權為他管理一切財產。宗瀚二十一歲成年後，請把財產交給他。

萬一你真的想救活我的話，請千萬不要送我到公家醫院去，因為那樣全香港的報紙都會當笑話一樣的登了，只能找一個私人醫生。謝謝你

請每個月給母親一千五百元，兒子你一定會對他很好的，我很放心。

林黛

龍繩勳從驚慌中猛醒過來，趕忙呼來救護車，立即把林黛送到醫院搶救。可是，一切都晚了，檢驗結果，是服食過量的巴比妥❶造成了這位亞洲影后的命絕。

林黛死後，香港法院對其死因進行調查後裁定是「意外死亡」，死亡時間是「7月17日上午7時半到9時半之間」。但龍繩勳與林黛的母親認爲，這可能是一次「弄假成眞」，林黛留下的遺書就是最好的說明。他們還舉出林黛將要在那幾天辦理的許多件事情證明，她並沒有自殺的動機。

只有林黛的父親程思遠先生在分析女兒死因時，說出了許多人認爲中肯的結論，他說：

最主要看到她精神生活的空虛，她後來在電影圈裡所接觸到的一切，都不會對個人的修養有多大幫助。

林黛在銀壇上地位愈高，其意識形態就愈感孤立。她這些年來汲汲徨徨於榮譽的保持，內心緊張得透不過氣來。內心的矛盾，心裡的不平衡現象，一受感觸，易走極端。

林黛死了，一顆耀眼的影星隕落。作爲社會的悲劇，它給人們留下了許許多多的思索與反省。

編按

❶巴比妥酸鹽乃早期開發用於治療焦慮、失眠之安眠鎮靜劑，因白天使用後產生的宿醉作用較嚴重，安全性較低，易產生生理賴性，現已較少使用。這類藥品中，常

被濫用的主要是Secobarbital（Seconal），因藥品膠囊外觀為紅色，故俗稱「紅中」；另外還有Amobarbital（Amytal），因藥品膠囊為青色，故俗稱「青發」。

「女孩子希望些什麼？是事業成就？是美滿姻緣？還是快樂與健康呢？我坦白的承認，如果可能的話，上面所說的，我都希望能夠得到。」

——樂蒂

樂　蒂

(1 9 3 7 - 1 9 6 8)

香港著名電影演員。

原名奚重儀，江蘇浦東人。十六歲入電影圈，先後在香港長城製片公司、邵氏影業公司、電懋影業公司主演過《大兒女經》、《風塵尤物》、《倩女幽魂》、《梁山伯與祝英台》、《金玉奴》、《亂世兒女》等影片。後與其兄等人合組金鷹電影公司，主演《太極門》、《決鬥惡虎嶺》等武俠片。前後從影十四年，拍攝影片三十多部，曾榮獲第二屆台灣金馬獎最佳女主角獎，有「古典美人」之美稱。

1968年12月27日下午4時，香港著名電影明星樂蒂來到她與其兄雷震等人合組的金鷹電影公司。此時，公司正籌拍一部時裝片《霧》，服裝部裡因此更顯得色彩絢麗、事務繁忙。樂蒂是本片的女主角，在服裝師的引導下逐一看過她在片中所要穿的服裝。平常十分注重衣著的樂蒂這次看得不像平時那樣細心，顯得心事重重。離開公司時，她說感到有些疲倦，想回去睡一會兒。策畫部的陳太太送她到門口，一直到她的車離去。

　　樂蒂黃昏時回到家，直接上樓進了臥室。她對前來侍候的女傭英姐表示自己很累，想要好好睡一覺。並囑咐吃晚飯時不用叫她。

　　晚上10點鐘左右，英姐上樓想問樂蒂是不是要吃點宵夜，可是主人久喚不醒，且神態異常。英姐慌了張，急忙趕緊打電話報警。

　　經警方查驗，樂蒂吞食了一百五十多片安眠藥，一夢成永遠。香港影視界又一顆璀璨耀眼的明星在銀河中悄然隕落了。

　　樂蒂，原名奚重儀，1937年生於上海，「樂蒂」這個藝名，是她後來進入影壇以後，根據自己的乳名「六弟」的音韻而起的。她的父親是上海某銀行的高級職員，母親是上海娛樂業「江北大亨」顧竹軒之女。日軍「八一三」攻占上海時，樂蒂的父親被日軍流彈炸死在先施公司門前。此時，樂蒂正在母親肚子裡，戰爭使她成為一個遺腹女。她的母親為丈夫的慘死終日悲痛不已，漸見虛弱，不久也戚然逝去，使從未得到父愛的小樂蒂又早早失去了母愛。這種身為孤兒的慘痛遭遇為她幼小的心靈蒙上了一層陰影，以致她後來總認為自己的一生繫著不祥的命運。

值得慶幸的是，她的外祖父母仍健在，並且頗有資產。他們把樂蒂兄妹接到身邊，負起撫育他們的責任。樂蒂的外祖父當時是上海天蟾大舞臺的老闆，樂蒂常被帶去看戲。她在鼓聲鑼聲、唱腔武打中耳濡目染，從而迷上了戲曲，表演慾也日益強烈。每次看完戲回到家裡，她就會模仿中國京劇「四大名旦」，對著鏡子演給自己看，或拉著外祖母、哥哥們看她表演。她天真活潑的童稚表演動作，為家人帶來不少歡樂。著名戲曲表演藝術家梅蘭芳的夫人福芝芳曾說：「六弟有戲劇天才，如能讓她學戲，一定出人頭地。」樂蒂後來投身影壇，在表演藝術上卓有成效，證實了福芝芳女士的賞識頗有遠見。

1949年5月，樂蒂兄妹隨外祖母來到香港，進入伊維英文學校讀書。樂蒂常在學校的舞臺上施展才華，公認是一株含苞待放的藝術之花。

1953年，十六歲的樂蒂考入長城製片公司，處女作是古裝片《絕代佳人》。該片取材於《史記·信陵君》中如姬竊符救趙的故事，第一女主角由夏夢飾演，樂蒂是第二女主角。這對一個初登銀幕的新人來說，已是很幸運的了。

接著，樂蒂又參加了《大兒女經》的拍攝，在片中飾演一個洗衣姑娘。此後，她還與夏夢合演了《新寡》，與傅奇合演過《三戀》、《都市交響曲》等影片，基本上都還是充當第二女主角。她主演的第一部影片是與高遠合演的《捉鬼記》，而使她真正成為第一女主角的，則是她在鳳凰影業公司演出的影片《風塵尤物》。

1957年，樂蒂與長城製片公司的五年合約期滿，轉入邵氏影業公司尋求發展。她先在李翰祥

執導的《妙手回春》一片中飾演女護士，接著又在根據聊齋故事改編的《倩女幽魂》中飾演聶小倩。1960年，《倩女幽魂》在第十四屆法國坎城影展上放映，使樂蒂嫻靜、溫柔、雅麗、嫋娜多姿的東方古典美人形象豔驚四座。片中的樂蒂，七情六態溢於言表，喜怒哀樂扣人心弦，精湛的演技受到與會各國代表們的好評。

漂亮、恬靜且演技出眾的樂蒂這時也迅速成了不少男士追逐的目標，而香港影壇著名小生陳厚是其中與她最快來電的一位。他扮相好，戲路寬，瀟灑倜儻，已與原妻離異，各方面條件頗不錯，樂蒂也為之傾慕。但因陳厚在銀幕上是調情高手，樂蒂的外祖母生怕樂蒂吃虧，因此出面干預，堅決反對這門親事。只是，從未涉足愛河的樂蒂經不住陳厚的進攻，終於成為他的俘虜，礙於外祖母的阻撓，兩人因此只能私下往來。1961年1月，樂蒂的外祖母去世。第二年，從戀愛桎梏下解脫出來的樂蒂終於披上婚紗，與陳厚好夢成真，喜結良緣。家境殷實、財大氣粗的陳厚特意在青山的聽濤村買了一座別墅做為兩人的愛巢。這時的陳厚正春風得意，聲名鵲起，片約應接不暇，還有一家外國公司邀請他到夏威夷去拍片，片酬是一萬美金，簽約時一次付清。陳厚將這筆錢買了一艘遊艇獻給樂蒂。樂蒂對丈夫的疼惜之舉深為感動，喜不自禁。同年9月，她回贈了丈夫一份更珍貴的禮物——為他生下一位小千金，取名明明。

1963年，懷著已為人母、重返銀幕的喜悅，樂蒂與凌波合演了《梁山伯與祝英台》，她在片中飾演祝英台。該影片上映後，立即在整個東南亞

引起轟動，尤其在台灣，連續播映三個月，賣座歷久不衰，並催生了無數「梁祝迷」。在香港放映時，票房也突破了當時所有中外影片的記錄。樂蒂也因在此片中精湛的演技，榮獲第二屆台灣金馬獎的最佳女主角獎。

除了聶小倩、祝英台外，樂蒂塑造的古代婦女形象還有《紅樓夢》中的林黛玉、《玉堂春》中的蘇三、以及《嫦娥》、《金玉奴》、《鎖麟囊》等片中的女主角。為了演好各種不同的古代女性，樂蒂曾特意拜京劇名師梅硯生學藝。也就是因為有這些一招一式上刻苦磨練的基礎，樂蒂的身段、台步、功夫架勢才會那麼精嫻、熟練。香港影壇製片家與導演認為：樂蒂扮演古典美人最真；她不像一些大牌演員，在演古代人物時，卻留有現代人的痕跡。由於她是香港女明星中最適宜扮演古典美女的一位，因此獲得了「古典美人」的稱號。

樂蒂還特別愛好音樂、舞蹈，對各民族的歌舞都很注意。她在歌舞喜劇片《萬花迎春》中飾演一個企業的女老闆，為了瞭解某歌舞團中的男主角（陳厚飾），冒充記者混入該團，結果與該團的男主角萌生了愛情。樂蒂不僅演活了女企業家、記者與歌舞愛好者的不同性格，還以其美妙的舞蹈、純熟的舞藝深深吸引了廣大觀眾，並因此被譽為香港影壇的業餘舞蹈家。

更難能可貴的是，樂蒂雖然已有十多年的表演經驗，演技日臻完美，並且數次獲獎，還曾多次被港台電影刊物、報紙選為十大明星之一，但她從未因自己是大牌明星而傲視他人，反而總是溫和友善地與人相處。拍片時，許多演員最怕聽

▼《梁山伯與祝英台》劇照。

到「No Good」（NG），她有時竟主動要求導演讓
她重來一次。這種精益求精、認真負責的精神，
獲得了同行的一致好評。

1964年，樂蒂從邵氏影業公司轉入電懋影業
公司。該公司特意為她開拍《亂世兒女》一片，
她在片中飾演護士馬秀芸。這個美麗、文靜、柔
弱的姑娘，面對日軍的踐踏與殘殺，毅然而然奮
起反抗，參加游擊隊，與日軍做殊死戰。樂蒂以
出色的演技，將人物在典型環境下的典型性格與
內在思想感情表演得生動細膩，淋漓盡致。除此
之外，樂蒂還開始與國際影星合作，努力躋身國
際影壇，曾與日本東寶株式會社的著名小生寶田
明聯合主演過影片《最長的一夜》。

就在樂蒂影藝事業無比輝煌時，不料卻發生
了婚姻危機。

陳厚在香港洋行做過事，生活一向西化，日
常享受方面也頗洋化，很有博愛主義的味道。而
樂蒂無論在情緒、行動乃至愛情上，都是純東方
式的，言行舉止宛如「深居簡出的姑蘇佳人」。這
兩種截然不同的性格，為他們夢幻般的愛情埋下
了導火線。

對陳厚的生活不檢點，樂蒂早有所聞。婚
前，她認為那是陳厚與前妻感情不和或離異後的
孤寂所致，因此外祖母的反對並未使她改變初
衷。結婚後，陳厚一度對樂蒂疼愛有加，樂蒂對
此漸失戒心。而隨著時間推移，尤其是樂蒂時常
趕工拍片，有時較少回家，單獨住在城區裡租的
一間房裡，有關陳厚的緋聞又開始傳到了樂蒂耳
中。當時，陳厚因工作關係聘請了位歐洲籍女秘
書。這位外國小姐金髮雪膚、婀娜健美，陳厚不

久後便與之發生了超出公事的關係。「三人成虎」，陳厚移情的傳言樂蒂聽得多了，遂存戒心。她不願這是事實，但又不甘心被欺騙，於是多次質問陳厚，但他總是矢口否認。

1967年元旦，陳厚趁樂蒂在外拍片之際，再次帶這位秘書小姐到聽濤村別墅做樂。誰知得到消息的樂蒂也悄悄跟蹤而至，身邊還帶著一位專挖明星八卦消息的攝影師。樂蒂先是在紗窗外屏息以待，等時機一到，她做了個暗號，別墅的邊門猛地被推開，陳厚與女秘書的行徑暴露無遺。在閃光燈一陣飛閃之後，樂蒂帶著人證、物證，迅速坐上車飛嘯而去。

也許兩人都做得太絕，儘管一些朋友勸說磨合，但這對冤家分道揚鑣已成定勢。兩人先以「意見不合」簽字分居，繼而樂蒂以陳厚與人通姦為由向法院申請離婚，陳厚也沒有申辯。法官取得證據後，於1967年10月3日批准他們離婚。此時，他們的女兒明明只有五歲，法院判決由樂蒂撫養。

一對因兩情相悅而結合的情侶，結果以悲劇收場，許多人不禁為之惋惜。對自尊心極強的樂蒂來說，精神上更是受到了一次沉重的打擊。

離婚後不久，樂蒂為了掙回面子和擺脫感情刺激，與哥哥雷震（香港著名小生）等人合組了金鷹電影公司，很快拍攝了《太極門》、《決戰惡虎嶺》兩部武俠片，樂蒂均在劇中擔綱主演。然而，時運不濟讓公司因這些影片不賣座而虧本慘重。感情失意，事業又失利，對樂蒂而言無異於雪上加霜。她感到身心交瘁，精神負擔愈來愈重。

1968年底，金鷹電影公司決定為樂蒂開拍一部時裝片《霧》，劇本已準備好，開鏡日也定在12月29日。樂蒂此時仍未從婚姻失敗的陰影中解脫出來，對這部影片的成功與否也沒有把握。她彷徨不定的神色常讓同事感到不安與擔心，但誰也沒想到她會在開鏡前兩天自絕，一了百了。

　　當年香港著名影星林黛服毒自盡後，樂蒂曾寫過一篇祭文〈林黛，林黛，常在我懷〉以示悼念。不料三年後，她也步上了林黛的後塵，香消玉殞，享年只有三十一歲。

　　僅一年後（1969年），樂蒂的前夫陳厚因胃癌死於美國。他們的女兒明明當時正在美國讀書。1977年，當地重映樂蒂生前主演的《梁山伯與祝英台》時，明明特意前往觀賞，親睹母親昔日的形象與風采，不禁熱淚盈眶，喚起無限思念。

「我付出了高昂的代價，多麼高昂的代價啊……」

──羅蜜‧施奈德

羅蜜・施奈德

Romy Schneider

（ 1 9 3 8 - 1 9 8 2 ）

奧地利電影演員，著名國際影星。
生於維也納一個演員世家。十四歲起
進入影壇，先後在德國、法國、美國
拍片。從影三十年，共拍片六十餘
部，代表作有《我愛西施》、《年輕的
皇后》、《皇后的命運》、《老槍》、
《夜盲病人》、《謀殺托洛茨基》、《簡
單的故事》、《女人之光》等。曾榮獲
法國觀眾獎、聯邦德國電影金帶獎最
佳女演員獎，並先後三次榮獲法國凱
撒獎最佳女主角獎。

1953年夏天，德國慕尼黑電影製片廠二號攝影棚裡正在拍攝影片《二度丁香》（*When the White Lilacs Bloom Again*）。幾個鏡頭拍攝下來，不得不提早換場景。因為片中女主角有一個女兒，但這個角色一直到開拍都沒有找到合適人選。電影無法按照順序拍下去，只得先跳拍另一場。

突然，導演發現女主角正跟一個少女親切交談著。那個穿連身裙的女孩長得亭亭玉立，俊俏的臉上閃爍著一雙亮亮的大眼睛，展露出青春活力。導演為之一怔。這不正是影片需要的角色嗎？他大步走過去，向扮演女主角的瑪格達·施奈德（Magda Schneider）詢問這個漂亮少女是誰。當他聽到這個女孩是她十四歲的女兒羅絲瑪麗時，導演差點兒高興得跳起來。他把瑪格達拉到一邊，告訴她這個女孩非常適合劇中女孩的角色，因此他想雇用羅絲瑪麗。

瑪格達很激動，但又顯得有點為難，半晌沒有說話。她的確不想女兒從事自己的職業，因為她一直希望女兒能找到一份真正的謀生本領，而她不久前已經讓羅絲瑪麗在科隆工藝美術學校報名了。但導演反覆要求她，並認定以羅絲瑪麗的長相、氣質，一定能為影片增色不少。導演的請求是如此懇切，瑪格達只好同意，轉過身去，把導演的想法告訴了女兒。羅絲瑪麗為之驚喜萬分。她只是利用假期來看媽媽拍戲的，沒想到會有這樣的巧事，自己也能站在水銀燈下。

小羅絲瑪麗似乎很有演員天分。在母親親自教導和導演的耐心啟迪下，她把劇中的少女角色演得十分出色。導演認為自己發現了一顆新星，

在與瑪格達商量後，爲她取了個藝名：羅蜜·施奈德，並將名字放到演員表上。羅絲瑪麗也很喜歡這個名字，只是她萬萬沒有想到，自己將從此踏上通往世界影壇之路。

羅蜜·施奈德原名羅絲瑪麗·艾貝區－瑞提（Rosemarie Magdelena Albach-Retty），1938年9月23日生於奧地利維也納一個演員世家。祖母是著名話劇演員，父親沃爾夫·艾貝區－瑞提是奧地利著名的影劇雙棲影星。母親瑪格達·施奈德則是三○年代德國紅極一時的電影明星。1933年，沃爾夫在柏林拍片時，與瑪格達結識。1936年春天，兩人在柏林結婚。兩年後，全家在維也納定居。羅蜜·施奈德是他們的第一個孩子。羅蜜初中畢業後，瞭解文藝圈內情的父母執意要讓女兒學點眞本事，因此決定送她進科隆工藝美術學校就讀，但命運卻鬼使神差地讓她與電影結下不解之緣。

1955年，導演馬里什卡（Ernst Marischka）正在籌拍根據奧匈帝國皇宮羅曼史改編的《我愛西施》（Sissi）。當他在看過《二度丁香》且當面見到羅蜜時，不某脫口而出：「就是她！」

羅蜜沒有讓馬里什卡失望。她在片中成功塑造了一個善良、美麗、熱情的妙齡姑娘，以及年輕皇后的可愛形象。雖然她未受過專業訓練，但這正好允許她獨特而本能地將主角那種尙帶稚氣的嫵媚神態與青春氣息盡情表現出來。加上片中優美的外景、絢爛的內景、悅耳動聽的音樂以及男女主角的浪漫愛情，使德語觀眾如醉如癡，並在全歐洲造成轟動。僅在法國，觀眾就達六百五十萬人次。羅蜜·施奈德一炮而紅。

▼羅蜜主演的《我愛西施》劇照。

德國片商猶如發現了一棵搖錢樹，迅速投資拍攝了《我愛西施》的兩部續集《年輕的皇后》（*Sissi-Diejunge Kaiserin*）和《皇后的命運》（*Sissi-Schick Salsjahreeiner Kaiserin*），仍由羅蜜擔綱主演。影片描寫入宮後的西施與她掌握國政的故事，從而再一次掀起了「西施熱」。羅蜜那清純、甜美的俏模樣，一時間成了各國影藝娛樂雜誌的封面人物；婦女則競相效法羅蜜劇中的打扮，紛紛燙起長長的捲髮，穿起滾花邊的長裙……

從初登銀幕開始，短短三年，初出茅廬的羅蜜就打亂了德國電影工業的整個明星結構。這個尚未成年、未受過演員正規訓練的新手獨步群星之首，把那些頗受推崇的明星如瑪麗亞‧謝爾、魯‧普拉克等遠遠拋在後面。當然，也有一些人認為羅蜜的成名不是靠演技，而是沾了歷史人物的光。個性很強的羅蜜聽到這些議論，十分惱怒。因此當德國製片商要她主演第四部「西施」影片並答應給她一百萬馬克的酬金時，她斷然拒絕了，並決心以新的銀幕形象顯示實力，以至於這部影片後來一直沒有拍成。

1958年，法國製片商以八千法郎的高額片酬，禮聘二十一歲的羅蜜‧施奈德出演根據奧地利作家薛尼茲萊（Arthur Schnitzler）同名小說改編、由法國著名導演葛斯巴爾－雨特（Pierre Gaspard-Huit）執導的影片《克里斯蒂娜》（*Christine*）的女主角。該片背景設在1906年的維也納，描寫一位作曲家的未婚妻克里斯蒂娜與騎兵上尉費里茨‧羅伯姆之間無望的愛情故事。男主角由出道不久的法國演員亞蘭‧德倫❶（Alain Delon）飾演。

此時的羅蜜已是遐邇聞名的國際影星，亞蘭‧德倫卻是初出茅廬，但他們在拍片前的一次舞會上相遇後，便有一見鍾情的感覺。羅蜜抵達巴黎開拍《克里斯蒂娜》，在機場等候她的是手持一束玫瑰花的亞蘭‧德倫。他們很快的陷入熱戀，甚至在拍攝現場，也若無旁人地假戲真做，把一場吻戲演得淋漓盡致。

瑪格達開始對女兒與電影演員談戀愛感到憂心。她年輕時愛上了男演員沃爾夫，即羅蜜的父親，但婚後常各奔東西，並不幸福，結果終以離異告終。如今她雖已改嫁闊綽的旅館大亨，但仍對自己過去的輕率深感痛心。她不願自己的女兒步上後塵，因此力圖阻止兩人的結合。當羅蜜帶著亞蘭‧德倫到奧地利見她的父母時，她卻受到雙親的監視；為了防止女兒與亞蘭‧德倫發生越軌行為，他們竟然包下了飯店的一整層樓。連羅蜜與亞蘭‧德倫去參觀史特勞斯的故鄉時，也派了一個女管家像密探一樣緊跟在身。對此，社會輿論也不支持羅蜜，認為國際影星下嫁一個默默無聞的小演員是「大失身分」之舉，還說「日耳曼的偶像豈能讓『高盧公雞』抱走」。但羅蜜對此決心已定：「我再也離不開亞蘭，沒有他我活不下去。」她的父母無計可施，為了挽回名門望族的面子，終於在位於呂卡諾湖畔的住宅舉行了一場招待會，邀請歐洲新聞界人士出席，鄭重宣布了羅蜜與亞蘭‧德倫訂婚的消息。兩位新人交換了象徵百年好合的黃、紅、白三色金絡帶，並在巴黎一家高級飯店合開了一套房間做為他們的準「愛巢」。

1960年，羅蜜去義大利米蘭，結識著名導演

▼羅蜜與情人亞蘭‧德倫。

維斯康堤❷（Luchino Visconti）。在他的建議下，羅蜜與亞蘭・德倫在巴黎劇院主演了著名戲劇家約翰・福特（John Ford）所寫的關於伊麗莎白女王亂倫醜聞的舞台劇《可惜她是一個妓女》（Dommage qu'elle Soit une Putain）。接著，兩人又主演了契訶夫（Anton Chekhov, 1860-1904）的名劇《海鷗》（The Seagull）。兩次舞台劇的圓滿演出，使羅蜜得到了更嚴格的演員訓練，也使她的名聲更響亮。

亞蘭・德倫因成功出演《克里斯蒂娜》男主角而日漸走紅。六〇年代起，他經常外出拍片，開始過一種「自由演員」的緊張生活，對羅蜜的崇拜與熱情轉淡；而羅蜜自己也忙著拍片，很少有機會與亞蘭・德倫溝通感情。他們都發現婚姻前景不樂觀，曾先後在凱馬拉旅館與麥西旅館交換過意見，但也是來去匆匆，沒有結果。1964年，當羅蜜從美國好萊塢拍片回到他們的「家」時，發現已人去樓空，等候她的是亞蘭・德倫留下的一束紅玫瑰和一封告別信。

亞蘭・德倫在信中說：「我們一起度過了六年光陰，但現在我不得不與你道別，原因是我們即使結婚，也一定會常常分開。與其聚少離多，不如把自由還給妳，但我的心仍屬於妳。」羅蜜望著紅玫瑰欲哭無淚。當年亞蘭・德倫手持紅玫瑰迎接她，現在，卻用一束紅玫瑰向她告別。這愛情象徵之物，為她帶來了快樂，也帶來了悲傷。她發了一封信給亞蘭・德倫，告訴他：「玫瑰不能化解我的眼淚。」

1965年初，二十七歲的羅蜜在柏林認識了三十八歲的德國戲劇導演暨柏林劇院經理哈里・梅

恩（Harry Meyen）。他當時仍是有婦之夫，但藝術上的共識和相互欽慕之情使兩人很快熱戀起來。哈里不惜花錢催促律師加緊辦完離婚手續，終於在1966年7月15日與第一次披上婚紗的羅蜜步入教堂結爲夫婦。

婚後，羅蜜參加了《三重對擊》（*Triple Cross*）的拍攝。爲了與丈夫在一起，她請導演讓他也在片中擔任一個角色。該片殺青後，羅蜜對新聞界說：「我已厭倦巴黎，非常高興去柏林生活。哈里爲我帶來了柔情蜜意。」次年12月13日，她生下第一個兒子大衛·克里斯托夫。

大衛兩歲時，羅蜜有一天接到一通電話，話筒傳來了熟悉的聲音。「亞蘭！」，羅蜜驚叫道。亞蘭·德倫建議她在德黑（Jacques Deray）執導的《游泳池》（*The Swimming Pool*）一片中與他共同擔任男女主角。羅蜜感到興奮與激動，立即高興地答應了。

哈里對羅蜜與亞蘭的重逢並不開心，對羅蜜外出拍片不能理家也頗有微言，最後乾脆帶著大衛去拍片現場，名曰陪伴，實爲監視。待羅蜜完成《游泳池》一片又要去英國拍攝《亂倫之愛》（*My Lover My Son*）時，哈里終於向羅蜜發出不滿的告誡。羅蜜對哈里不信任與不理解自己，感到十分煩躁與失望，逐漸覺得自己這幾年是作繭自縛：沒有了事業，喪失了快樂，被禁錮在家庭主婦的小天地。她決意與哈里分手，而爲了爭得愛子大衛的監護權，她花了近二十萬法郎，幾乎占去她全部積蓄的一半。

羅蜜重返影壇，風韻不減當年。她經常往來在德國、法國、美國之間，參與許多影片的拍

▼羅蜜與她的兒子。

攝。她能嫻熟地用使德語、法語、英語演出，光
這一點就證明了她擁有相當的實力，以至於找她
拍片的製片絡繹不絕，令她應接不暇。到了七〇
年代，羅蜜的演技更上層樓，並發展出全新的銀
幕形象。她先後在《花圃》（*Bloom field*, 1971）、
《路德維希二世》（*Ludwig II*, 1972）、《地獄三重
奏》（*The Infernal Trio*, 1973）、《野羊》（1973）
等影片中飾演熱戀的情人、豪爽的女友、浪蕩的
同謀、不甘寂寞的教授夫人等角色，完成了銀幕
形象的轉變。

《謀殺托洛茨基》（*The Assassination of
Trotsky*, 1972）是羅蜜與亞蘭·德倫於1972年再度
合作且頗受矚目的一部佳作。在這部風格冷峻的
政治暗殺片中，亞蘭·德倫飾演的刺客奉命前往
墨西哥謀殺被放逐的蘇俄政治頭目托洛茨基，羅
蜜則飾演遊走在血腥與愛情之間的女性，兩人都
有十分精彩的演出。

1975年拍攝的《老槍》（*The Old Gun*），是羅
蜜電影生涯中一個光芒閃爍的重點。她在這部影
片中飾演外科醫生丹迪的妻子，給人留下了難忘
的印象。該劇描寫德軍在鄉間掃蕩，殺害了丹迪
的妻子、女兒，最後丹迪拿起父親留下的老式獵
槍殲滅了敵人。羅蜜在拍攝丹迪的妻子遭德軍侮
辱的一場戲時，忘我地投入了劇情中，慘叫聲劃
破長空，撕裂肺腑，動人心魄，激動得連她前不
久動手術的傷口也迸裂了。

羅蜜的高超演技得到了無數影迷的崇拜與國
際影壇的認可，頻頻獲獎。1975年，她榮獲法國
觀眾獎，並在塔奧米納電影節上獲最佳女演員
獎。1976年，她因主演《老槍》和《夜盲病人》

兩片而獲凱撒獎最佳女演員的榮銜。1977年，因她在德國著名小說改編的影片《與女士的合影》（*Group Portrait with a Lady*）中的成功演出，獲聯邦德國電影金帶獎之最佳女演員獎。1978年，她因爲主演《簡單的故事》（*A Simple Story*）再次獲法國最佳女演員凱撒獎。1980年，主演《女人之光》（*Woman light*）的她第三次榮獲法國最佳女演員凱撒獎。

然而，羅蜜雖然在事業上獲得了成功，在個人生活中卻一直不太理想。與亞蘭·德倫的婚姻告吹以及與哈里離異，曾使羅蜜非常痛苦，也使她在考慮婚姻問題上更加愼重。但羅蜜愈是缺少異性關懷，便愈在感情上表現出脆弱的一面，因此註定了她在感情與婚姻上無法避免悲劇上演。

七○年代初，在拍攝葛哈尼艾—德菲（Pierre Granier-Deferre）導演的影片《火車》（*The Train*）時，羅蜜結識了年輕的義大利男演員達尼爾（Daniel Biasini），雙方印象都不錯。電影公司爲了籠絡羅蜜，便順水推舟，安排這位一心在電影界出人頭地的年輕人擔任羅蜜——他的偶像——的秘書。這時羅蜜剛與哈里離婚，有時住在旅館，有時住在自己家裡。每當夜幕降臨，她獨自一人更覺寂寞，往往不由自主撥打達尼爾的電話，邀他來陪自己聊天解悶。而達尼爾只要聽到羅蜜的召喚，總是放下手上一切事務迅速趕到，給她帶來快慰與欣喜。羅蜜再一次沉浸在愛河之中，發現自己已離不開達尼爾。有一天，達尼爾來向她辭行，準備獨自外出度假。羅蜜表達了同行的願望，達尼爾受寵若驚，兩人從此展開同居生活。

1976年，懷孕的羅蜜與達尼爾在柏林結婚。除了拍片，羅蜜謝絕晚上的所有約會，待在家中與丈夫互相陪伴，日子過得頗恬靜。不幸的是，羅蜜懷孕七個月時竟意外流產，對一直盼望再生個孩子的她是一個沉重打擊。但她沒有氣餒，第二年7月21日，再次懷孕的羅蜜生下了女兒莎拉。她不顧丈夫的反對與製片商的要挾，決定息影一年，專心照料女兒。達尼爾眼見羅蜜把大部分精力給了女兒，息影又造成收入的銳減，於是經常表現出神經質似的不滿情緒，稍不如意便大發雷霆，出言污穢，讓羅蜜感到不堪忍受。

1979年，羅蜜被迫重回攝影棚。但不久傳來一則駭人的消息：復活節那天，酗酒成性、患有嚴重憂鬱症的哈里‧梅恩在漢堡的住所懸梁自盡了。正在墨西哥拍片的羅蜜立即飛往漢堡，參加前夫的葬禮。她非常懷念她與哈里在柏林度過的那幾年的時光，對前來弔唁的朋友說：「他是個好人。」哈里的死與眼前日益嚴重的家庭危機，使她感到了難以自抑的憂傷。

這時，感情脆弱的羅蜜再一次獲救。她在拍片時邂逅了一家影片公司的製片經理洛朗‧佩登（Laurent Petain）。他是羅蜜忠實的觀眾與崇拜者，對羅蜜目前的境況十分同情。在拍片過程中，他對她關懷備至，體貼入微，連端茶遞毛巾這樣的小事也甘願屈之。一方面出於對洛朗感情上的回報，另一方面出於對達尼爾傷害的報復，羅蜜與洛朗漸墜入情網。有一次，他們乾脆雙雙前往法國北部療養，並在療養院旁的旅館同居起來。

達尼爾得知這一消息，惱羞成怒，立即帶了

▼羅蜜與最後一個生活伴侶洛朗佩登。

幾個好友前去壩柏隆，在療養院裡演出一場全武行。達尼爾不顧羅蜜的勸阻，和同夥一起將洛朗揍得鼻青臉腫，也將自己的婚姻打入了絕境。1981年3月，羅蜜與達尼爾終於離婚。

一個多月後，羅蜜自覺不適，診斷後發現她的左腎已經壞死。6月，她在美國進行了切除左腎的手術。接下來，大病初癒的她帶著兒子大衛、女兒莎拉來到佛羅里達海濱勝地療養。7月的一天下午，十四歲的大衛在玩耍中翻越欄杆時，不幸被鐵矛尖刺穿腹部，不治身亡。這飛來橫禍，對失去前夫不久、創傷尚未痊愈的羅蜜來說，無異是雪上加霜，讓她痛不欲生。她拖著虛弱的身子，把大衛埋葬在他父親位於漢堡的墓旁，然後趴在一輛汽車中慟哭了幾小時：「我埋葬了父親，又埋葬了他的兒子。我從來沒有離開過他們，他們也更沒有離開過我……」

這一年，羅蜜強忍悲痛拍完了她主演的最後一部影片《無憂的過客》（*The Passerby*）。這是一部反對法西斯主義復燃的影片，故事從四○年代初延續到八○年代，時間跨幅很大，表演要求很高。羅蜜憑著自身實力與堅強毅力，完成了拍攝任務。在影片進行剪輯時，羅蜜向導演提出希望在片頭字幕打上「獻給大衛和他的父親」的要求。她相信導演出於同情應能夠應允，但導演一口回絕了她，認為這只是羅蜜的私事。

羅蜜拋開了一貫的矜持與溫柔，怒氣衝衝地質問導演：「究竟什麼是私事？我失去了一切，而我又是屬於大家的。如果我確實屬於大家，那麼大家就有權知道那原本屬於我的和我後來又失去的東西。我付出了高昂的代價，多麼高昂的代

價啊……這部電影是在柏林拍攝的，在那兒，我度過了最美好的時光。可是一堵牆卻把我與那昔日的一切隔開了，永遠隔開了……」

羅蜜日漸變得鬱鬱寡歡，精神憔悴。德國影藝圈的同行們想爲她排解憂愁，1982年特地安排她與老情人亞蘭·德倫合演影片《對抗》（*L'un Contre l'autre*），並簽定了合約，準備開拍。

5月10日晚，在瑞士蘇黎士度假的羅蜜，獨坐在旅館的豪華套房裡，再次陷入悲痛的回憶中。她覺得生活對她太殘酷；她在世上辛勤忙碌了幾十年，卻猶如大夢一場而已。現在，愛情、丈夫、兒子、健康都離她而去，她感到這人世已無可留戀。想到這裡，她眼裡噙著淚水，從書桌的抽屜中取出一張紙，寫下了與世訣別的遺言：

我的遺囑

亨利克·凱斯特林博士：

我請求把我的財產轉交給勞倫特·拜庭和女兒莎拉。我想，我再說一遍，這是我的遺囑，我所有的遺產決定都給勞倫特·拜庭和莎拉！

這是我的意願和我最終的決定。

　　　　　　　　　　　　　　　　羅蜜·施奈德
　　　　　　　　　　　　　1982年5月10日於蘇黎士

寫完遺囑，羅蜜認爲她完成了人生最後一件大事了，已無所顧忌。幾天後，她回到巴黎的家中。5月29日，羅蜜執行了她「最終的決定」，以一杯毒藥結束了四十四歲的生命。

羅蜜在一個月前，於法國伊夫林省購置了一棟鄉間別墅。她的遺體最後也安葬的那裡的花園中。律師凱斯特林與羅蜜生前好友勞倫特‧拜庭告知她的女兒莎拉，依照遺囑，這座花園別墅是她母親留給她的遺產之一，除此之外，則還有她母親留給她的債務七百萬法郎。

編按

❶ 亞蘭‧德倫（1935-），法國男演員，以俊美憂鬱的個人風格成為六〇、七〇年代全球女性的偶像。代表電影有《陽光普照》（*Purple Noon*）、《慾海含羞花》（*The Eclipse*）、《新浪潮》（*New Wave*）等。

❷ 維斯康堤（1906-1976），莫多安公爵（Duke of Modrone），也是知名義大利劇場與電影導演兼編劇。年輕時曾任法國導演雷諾瓦（Jean Renoir）的助手，電影代表作有《白夜》（*White Nights*）、《洛可兄弟》（*Roccoand His Brothers*）、《魂斷威尼斯》（*Death in Venice*）。

「腥風血雨難為我，好個江山忍送人！」

——陳國華

陳　天　華

(1 8 7 5 - 1 9 0 5)

中國辛亥革命時期的傑出民主革命活
動家和宣傳家。

原名顯宿，字星台、過庭，別號思
黃，湖南新化人。1903年春，得新化
求實學堂資助赴日本東京弘文學院留
學，同年參加拒俄運動，並先後發表
〈警世鐘〉、〈猛回頭〉等文，揭露帝
國主義瓜分中國的野心，號召民族覺
醒以救中國，獲得極大回響。1904年2
月，在長沙與黃興等人組織華興會，
策畫長沙起義，事洩後走日本。1905
年，力主華興會與孫中山聯合，成為
中國同盟會發起人之一。

1887年5月，湖南新化求實學堂舉行了一次作文比賽，題目是〈述志〉。一個男生很快完稿，第一個交卷。文章內寫道：

至若運籌帷幄，贊畫廟堂，定變法之權衡，操時政之損益，自謂差有一日之長。不幸而布衣終老，名山著述，亦所願也。至若徇時俗之所好，返素真之所行，與老學究爭勝負於盈尺地，有死而已，不能為也。

寥寥百餘字，一代青年革新政治的壯志抱負躍然紙上。

老師閱後，拍案叫絕，大為讚賞，特加批語：「狹巷短兵相接處，殺人如草不聞聲。」意思是，新學與舊學的激烈鬥爭有如巷戰，這篇短文主旨鮮明，文詞犀利，讀了像快刀割草一樣痛快。老師至此似意猶未盡，又加眉批：「少許勝人多許」，將該生文章評為第一。然而，老師只知此文立意深遠，行文精采，殊不知該生還有更驚人的傑作；那是當他深感救國圖存責任重大，對所學的封建文化大為失望時，憤然在牆上題的一首詩，其中二句是：

莫謂草廬無俊傑，須知山澤起英雄。

字裡行間，作者以天下為己任的遠大志向，表現得淋漓盡致。這個學生，就是後來的「革命黨之文豪」──陳天華。

陳天華的老家位於湖南新化下樂村，父親是個以塾師維生的落第秀才，母親在他二歲時去

世。因家境貧寒，他很早就嚐到人間的辛酸，反抗剝削壓迫、力爭平等自由的意識十分強烈。

1903年春，陳天華因成績優異，在新化求實學堂資助下去往日本留學，入東京弘文學院學習師範。在那裡，他與思想進步的中國留學生有了廣泛而密切的聯繫，思想傾向也更接近民主革命派。

該年4月，為了抗議沙俄帝國主義未依約撤走1900年入侵中國東北的軍隊，留日中國學生在東京錦輝館召開了拒俄大會，組織拒俄義勇隊（後改名卅學生軍）。陳天華是這次大會的發起人之一，也是拒俄義勇隊的骨幹。他除了積極參加訓練與宣傳工作，還曾咬破指頭寫了數十封血書郵寄國內各學校。在一封名為〈敬告湖南人〉的血書中，他疾呼：「苟萬眾一心，捨死向前，吾恐外人食之不得下咽也。」力圖喚起國人的覺醒，同仇敵愾以抗外侮。5月間，針對日本與清政府阻止拒俄運動的陰謀，陳天華與黃興、蔡鍔等人又以拒俄義勇隊為基礎，組織了「軍國民教育會」，以「養成尚武精神，實行愛國主義」為宗旨，由拒俄禦侮轉向武力反清。陳天華在〈覆湖南同學諸君書〉中分析，朝廷把我們的拒俄愛國行動說成是與朝廷作對，這種「洋人的朝廷」，不該違拒嗎？他由此疾呼：「要革命的，這時可以革了，過了這時沒有命了！」

1903年，陳天華嘔心瀝血創作了革命救亡代表作《警世鐘》。這是一篇聲討帝國主義與清朝封建統治的檄文，是一部號召人民愛國禦辱、救亡圖存的政治宣言。他在篇頭詩中寫道：

長夢千年何日醒，

▼1905年刊印的《警世鐘》封面。

睡鄉誰遣警鐘鳴；
腥風血雨難爲我，
好個江山忍送人！

陳天華指出：「我們要想拒洋人，只有講革命獨立，不能講勤王。」從而把文章的主旨──愛國與革命、反帝與反封這兩者不可分的道理，講得明白、透徹。他呼籲國人共同爲挽救國家、民族危亡而戰，號召道：

洋兵若來，奉勸各人把膽子放大，全不要怕他。讀書的放了筆，耕田的放了犁耙，做生意的放了職事，做手藝的放了器具，齊把刀子磨快，子藥上足，同飲一杯血酒，呼的呼，喊的喊，萬眾直前，殺那洋鬼子，殺那投降洋鬼子的二毛子。

與此同時，陳天華還創作了另一篇醒世之作《猛回頭》。從祖國的歷史到現狀，他寫出了民族危亡和亡國沉痛，號召國人起來推翻清朝封建統治，並提出了革新圖強的「十要」：

除黨見，同心同德；講公德，有條有綱；
重武備，能戰能守；務事業，可富可強；
興學堂，教育普及；講演說，思想偏揚；
興女學，培植根本；禁纏足，敝俗矯匡；
把洋煙，一點不吃；凡社會，概爲改良。

陳天華還根據在日本的所見所聞，主張學習西方資本主義制度，以西方資本主義國家的面貌來改造中國社會。最後，他在尾聲中寫道：

猛睡獅，夢中醒，向天一吼；
百獸驚，龍蛇走，魑魅逃藏。⋯⋯
到那時，齊叫道：
「中華萬歲！」
才是我，大中國，氣吐眉揚。⋯⋯
太息神州今去矣，勸君猛醒莫徘徊！

　　陳天華的《警世鐘》和《猛回頭》這兩本小冊子，由於感情真摯，表現了強烈的反帝反封的愛國思想，引起了廣大同胞的共鳴，成為資產階級宣傳革命的利器。尤其是它的文字通俗，又採取了說唱的形式，因此更為明白、曉暢，令人樂於接受，在工人、農民、士兵、學生中流傳很廣。如同一支鼓吹革命的嘹亮號角，起了振聾發聵的宣傳作用。

　　1904年2月，從日本回國的陳天華和黃興、宋教仁等人在長沙創立了華興會。他積極參與謀畫在湖南舉行的反清武裝起義，又往江西遊說清軍防營統領回應起義，還與劉揆一等人聯絡擁有會眾二萬多人的哥老會首領馬福益。不幸，長沙起義計畫的消息走漏，清朝地方官吏在當地搜捕革命黨人，馬福益被捕遇害。在這種白色恐怖下，陳天華只好再次避走日本。

　　1905年8月，孫中山領導的中國同盟會在東京成立，以「驅除韃虜，恢復中華，建立民國，平均地權」為政治綱領。陳天華作為發起人之一，擔任書記部的工作，並負責起草〈會章〉與〈宣言〉。不久，中國同盟會機關報《民報》創刊，陳天華任撰述員參與編輯，先後發表了〈論中國宜

改創民主政體〉、〈中國革命史論〉等筆鋒犀利、論理精闢、富戰鬥性與鼓動性的重要政論文章，引發社會強烈的回響。

中國同盟會的成立和《民報》發刊後，革命黨人的影響更為擴大，引起廣大海外華人的普遍關注。清政府對此十分恐懼，為了扼殺海外的革命活動，曾多次要求日本驅逐留日中國學生中的革命黨人。共通的反革命利益使日清兩國政府勾結在一起。1905年11月，日本政府文部省正式頒布了「關於清國入學之公私立學校章程」，即「取締清國留日學生規則」，規定留日中國學生將由日本政府指定學校入學，並接受日本政府的監視等。日本報紙也對中國留學生大肆詆毀，主張取締中國留學生。

消息傳出後，立即引起留日中國學生八千人的群起反對，不少人提出罷學回國的主張。陳天華更是義憤填膺，堅決主張回國策畫，反對忍辱留日的軟弱態度。在愛國責任心的驅使下，他一連幾天四處奔走，呼籲世人認清日清勾結的罪惡目的，並用實際行動來與腐敗的清政府抗爭。但是當時，留日中國學生的意見尚不統一，實行起來確有困難，而革命黨人全體回國，有遭清政府一網打盡的危險。一時之間眾說紛紜，莫衷一是。此時，留日學生總會領導人也不願意負責組織大家回國。

陳天華憂心如焚，對大家行動不統一、思想不團結感到十分痛苦，一時激憤不能自拔。他發現勸說與宣傳的效果難以奏效，終於決定犧牲自己以喚醒眾人的覺悟，促進大家團結對敵。臨死前，他寫了一封〈絕命辭〉，聲言：

今日之中國，主權失矣，利權失矣，無在而不是悲觀，未見有樂觀者存。其有一線之希望者，則在於近來留學生日多，風氣漸開也。使由是而日進不已，人皆以愛國爲念，刻苦向學，以救祖國。即十年二十年之後，未始不可轉危爲安。

在〈絕命辭〉中，他還勉勵留學生要牢記：「去絕非行，共講愛國」，他認爲大家「臥薪嚐膽，刻苦求學」，使之「養成實力，丕興國家，則中國或可以不亡。」並說：「恐同胞之不見聽或忘之，故以身投東海，爲諸君之紀念。」又表示：「鄙人以救國爲前提，苟可以達救國之目的者，其行事不必與鄙人合也。」與此同時，陳天華還給留日學生總會寫了一封信，希望他們堅持革命，取得勝利。

1905年12月8日，朔風呼嘯、狂濤洶湧的日本東京大森灣，可見激浪不時衝擊岸礁，發出震天巨響。陳天華奮力攀上了一塊傾斜進大海的礁石。他遙望中國的方向，深深地一鞠躬後，毫不猶豫縱身撲向大海。

1906年夏天，陳天華的靈柩運回湖南。長沙學生與各界人士在革命黨人禹之謨的動員組織下，要求公葬陳天華。7月11日，陳天華公葬儀式正式舉行。學生一律穿白色制服，加上各界人士共有萬餘人參加。禹之謨於儀式上宣講革命道理，之後，送葬的群眾手執白旗，高唱哀歌，送陳天華靈柩至嶽麓山安葬，沿途鞭炮聲聲，觀者如潮，整個公葬儀式宛如一次反帝國主義、反封建威權的示威遊行。

「我不願忍受無情的垂暮之年接連奪去我的生活樂趣、削弱我的體力和智力、耗盡我的精力並摧折我的意志，使我成為自己和別人的累贅。」

——拉法格

拉　　法　　格

Paul Lafargue

（ 1 8 4 2 - 1 9 1 1 ）

法國和國際工人運動活動家，法國工
黨與第二國際的主要創建者之一，馬
克思的學生和女婿。

出身古巴聖地牙哥一個以經營葡萄園
為業的法籍家庭。1851年隨全家返
法，曾在巴黎大學醫學院學習，開始
投入政治運動，先後參加第一國際巴
黎支部和國際學生代表大會。1866年
到倫敦繼續攻讀醫學，獲醫學博士。
1871年參加巴黎公社起義，創辦《波
爾多論壇報》。1879年與蓋德 ❶
（Jules Guesde）一起創立法國工黨，
十九世紀八〇年代末亦參加了第二國
際的創建活動。

1865年2月的一天，馬克思位於英國倫敦梅特蘭公園路的寓所來了一個高個的青年人；他微凸的大眼睛、飽滿的鼻子和堅強有力的嘴巴，顯示出其剛毅的性格。這分突發的好感，連馬克思自己也感到驚訝。這個客人就是國際工人協會巴黎支部的成員拉法格。

這一次與馬克思的會面，使二十三歲的拉法格對社會主義思想有了更深刻的認識。不久，他回到法國，以他特有的無比旺盛精力投入政治生活的激流。1865年10月，拉法格與布朗基❷主義（Blanguism）者雅克拉爾共同發起在比利時的列日召開國際大學生代表大會，並號召法國青年團結起來，為推翻拿破崙三世第二帝國的獨裁統治而抗爭。為此，巴黎大學醫學院校方永遠開除了他的學籍，其他大學也對他關上大門。拉法格只好來到倫敦，繼續攻讀醫學博士學位，同時繼續參加革命活動。1866年，他獲選為國際總委員會委員兼西班牙通訊書記。

馬克思十分欣賞這位年輕人，相信自己敏銳的觀察力與遠見，不但經常與拉法格往來，介紹他科學社會主義理論，還同意次女勞拉同拉法格交往、戀愛，最後於1868年4月結婚。馬克思曾對女婿開玩笑，說拉法格獲得醫學博士學位，即是「獲得殺病人和牲畜的特許權了」。

▼拉法格之妻勞拉。

結婚後，拉法格攜勞拉遷往法國居住，一邊行醫，一邊從事革命活動，竭力傳播馬克思主義思想，曾與勞拉先後將馬克思的《資本論》序言與馬克思、恩格斯合著的《共產黨宣言》譯成法文出版。1870年4月，國際巴黎各支部召開聯合大會，成立了巴黎聯合會，拉法格當選聯合會委

員。爾後，他積極參加了巴黎公社起義、創辦《波爾多論壇報》，為新生的紅色勢力付出不少力量，在政府當局多次通緝中堅持不懈的鬥爭。但由於長時間的顛沛流離，使他對家庭照顧不多。終於有一天，他才三歲的小兒子不幸染上痢疾夭折。拉法格悲痛萬分，因為自己身為醫生卻無法挽救親生兒子的生命，從此憎恨起醫學，不再行醫，全力投入新聞事業與政治運動。

1889年7月14日，拉法格參與籌備的國際社會主義工人代表大會如期召開了。這次大會標誌著第二國際的誕生。在會上，拉法格由於為創建第二國際做出了極大貢獻，獲選為大會組織委員會書記。

1891年，拉法格因發表演講支援群眾的「五一」示威遊行，遭法國政府逮捕，送入聖珀拉惹監獄（Prison de Sainte-Pélagie）。拉法格被審判一事，在社會上激起抗議的浪潮，里爾市（Lille）的工人索性在議會補缺選舉中推選拉法格為候選人。儘管反動勢力以拉法格「是一個外國人——德國人」，因為「他是普魯士人馬克思的女婿」為由，企圖否認他的候選人資格，可是選舉結果，他卻以超過對手三分之一多的六千四百七十張選票當選議員。法國政府迫於社會輿論，不得不將他釋放。里爾市選民在劇院舉行盛大的群眾集會，熱烈歡迎拉法格。會後，數千人簇擁著他走上大街遊行。後來，拉法格充分利用此一合法身分，經常發表政治演說，宣傳黨的主張，揭露法國政府的陰謀。他並先後寫作了《財產的起源和進化》、《美國托拉斯》、《馬克思的經濟決定論》、《回憶馬克思》等諸多政治理論著作，為國

際共產主義運動做了許多成效卓著的工作。勞拉曾風趣地告訴恩格斯：拉法格很忙，他不僅用筆，而且用嘴，有時還用拳頭爲共黨工作。恩格斯對拉法格給予很高的評價，他說：

只要他更注意一些理論上的問題（主要是對一些細節），那他就會成爲巴黎這個光明之城的一盞明燈。

拉法格頑強地工作、生活並戰鬥著。他的一生坎坷不盡，經歷了各方面磨難；政府多次迫害他，曾兩度把他丟進監獄，備受摧殘；他的三個孩子先後在貧病中夭亡，妻子則常臥病在床，卻無錢治療；他的生活清苦，債臺高築。但拉法格始終保持著頑強的革命樂觀主義精神和旺盛的鬥志，懷抱共產主義必勝的信念。他們夫妻曾經商定：只要精力旺盛一天，就要戰鬥一天。如果年邁體弱、不能爲共黨工作了，就自動離開人間。

1911年11月25日星期六，即將滿七十歲的拉法格和六十六歲的妻子勞拉一起到巴黎度週末。他們拜訪了一些老朋友，出席了巴黎的歌劇晚會，然後回到巴黎附近德拉維鎭（Draveil）自家的寓所。當晚，他們雙雙注射了氫氰酸毒劑，在臥室的安樂椅上平靜地與世長辭。

巴黎光明之城的一盞明燈自行熄滅了！

後來，人們在拉法格的房中發現他的遺書：

我的身體和精神都還很健康。我不願忍受無情的垂暮之年接連奪去我的生活樂趣、削弱我的體力和智力、耗盡我的精力並摧折我的意志，使

我成爲自己和別人的累贅。在這樣的時刻到來之前，我決定先行結束自己的生命。

多年以來，我就已決定不讓自己逾越七十歲這個期限；我算準了自己離開人世的時間並準備好付諸實踐的方法：氫氰酸皮下注射。

我懷著無限歡樂的心情離開人世，深信我爲之奮鬥了四十五年的事業在不久的將來就會取得勝利。

共產主義萬歲！

國際社會主義萬歲！

很顯然，拉法格自殺並非出於對共產主義前途的悲觀，但他選擇的辭世方式卻使他的許多戰友迷惑不解。不少人認爲共產黨人只要一息尚存，就無權放棄自己的戰鬥崗位；一些人表示拉法格在身體健康時採取此一舉動與他長期以來的樂觀態度差距太大，故此舉實質上應是出於對衰老的恐懼；還有一些人則認爲誰也不知道自己在面對死亡時是否能表現出同樣冷靜的蔑視。一名德國詩人則表示：承繼者的責任，應該是「原諒他的過錯，痛悼他的永逝」。

拉　法　格

拉法格夫婦自殺時，列寧正在巴黎。他對此曾發表意見：

一個社會黨人不是屬於自己的，而屬於黨的。如果他還能爲工人階級做事，哪怕只是一點點有益的事，哪怕只是寫一篇文章或一份呼籲書，他就沒有權利自殺。

儘管如此，列寧還是參加了兩萬多名工人在

拉雪茲神父（Père La Chaise）公墓裡爲拉法格夫婦舉行的隆重葬禮。他在葬禮上發表了演說，讚揚拉法格是「最有天分、知識最淵博的馬克思主義思想傳播者之一」。

編按

❶蓋德（1845-1922），記者出身，1877年創辦社會主義週刊《平等》（*L'Egalité*）1880年與拉法格創立工黨。1900年，他與維雍（Edouard Vaillant）領導一群社會主義者成立「社會黨」（P.S.D.F.），但並未有太大成績，最後於1905年與裘黑（Jean Jaures）領導的「法國社會黨」（P.S.F.）合併。

❷布朗基（August Blangui，1805-81），法國烏托邦社會主義者，曾參與1830年的革命，1871年獲選爲巴黎公社主席。

「我畢生堅信，一個革命的政治家
必須懂得什麼時候應該離開人世，必須懂得及時離開人世……」

——越飛

越　飛

Adolf Joffe

（ 1 8 8 3 － 1 9 2 7 ）

蘇俄早期革命活動家暨外交家。

俄國克里米亞人。1903年在德國柏林開始從事革命活動，1912年在俄國基輔被捕遭流放西伯利亞。1917年在彼得格勒參加十月武裝起義，任革命軍事委員會委員。1917至1919年間，任俄共（布爾什維克）候補中央委員。十月革命後轉而從事外交工作，任外交部副部長，曾先後出使德國、波蘭、中國、日本、奧地利、加拿大等國。1925年參加俄共（布）黨內以托洛茨基為首的「聯合反對派」，受到排擠。1987年恢復名譽。

1927年11月16日，剛下過一場暴風雪的蘇聯首都莫斯科顯得異常寒冷。子夜時分，克里姆林宮突然傳出一聲清脆的槍聲，撕破了這座古老宮城上空的沈靜。

　　蘇聯早期革命活動家兼外交官——越飛，自殺了。

　　聽到槍聲，越飛的妻子米哈伊洛夫娜尖叫著衝進了越飛的臥室，發現越飛躺靠在床上，右臂斜垂著，手上握著那支他長期佩帶的左輪手槍；子彈是從右額射入的，鮮血正從槍口湧出來……

　　越飛的戰友——原聯共（布）中央政治局委員托洛茨基（Lev Trotsky, 1879-1940），以及原聯共（布）中央委員拉柯夫斯基等人接到米哈伊洛夫娜的電話很快趕到了越飛家中，他們檢查了越飛的傷勢，知道已無可救治，只好向米哈伊洛夫娜表示哀悼並請她節哀。聞訊而來的蘇聯內務部官員和「格別烏」（KGB）的特工不久也抵達現場，他們一方面瞭解情況，一方面四處掃視，意圖尋覓些什麼。此時，一名特工發現書桌上的茶杯壓著一疊信紙，似是越飛的手稿。他迅速靠過去，敏捷地從杯底抽出信紙，準備塞進風衣口袋。在一旁一直注視著他的托洛茨基眼明手快，一把奪過那些信紙，怒吼道：「不要動亡者的東西！」

　　托洛茨基將那幾頁已揉摺成一團的信紙遞給米哈伊洛夫娜，她發現這是越飛寫給托洛茨基的信，便交還給他。這封信事實上是這位離世者的遺書，越飛向自己崇拜的領袖和戰友解釋這是他唯一可以採取的方式，藉此抗議將托洛茨基與季諾維也夫（Grigory Zinovyev, 1883-1936）開除黨

籍，並以此表達他對黨竟然接受此事的憤懣。

讀畢全信，托洛茨基已是熱淚盈眶，與越飛幾十年來同生死、共命運的情景一幕幕浮現他的眼前。

越飛，全名阿道夫‧阿布拉莫維奇‧越飛（Aldof Abramowicz Joffe）。1883年，他出生於俄國克里米亞的一個商人家庭，1903年到德國柏林習醫，因形勢所迫轉而從事革命活動。1908年，他在奧地利維也納與托洛茨基一同編輯《真理報》，1912年在俄國基輔被捕遭流放西伯利亞，直至1917年俄國二月革命始返回歐洲，再與托洛茨基合作編輯《前進報》，同年加入布爾什維克派從事軍事領導工作。1917年，他在彼得格勒參加十月武裝起義，擔任革命軍事委員會委員。越飛為人心地寬厚，和藹可親，語調柔和，卻是十月起義最堅定的擁護者和組織者之一。

十月革命勝利後，越飛當選俄共（布）候補中央委員，並轉任外交工作，擔任了人民外交委員，很快就成為一位成熟的布爾什維克外交家。他先後率蘇俄代表團出使德國、中國、日本、波蘭、奧地利、加拿大等國家，並曾出任蘇俄駐北京、東京、維也納的全權代表，為新生的紅色政權在世界各國建立廣泛的聯繫與發揮巨大影響力。

越飛從1910年協助托洛茨基編輯維也納《真理報》開始，就是托洛茨基的學生和朋友。此後風雲變幻的十幾年裡，越飛跟隨托洛茨基，肝膽相照，休戚與共，始終把自己的生命與事業與他連在一起。托洛茨基在政治旋渦中的大起大落，也使越飛隨之沉浮漂泊。

托洛茨基是蘇聯的開國元勳之一，曾參加組織十月革命，長期擔任紅軍總指揮和軍事委員會主席、軍事人民委員等職。1922年4月開始，托洛茨基因不願擔任有職無權的人民委員會副主席，並且在新經濟政策、處理非俄羅斯國家自主權、工農檢查院是否應成爲「特權部門」等一系列理論和實際問題上，與總書記史達林發生分歧與矛盾，逐漸成爲黨內的反對派首領。越飛在政治與思想上傾向托洛茨基，同情其不平遭遇，也主動參加了「1923年反對派」活動，爲他後來遭到貶抑與自絕的結果埋下了禍根。

不久，托洛茨基等黨內反對派遭到了總書記史達林、共產國際主席季諾維也夫、政治局委員加米涅夫「三駕馬車」的反攻，結果托洛茨基被免去軍事人民委員的職務，離開了領導七年之久的紅軍與軍事人民委員部。

1925年1月後，形勢發生戲劇性變化。季諾維也夫與加米涅夫因一些政見之爭與史達林發生分歧，轉而與托洛茨基「結盟」，並在聯共（布）的「十四大」前夕發明聲明，要求允許「黨內爭論」，反對史達林「在一國建立社會主義」的理論，並且於1926年7月中旬正式宣布組成「聯合反對派」。10月25日，史達林再次迎戰，於政治局會議上解除托洛茨基的政治局委員職務，季諾維也夫被免去共產國際主席職務。越飛因此受到牽連，遭免去人民外交委員職務，跟隨被貶到租讓委員會任部長的托洛茨基，去當一名管理具體事務的「代表」。

1927年11月14日，聯共（布）中央委員會和中央監察委員會召開非常會議，以「挑起反革命

▼1917年9月，越飛與托洛茨基等人前往布列斯特-里托夫斯克的途中。

示威遊行和實際上煽動叛亂」的罪名，宣布開除托洛茨基與季諾維也夫的黨籍，同時將托洛茨基驅逐出莫斯科，流放邊遠的阿拉木圖（Alma-Ata，今名Almaty）。越飛崇拜的偶象與靠山一夜崩潰，預示他的政治前途也徹底完結了。

政治的失意與理想的破滅，加重了越飛本來就積弱的身體。早在1927年初他從東京回來時，就罹患了嚴重的結核病與多種神經炎。莫斯科的醫生對他的病束手無策，催促他到國外就醫。托洛茨基爲他向衛生人民委員和政治局交涉，但政治局拒絕送他去國外，理由是醫療費用太貴（約一千美元）。有一位美國出版商提出以兩萬美元代價購買越飛的回憶錄，越飛於是要求允許他自費出國就醫。但總書記處禁止他發表回憶錄，拒發出境許可證。

長期臥床不起，再加上窮困潦倒，黨內反對派所遭受的野蠻攻擊對他的精神更是一大刺激，越飛終於用極端的方式表示憤怒與抗議——開槍打穿了自己的腦袋。

越飛留下的遺書中，他首先爲他的自殺辯解，因爲這種行爲乃革命倫理學所不容的。越飛回憶道，他在年輕時就曾替馬克思的女婿拉法格與女兒勞拉辯護，他們就是因爲年邁體衰再也不能作一名革命戰士而自殺的。

越飛寫道：

我畢生堅信，一個革命的政治家必須懂得什麼時候應該離開人世，必須懂得及時離開人世——當他明白自己身對所獻身的事業不再有用的時候。三十多年來我一直抱持這種看法，即人的生

▼1927年的越飛。

命只有在為永恆的事業服務中度過才有意義。對我們來說，人類是永恆的；為任何有限的事業服務，而其他一切的生命也都有限時，就是沒有意義的。即使人類生命遲早會有終止的時候，但這無論如何是發生在非常遙遠的未來，我們仍然可以把人類看做是絕對永恆的。假如一個人跟我一樣相信進步，那麼他就可以承認，當我們的星球毀滅時，人類早已找到移民定居在其他更年輕星球上的辦法了……。因此，在我們這個時代，為人類利益所做的任何事情都將在某種程度上留傳到未來的世紀；我們的存在就是透過這個途徑獲得它可能擁有的唯一意義。

但是現在看來，我的生活失去意義的日子來臨了，因此我覺得必須放棄它，結束它……。幾年來，我們黨裡現在的頭頭們，依照他們不給反對派共產黨人工作的政策，既不給我政治工作，也沒有給我蘇維埃工作，這些工作的範圍和性質本來可以使我的能力作最大限度的發揮……。我絕對相信，一場危機遲早必會到來，它將迫使黨摒棄那些把黨帶領到這種可恥地步的人。在這個意義上，我的死是對那些人的一個抗議，他們把黨帶到這種地步，以致它對這件醜聞不能有任何反應……

越飛表示，二十七年來，他的生命已經顯示出充分的意義：他為社會主義而生。他沒有浪費過哪怕一天的生命，即使在監獄中，他也充分利用每一天學習，準備未來的戰鬥。但現在他的生命已毫無意義；他的責任就是離開人世。托洛茨基被開除出黨以及黨目前的態度是對他的最後打

擊。倘若他身體健康，他一定站在反對派行列中繼續鬥爭下去。或許他的自殺「與你們被開除黨籍相比只是小事一樁」（而且是「對那些人的一種抗議姿態，他們陷黨於如此田地，使它不能對這類畸形事物做出任何反應」），但也許他的自殺有助於喚醒黨注意黨內政變的危險。他擔心黨覺醒的時刻尚未到來——那麼，他的「死」畢竟要比他的「生」更有用。

越飛回憶了他與托洛茨基長年以來的友誼與共事過程，請求他原諒他「藉此悲劇」說出他所看到的托洛茨基弱點所在。他早就想告訴他這一點了，但總下不了決心。越飛寫道：

> 人之將死，其言也真，現在我再一次重提這件事。
> 我總覺得您缺少列寧那種在原則問題上不屈不撓、寸步不讓的精神。只要列寧認定是正確的路線，即使只剩下他一個人，他也要堅持下去。但是您往往為了滿足您評價過高的協定與妥協的需要，而放棄您的正確立場。

越飛在最後遺言中，希望托洛茨基能在自己身上找到那股「百折不撓的力量」，他認為這力量將有助於他們的共同事業取得最後的勝利，就算這勝利不是立即到來。

托洛茨基對越飛的逝世深感震驚與悲痛，第二天便向新聞界發表談話：

> 越飛的去世，使我失去了這二十年來最親近的朋友和戰友。

越飛是自願結束自己生命的，但責備他臨陣脫逃是愚蠢的。他離去，不是因為不願戰鬥，而是因為他的身體再也沒有力量來參加戰鬥。他害怕成為戰鬥者的累贅。他不是自願離世，他的一生，是依然活著的人的榜樣。每個人在生活中都占據著自己的崗位。誰也不應該離開這個崗位。

對於越飛——一個真正的革命者、一個卓越的人與忠實的朋友——我們將在整個革命過程中永誌不忘。

越飛的信和托洛茨基的講話很快在反對派內部與群眾中傳開，他當初強調的自殺意義也更為人所理解，因此被普遍視為忠誠之舉而非絕望下的行為。

11月19日，以托洛茨基、拉柯夫斯基與伊萬·斯米爾諾夫為前導的送葬隊伍護送著越飛的靈柩，從大路比揚卡街的外交部大樓前啟程，穿過莫斯科的大街和廣場，向市郊新聖母修道院的墓地前進。好幾千人加入送葬行列，行進中唱著輓歌和革命歌曲。同時代的米·彼·雅庫波維奇回憶道：「周圍人山人海，街道擠得水泄不通，交通也全部停止了⋯⋯。送葬的人很多，主要是支援托洛茨基的共青團員和青年學生，還有不少過去在托洛茨基領導下工作過的軍隊和軍政幹部，人群中還有史達林的妻子。」中央委員會和外交人民委員部也派了契切林等人前來表示官方的悼念。

當送葬隊伍到達新聖母修道院時，警察和格別烏特工竭力要將送葬隊伍擋在墓地外面。人群紛紛闖進了墓地小徑並聚集在公墓四周，在凜冽

的寒風中聆聽托洛茨基發表講話：

　　越飛是以有史以來第一個工人階級國家的外交代表身分，進入最後十年生活中的。在這裡，大家都說——新聞出版界也這麼說——他是一個傑出的外交家。沒錯。他的確是一位傑出的外交家，也就是黨和無產階級政權分配給他那一崗位上的工作者。他之所以成為一名傑出的外交家，是因為他是一個徹底的革命者。

　　他是以一個革命者的身分來看待每個問題的。他身居重要崗位，但從來不是一個官僚；他與官僚主義水火不容。他從工人階級的角度來看待每一個問題，而工人階級則是從社會底層提升到掌握國家政權的地位。他從國際無產階級和國際革命的角度來看待每一個問題，這也是他巨大力量之所在。他的巨大力量不斷在與他弱小的體魄鬥爭著，直到最後一刻，直到像我們今天所看到的這樣，子彈在他的右額留下一個黑點的那一刻，他始終保有他充沛的精神力量。

　　他自願離開了生命。革命雖不允許自願離開生活，但任何人也不能夠非議或責怪他，因為他離開的時刻，正是他對自己說「他再也不能為革命做出什麼貢獻」的時候。正如同他在生時的堅定和勇敢一樣，他離開時也堅定和勇敢。

　　我們用這個靈柩將這麼一個出色的人的遺骸抬到這裡。過去我們曾那樣放心地與他一起生活並戰鬥過。就讓我們以他的生活和戰鬥精神來同他告別吧：他生時站立在馬克思和列寧的旗幟下，也在此一旗幟下故去。我們的越飛，我們向你宣誓，我們將把你的旗幟舉到最後一刻！

最後，托洛茨基高呼「烏拉！」，並帶頭唱起
《國際歌》。記者路易‧菲爾後來在文章中寫道：
葬禮結束後，「所有的人都湧向了托洛茨基，向
他歡呼。他呼籲群眾各自回家，但他們不肯走，
托洛茨基久久不能離開墓地。最後，一批年輕人
手臂挽著手臂相向而立，形成兩堵人牆，留下一
條狹窄的走廊，好讓托洛茨基走向出口。」

這次集會是聯共（布）黨內持不同政見的反
對派最後一次公開集會和示威。這也是越飛離世
後，托洛茨基在國內最後一次公開露面——他在
墓地上號召勇敢鬥爭的聲音，也是他最後一次的
公開演說。

兩個月後，托洛茨基被流放阿拉木圖。十三
年後，即1940年8月20日，托洛茨基在流亡地墨西
哥城外的考約阿康鎮慘遭謀殺，與越飛在另一個
世界再次並肩而行。

「如果你們不能保護他，還安慰我什麼？」

—— 奧爾忠尼啓澤之妻

奧爾忠尼啓澤

Gregory
Ordzhonikidze

(1 8 8 6 - 1 9 3 7)

蘇聯共產黨與國家領導人之一。
喬治亞人。1903年加入俄國社會民主
工黨，1912年被選為黨中央委員和中
央委員會俄羅斯局委員。1917年參加
組織領導了「十月革命」，勝利後任烏
克蘭及南俄臨時特派員。1926年起，
他先後任聯共（布）中央監察委員會
主席、工農檢查院人民委員、人民委
員會及國防委員會副主席。1930年任
聯共（布）中央政治局委員，並全面
主持經濟工作，曾先後擔任蘇聯最高
國民經濟委員會主席、重工業人民委
員。

提起奧爾忠尼啓澤，在二十世紀三〇年代的蘇聯可說無人不曉。當時他既是聯共（布）中央總書記史達林的親密戰友，又身居聯共（布）中央政治局委員、蘇聯重工業人民委員等要職。然而，身爲炙手可熱的人物，他卻用一顆子彈結束了自己的生命。當時聯共（布）中央宣布奧爾忠尼啓澤是因心臟病突發而亡，直到1956年蘇共「二十大」時，才正式宣布了他自殺身亡的史實。

奧爾忠尼啓澤爲何自行離世，聯共（布）中央當時爲何隱瞞實情，隨著歷史資料的不斷公開，此事件的眞相逐漸大白於天下。

奧爾忠尼啓澤，1886年3月出生於喬治亞。中學時代開始接觸進步思想，1903年加入俄國社會民主工黨，並在外高加索地區發動工人運動與共產黨的工作。1912年，他被選爲黨中央委員和中央委員會俄羅斯局委員。1917年「二月革命」後，他回到彼得格勒，成爲「十月革命」的組織者之一，後出任烏克蘭及南俄臨時特派員。內戰時期，他在西線和南線指揮紅軍反擊白衛軍。1926年起，他先後任聯共（布）中央監察委員會主席、工農檢查院人民委員、人民委員會及國防委員會副主席。1930年，他擔任聯共（布）中央政治局委員，並全面主持經濟工作，先後曾出任蘇聯最高國民經濟委員會主席、重工業人民委員。同事們都稱他爲「謝爾哥」，這本是一個暱稱，後來竟成爲黨內使用的代號，足以說明他所受到的一致尊敬和愛戴。

奧爾忠尼啓澤是史達林的同鄉兼戰友，在長期革命生涯中建立了深厚的友誼。早在1908年6月，兩人在巴庫領導石油工人罷工後被密探局逮

▼奧爾忠尼啓澤(左一)與史達林及其他政治局委員。

捕，一同被關進拜洛夫監獄，成為生死與共的親密難友。他與史達林、米高揚多年在喬治亞的梯弗里斯並肩戰鬥，籌畫工人運動和武裝起義，人稱「高加索三劍客」。在1922年的民族自治化事件中，他極力支持史達林關於莫斯科對非俄羅斯各國加強控制的主張，遭到列寧嚴厲斥責後，主動為史達林承擔了「粗暴地侮辱喬治亞民族幹部」的責任；他堅持「擁護史達林就是擁護黨」的信念，一直支持史達林同黨內反對派的鬥爭，為擊垮托洛茨基、「1923年反對派」和「聯合反對派」立下了汗馬功勞。

在很長一段時間裡，史達林對奧爾忠尼啓澤一直視如兄弟，關愛有加，不但在政治上予以提攜重用，也在生活上給予多方照顧。1926年11月，奧爾忠尼啓澤一家從羅斯托夫遷到莫斯科，史達林便先安排暫住在他家。後來組識將奧爾忠尼啓澤的房子安排好，一家人準備搬走時，史達林表示：「我看得出，你們倆喜歡我這個房子，是不是？」奧爾忠尼啓澤回答說：「是的。」史達林立刻答應：「那你們就住這兒吧，我搬走。」此後，史達林特別愛到奧爾忠尼啓澤家來吃飯或聊天，如同家人一般。史達林的女兒斯維特蘭娜（Svetlana Alliluyeva）曾寫道：「奧爾忠尼啓澤住在我家的時間很長。與我父親很要好，他的妻子和我媽媽也是好朋友」。「奧爾忠尼啓澤是個喜歡說笑、嗓門高、十分熱情、真正的喬治亞人。他一進門，他的大嗓門和爽朗笑聲會使牆壁晃動。」奧爾忠尼啓澤的性格有時非常急躁，說話往往直言不諱，是唯一敢當面向史達林提出不同意見的人，對此，史達林亦能表現出容忍的態度。在許

多人看來，他們的友誼是牢不可破的。

但是，史達林絕不可能允許黨內不同政見者挑戰他的地位與權威，於是，一場不同理論觀點的論爭，最終演變成從思想到肉體的「清洗運動」。奧爾忠尼啓澤起初贊成史達林「反擊」，但隨著許多戰友的入獄、流放、抄家，甚至成批槍斃，一個月內，竟有千餘人被殺，他開始感到不解。他不相信黨內可能有這麼多「反黨分子」、「托（洛茨基）派分子」或「現行反革命」。他曾為其中一些人向史達林說情，如1932年在政治局討論柳金案件的問題上，他就不同意史達林將柳金處死的意見，明確表達了與史達林不同的政治態度。奧爾忠尼啓澤的副手——重工業部副人民委員皮達科夫，後來也被捕了，他立即找史達林說情，還到獄中探望皮達科夫。這不僅是因為他們是親密的同事和朋友，不僅是因為皮達科夫在領導重工業方面的卓著成績且受奧爾忠尼啓澤所倚重，更重要的原因是他根本不認為皮達科夫是敵人。當他得知皮達科夫最終還是被處決後，他感到非常難過，再次向史達林申辯，明確反對這種濫殺無辜的恐怖政策，甚至公開抨擊內務人民委員會。史達林對這位昔日戰友的「不識時務」逐漸失去耐性，而奧爾忠尼啓澤的衝動性格更加速了兩人的矛盾激化，分道揚鑣已不可避免……

奧爾忠尼啓澤雖已有一些心理準備，但這一切來得如此突然、後果如此嚴重，他實感沉重的心理負擔，奧爾忠尼啓澤後來沒有留下任何書信說明自殺的原因，但確實有三方面的壓力迫使他做了最後抉擇：

其一，身為政治局委員的奧爾忠尼啓澤在外

高加索同志中享有很高的威信，這些同志只要到中央來都會先來請教他，徵求他的意見。但是1931年，貝利亞（Lavrenti Pavlovich Beria, 1899-1953）在史達林的提拔下當上喬治亞黨的領導人後，情況開始發生變化。

貝利亞也是喬治亞人。說來令人難以置信，據查證，貝利亞的檔案中沒有加入布爾什維克的紀錄，也就是說，他是「混」進來的。1931年夏天，史達林回鄉休假，擔任外高加索格別烏主席的貝利亞負責總書記的安全保衛。由於他善於揣摩領袖心思，討得了史達林的信任和歡心。從此以後，貝利亞官運亨通，青雲直上，一年內就升任高加索邊區黨委第一書記。

儼然一方諸侯的貝利亞其實是個齷齪的小人。他心腸歹毒，盛氣凌人，也是有名的酒色之徒。剛開始他還注意有所收斂，到莫斯科辦事時，也會來找奧爾忠尼啟澤商量事情，但是在他得勢之後，就不再理會奧爾忠尼啟澤了，並阻止外高加索的同志與奧爾忠尼啟澤來往。他野心勃勃，為了達到前進莫斯科的目的，使盡投機鑽營之能事，於1935年做了一份名為〈關於外高加索布爾什維克組織歷史問題〉的報告。報告中公然篡改歷史真實，把史達林捧上外高加索革命史上無與倫比的崇高地位。史達林閱後大喜，授意將報告印成小冊子廣泛發行。

奧爾忠尼啟澤很早就提醒過史達林說貝利亞是個沒有原則的惡棍，但史達林不以為然，反而是貝利亞的挑撥在史達林心中播下了懷疑奧爾忠尼啟澤的種子。外高加索人在貝利亞的影響下也逐漸疏遠了他，眾人對他的態度變化為他造成很

大的心理壓力，奧爾忠尼啓澤在與好友米高揚的談話中表示這與史達林自身有關，說明自己已經不再受到信任了，但「信任」卻是他生存的依靠。

其二，奧爾忠尼啓澤的哥哥帕普利亞（Papulya）當時是外高加索鐵路部門的領導。他不僅是他的兄長，也是他革命的引路人。帕普利亞的工作能力強，只是性情急躁，心直口快。他不同意貝利亞的許多做法，並在會議上直截了當指出來。貝利亞不能容忍這一點，於是他無端被捕了。

米高揚回憶道，奧爾忠尼啓澤有一天十分憂鬱地對我說：「我哥哥說了許多多餘的話，撤他的職也許是正確的。但他是個正直的人，忠於黨，我不懷疑這一點。怎能逮捕這樣的人呢？我知道，沒有史達林的同意是不會這樣做的。他甚至沒有告訴我，他要逮捕我哥哥。」

過了一段時間，消息傳出：帕普利亞在被捕與幾經折磨後，1936年被貝利亞下令槍決了。奧爾忠尼啓澤當然知道只有史達林同意，貝利亞才會對他哥哥下手。

不久，奧爾忠尼啓澤得知他的朋友兼同鄉米爾札別基揚（當時在喬治亞政府工作），也與帕普利亞一道被槍決了。不久後，他的外甥格里戈里·格瓦哈里亞（馬克耶夫聯合企業的經理）消失了，他的好友魯希莫維奇、古列維奇、托欽斯基等多人被捕或失蹤，另外還有許多原來同他要好的同事也消失不見蹤影。除了親人、朋友和同事遭到鎮壓，貝利亞也正在整理他的「黑材料」並藉故對他家進行搜查，這些無疑對他造成沉重

的精神打擊，使奧爾忠尼啓澤感覺到一場矛頭對準他的運動正在形成，從中感到巨大的壓力。

其三，奧爾忠尼啓澤主管的工業部門，因破壞和怠工已成了當時公審的一大主題，報紙和電台不斷要人們留意破壞者的話，也直接牽涉到他。他主持的重工業人民委員部的許多高級官員被捕入獄甚至遭到槍殺，在當局開始把經濟工作領導人當做敵人和「托派分子」進行大逮捕的時候，奧爾忠尼啓澤站出來爲他們辯護、保護他們，因爲他知道這些都是正直而忠誠的人。每個人都有缺點，但這些缺點不足以使他們成爲敵人。

遺憾的是史達林仍決定在1937年2月召開中央全會討論工業中的破壞行爲，並指定奧爾忠尼啓澤代表中央做報告。在報告中，他不僅應當稱讚已進行的逮捕動作，還應當進一步論證「清洗」的必要性。

奧爾忠尼啓澤在準備報告時，派了幾個人到地方上去調查。從帶回的資料來看，根本就沒有什麼破壞活動，有的只是缺點和某些不足。看到蒐集的資料都不能證明這一點，他實在不知怎麼在中央全會上做報告，因此內心非常痛苦。

米高揚後來回憶說：「在他自殺前三、四天的某個深夜臨睡前，我們倆繞著克里姆林宮散步。他對我說，他沒有力量再這樣工作下去了。『史達林幹得很糟糕，我一直是他的親密戰友，我相信他，他相信我。現在我無法與他共事，真想自殺。』我聽了後很吃驚，勸他這種想法不對，自殺不是解決問題的方法，還舉了一些例子。我以爲自己已經說服了他。過了一天，我們又見

面，他再次提到自殺，我十分擔心，勸他千萬不要走這一步。」

1937年2月17日上午，史達林與奧爾忠尼啟澤發生激烈的爭吵，長達三十年的友誼破裂，促使奧爾忠尼啟澤下了自絕的決心。

1937年2月18日，即蘇共中央全會召開的前一天，奧爾忠尼啟澤在疾憤中結束了自己的生命。他的妻子濟娜描述了當時的情況：

再過兩三天，奧爾忠尼啟澤就要在中央全會上做報告……他用打字機寫著什麼，邊寫邊改，也與史達林在電話中爭論些什麼，有時出去一下，但有兩次凌晨才回來。

有一天，他回來時邊脫大衣邊說他沒法與史達林相處了。我明白他有多痛苦，他們是多年的好朋友，就連這棟房子都是史達林的。1936年時，我也感到史達林對我們的態度有點變，我丈夫很傷心。有兩次我想問問出了什麼事，他很粗暴地中止了這個話題。

那天早上我醒得特別早，但沒敢起來。怕吵醒他。終於他起來了，把腳放在床邊，雙手抱著頭說：「我覺得不舒服，再躺一會兒……如果有人來，請他等一會兒。」我起來後，幫他整了整枕頭，替他蓋好被子，就出去了……

後來在廚房裡，我聽到了兩聲沉悶的巨響，趕緊跑進臥室……他躺在床上，子彈打穿了胸腔，全身是血……我拉住他的手，摸了摸脈搏、頭和嘴，他死了，瞬間就離開了我。

我馬上撲向電話叫醫生，接著叫了姊姊毅拉，又給史達林打了電話。他不在，去散步了，

我説：「請告訴他，濟娜來電話了。馬上去告訴他，我等他回電話。」不知道等了多長時間，也許十分鐘，也許一個世紀，終於聽到了他的聲音，我的手在發抖。「什麼事這麼急？」我覺得他很生氣，「什麼事這麼急？」他又問了一遍。我大聲説：「他做了和娜佳一樣的事了！」史達林馬上扔下電話，我聽到了「嘟嘟……」）的斷線聲。娜佳（Nadezhda Alliluyeva）是史達林的妻子，也是自殺身亡。

過了三、四十分鐘，史達林與伏羅希洛夫、莫洛托夫、米高揚、卡岡諾維奇、日丹諾夫、葉若夫都來了。他們直奔臥室，沒有人説話，沒有一點響聲。我坐在床邊，伏羅希洛夫朝我走來，我對他説：「如果你們不能保護他，還安慰我什麼？」史達林看了我一眼，輕輕點頭示意了一下。我們離開臥室，走進辦公室。史達林一臉憔悴，顯得蒼老許多。我問道：「怎麼向人民説？」史達林説：「他的心臟不好……」我明白了，報紙會這樣報導。

1937年2月19日，多家報紙報導了奧爾忠尼啓澤的死訊，並正式公布當局授意的醫生檢定：

奧爾忠尼啓澤同志患有動脈硬化、心臟和心血管的嚴重病變，右腎還有慢性損傷。他的左腎則因患結核，已於1929年摘除。

近兩年來，奧爾忠尼啓澤時有狹心症（心絞痛）和心病性氣喘發作，最近一次非常嚴重的發作是在1936年11月初。

2月18日早晨與稍後，奧爾忠尼啓澤並未表示

自己有任何身體不適，可是下午5時30分，他突然
感到不適，幾分鐘後便因心臟麻痹而逝世。

蘇聯衛生人民委員 卡明斯基
克里姆林宮醫療局局長 霍多羅夫斯基
克里姆林宮醫療局顧問、醫學博士 萊溫
克里姆林宮門診部值班醫生 梅爾茨

　　在這份檢定上簽名的前三人，後來都被處決
了。卡明斯基當時根本不願意簽自己的名字，梅
爾茨則下落不明。
　　米高揚後來回憶說，史達林當時是從政治上
考量不允許公布這位蘇聯領導人的眞正死因，史
達林還說：「如果我們宣布他是自殺的，就無法
以應有的方式安葬他。」
　　三天後，蘇聯當局爲奧爾忠尼啓澤舉行了隆
重的葬禮。政治局委員赫魯雪夫（Nikita
Khrushchev, 1894-1911）在葬禮上致悼詞時說：
「是他們以背叛與變節、間諜和破壞行動給你高尚
的心帶來的打擊。皮達科夫是一個間諜、破壞分
子、勞動人民的敵人和卑鄙的托洛茨基分子。他
被當場抓獲與處決了，像一隻畜牲般被工人階級
撕碎了。然而，正是他的反革命活動加速了我們
親愛的奧爾忠尼啓澤之死。」
　　這種說法實在是滑天下之大稽，只是官方根
據政治需要做出的決定。多年後有人評述道：奧
爾忠尼啓澤無疑「是被逼死的，當局卻把罪過栽
到反對派身上，同時給他帶上一頂桂冠」。
　　緊接著，奧爾忠尼啓澤被當做一個革命領袖
與民族英雄讓人們瞻仰：北奧塞梯自治共和國首

府弗拉季高加索市，在1937至1990年間被名為奧爾忠尼啓澤市；波羅的海艦隊獲命名為「奧爾忠尼啓澤」號巡洋艦；塞瓦斯托波爾市建了一座「奧爾忠尼啓澤造船廠」；莫斯科成立了「奧爾忠尼啓澤飛行學院」、「奧爾忠尼啓澤機床製造廠」；1938年也有人拍攝了《奧爾忠尼啓澤》的專題紀錄片……

直到1956年，時任蘇共總書記的赫魯雪夫，才在蘇共「二十大」上的報告中開始吐露部分的實情：

貝利亞還殘暴地處理了奧爾忠尼啓澤同志家族。為什麼？因為奧爾忠尼啓澤曾試圖阻止貝利亞實現其無恥的計畫。貝利亞清除了自己道路上一切可能妨礙他的人。奧爾忠尼啓澤始終是貝利亞的反對者，這一點他曾告訴過史達林。史達林沒有審查這一事件和採取適當的措施，就允許貝利亞除掉奧爾忠尼啓澤的兄弟，從而把奧爾忠尼啓澤逼上不得不開槍自盡的境地。

這是蘇聯官方在史達林死後首次糾正1937年的官方說法。分析人士認為，這種說法離事實近了一步，肯定奧爾忠尼啓澤是自殺而非因病去世，但卻把死因歸之於貝利亞。這種說法顯然迴避了主要矛盾，並且把主要矛盾和次要矛盾的順序顛倒了。「若沒有與史達林的矛盾的存在，奧爾忠尼啓澤是可以輕而易舉把貝利亞排除的。」

1961年，赫魯雪夫在蘇共「二十二大」的談話中，再次談到奧爾忠尼啓澤之死時，又更接近了事實一步。他沒有提貝利亞的作用，指出主要

▼赫魯雪夫（前右）在蘇共「二十大」上，提到奧爾忠尼啓澤的自殺事件。

原因是奧爾忠尼啓澤與史達林的矛盾。他說：

　　奧爾忠尼啓澤看到他已不能再與史達林一起
工作，儘管以前他是史達林最親近的朋友之一……
……情況到了這種地步，奧爾忠尼啓澤已不能繼續
正常工作。為了不與史達林發生衝突，為了不為
史達林濫用權力的狀況分擔責任，他決定用自殺
結束自己的生命。

　　時間終於將歷史的眞相呈現在世人面前，還
了奧爾忠尼啓澤一個完整、憎愛鮮明、有血有肉
的共產黨人形象。

　　有人評論說：「從奧爾忠尼啓澤一生剛直不
阿的性格、他敢於當面與史達林抗爭的表現，以
及他最後勇敢的舉動來看，他的自殺絕不是懦弱
者的絕望，而是一個正直的革命家在不能容忍邪
惡卻又無力改變它時，所做出的英雄式抗議——
他要用自己的血使黨覺醒。」

「我覺得公私的前途，都無半點光明，
於是死神就伸出他的魔手，拚命來招我了。」

──戴季陶

戴　季　陶

(1 8 9 1 - 1 9 4 9)

國民黨的理論權威。

原籍浙江吳興，生於四川廣漢。1909
年畢業於日本大學法科。回國後曾任
上海《天鐸報》主編。辛亥革命後，
任孫中山秘書、廣州大元帥府秘書
長，主編《民權報》。五四運動後，主
辦《星期評論》週刊。1924年，任國
民黨中央執委和宣傳部長。1925年孫
中山逝世後，發表《孫文主義的哲學
基礎》、《國民革命和中國國民黨》兩
本小冊子，提出所謂「戴季陶主義」。
1927年，國民政府成立於南京後，成
為蔣介石的謀士，歷任國民黨中常
委、國民政府委員、考試院院長、國
史館館長等職。

近代中國的思想家不下千百，但思想以「主義」定名的，似乎只有兩位：一位是追求民主革命的孫中山，另一位就是以孫中山信徒自居的戴季陶。

　　戴季陶，1891年1月6日生於四川廣漢。原名傳賢，學名良弼，字選堂，又字季陶，晚號孝園，祖籍浙江吳興，後入川經商，定居廣漢。

　　戴季陶幼年在私塾接受傳統的封建教育，「聰悟敏穎，有神童之目」。就在清政府明令廢八股的1901年，戴季陶第一次參加科舉考試，因未通出自《易經》的考題題旨而名落孫山。十二歲時，他就讀於成都東遊預備學校，受老師徐桐的影響，也受西方新學的啓迪，新思想觀念漸萌。後來，在客籍學堂和華英學堂就讀期間，先後因抨擊當局兩度遭斥退。1905年，戴季陶隻身東渡，留學日本大學法科，師從日本著名法學家筧克彥。1909年，戴季陶學成歸國，在蘇州的江蘇地方自治公所擔任教習，先後開設了憲法學和法學等課程。他最早的著述《憲法綱要》，便是當年的授課講義。

　　此時的戴季陶政治觀點較模糊，相對傾向君主立憲。然而，他在理論上雖未對君主制加以否定，但在《憲法綱要》等文章中又痛陳封建君主專制的愚民政策是造成中國「不振之原因」。做爲吃朝廷俸祿的人，利用官家講臺評論朝政、妄言弊端，當然會引起上司的不滿，再加上他「風流自賞，常喜做狎邪遊」，更易授人以柄，於是「譭謗朝廷」和「生活失檢」成了戴季陶的兩大罪狀。因此，當曾對他頗爲欣賞並加以庇護的江蘇巡撫瑞澂去職後，他若失靠山，只得轉赴上海另

謀生路。

1910年7月下旬，戴季陶先在上海《中外日報》供職，兩個月後，他又應聘於《天鐸報》當記者，因筆勤腿快，學識過人，深得社長陳屺懷的賞識，不久便升職任總編。同時，戴季陶還常為于右任所辦的《民主報》撰文，從此開始了其一生的文字鼓吹生涯。

這一時期，戴季陶對世道與人生的領悟有了新的進展，思想內容一變於前，充滿民主革命精神。他以與清政府誓不兩立的「天仇」為筆名，先後發表了〈立憲救國乎立憲亡國乎〉、〈中國之百面觀〉、〈人生〉、〈應酬亡國論〉、〈可憐這家肥國瘦〉等文章。由於文筆犀利、詞鋒勁健，受到變革心理日趨鮮明迫切的讀者歡迎，戴季陶也從此聲名鵲起。半年後，即1911年春，這樣的他終於招致文禍，遭到官方緝捕，只得逃往海外，在南洋檳榔嶼掩身於革命黨人雷鐵崖主辦的《光華日報》，並經雷鐵崖介紹加入了革命政黨同盟會。此時，戴季陶由一個民主制的持疑者轉為信仰者，終於加入革命民主派的行列。

1911年10月辛亥革命爆發後，戴季陶即由南洋返回上海。同年底，孫中山由海外抵滬，戴季陶以黨員記者資格首次謁見，面談之後迅即受到器重，從此一直跟隨孫中山左右。1912年1月，孫中山就任臨時大總統，他隨同去南京參加典禮。同年，總統袁世凱授權孫中山籌畫全國鐵路，戴出任機要秘書。1913年，孫中山訪問日本，他做隨員同行。1914年9月起，他正式任孫中山秘書，直至孫中山逝世為止。

這段期間，戴季陶還擔任了《民權報》的主

▼戴季陶擔任主筆的《民權報》，上刊有其《天仇文集》廣告。

筆，寫了〈拓殖論〉、〈我之經濟政策〉、〈膽大妄爲袁世凱〉、〈討袁世凱〉、〈民國政治論〉等大量擁孫中山、反袁世凱並闡明自己政治觀點的文章，政治理論漸趨成熟。隨著他文學宣傳和活動範圍的擴大，以及經歷漸豐、學識漸厚、交往層次更高，戴季陶成了一位令人刮目相看的政界新人，在興論界與政治界的知名度急邃上升，終於使他躋身爲孫中山身邊少數非粵籍的核心人物之一。顯然，這是他政治生涯中極重要的升騰發達時期。

1916年5月，戴季陶隨孫中山從日本回國。1917年7月，孫中山因組織護法運動南下，設大元帥府於廣州，戴季陶被任命爲大元帥府秘書長及法制委員會委員長。第二年4月，他兼任大元帥府外交部次長。5月，護法運動失敗，戴季陶只好隨同孫中山離粵居滬。

五四運動爆發後，戴季陶重新在言論方面活躍起來，經常在中國國民黨機關刊物《民國日報》（上海）上發表文章，後又奉命主辦該報副刊《星期評論》，並與胡漢民、廖仲愷、朱執信等共同主持國民黨另一理論刊物《建設》雜誌。利用這些興論陣地，戴季陶進入了文字收穫的旺季。他的文章對五四運動給予積極支援與熱情歡呼，對勞工運動給予深切關心與悉心研究，對馬克思主義表示歡迎態度，對俄國十月革命表示歡迎與慶賀，並對帝國主義進行猛烈抨擊，似乎表現出思想理論向左發展的趨勢。

1920年，戴季陶參加了陳獨秀在上海籌備組織的共產主義小組，但是並未加入組織。他認爲自己與國民黨關係太深，只要孫中山在世一日，

他就不能加入別的黨派。

事實上，這只是戴季陶的託詞。因為他此時並未從根本上轉變立場。他雖稱「革命是急激的進化。中國人今天在世界上如果不圖急激的進化，在世界文化生活的當中，將要失去了存在的地位」。但他也認為這種「急激的進化」會發生「殘酷」，容易出現「不幸的結果」，因此他「主張階級的互讓，主張漸進的改革」，反對共產黨主張的無產階級「迪克推多」（專政）。他並且將五四運動工人直接參加社會政治運動，視為一種不祥之兆，認為需要中產階級中有智識、有學問者，用溫和的社會思想來指導他們。

到1924年，戴季陶的思想右傾更加明顯了。這年元月，國民黨「一大」在廣州召開，因有共產黨員參加，戴季陶不願意出席。後經孫中山親自去電催促，才勉強南下。會上，戴季陶被選為中央執委和宣傳部長。戴季陶在會議期間已公開表現出不贊成孫中山的「聯俄、聯共、扶助農工」的三大政策，而且對國共合作極不滿。

1925年初，孫中山在北京病危，戴季陶聞訊前去奉侍於左右。3月11日，孫中山簽署遺囑，戴季陶是簽證遺囑的九人之一。孫中山逝世後，戴季陶改名傳賢，儼然以孫中山精神遺產的繼承人、國民黨的理論家自居。

此時的戴季陶已經公開從事反共的工作，表示共產黨加入國民黨之後，「有了這樣一個癌腫在國民黨內，年長日久，便成了割也割不得，治也治不好的大毛病」。因此，「國民黨不清黨，國民黨就不存在了」。

同年5月，戴季陶便在廣州召開的國民黨第一

屆三中全會上，提出了以反對國共合作、反對階級鬥爭作爲國民黨「最高原則」的提綱，宣稱要建立一個所謂的「純正的三民主義」。

6、7月間，他寫成了《孫中山主義之哲學基礎》、《國民革命和中國國民黨》兩本小冊子，宣稱共產主義不適應中國國情，反對馬克思的階級鬥爭學說和工農運動。他反對國共合作，要求共產黨員退出國民黨；他強調所謂「獨立性、排他性、統一性和支配性」，鼓吹國民黨一黨專政，從而形成了他的「戴季陶主義」。

由於「戴季陶主義」符合國民黨右派的政治需要，成爲他們反共、破壞國共合作、對抗馬克思主義的理論工具，因此戴季陶很得國民黨右派賞識。1925年11月，謝持、鄒魯、林森、張繼等國民黨右派人物在北京西山召開反共、分裂國民黨的會議，特邀戴季陶參加。戴季陶欣然與會，不料老右派中有人認爲戴季陶曾參加共產主義小組，算是中共的發起人，便雇了幾個打手將他痛打了一頓。戴季陶於是不待會議召開，在11月20日便返回了上海。

1926年元月，國民黨「二大」召開，在國共合作仍處大勢的情況下，謝持、鄒魯等人因另立山頭被開除黨籍。戴季陶因爲沒有正式與會，逃過一劫，並在蔣介石等人的庇護下，僅受到了較輕的警告處分，而且仍當選中央執委。不久，廣東大學改組成中山大學，戴季陶獲任命爲教授。在蔣介石再三敦請下，他才南下廣州，但又因身體欠佳，前往香港療養。

戴季陶從香港返回上海不久，即應蔣介石之邀上了廬山，從此開始追隨蔣介石，成了其重要

的謀士。蔣介石之所以對戴季陶如此厚愛，主要是「戴季陶主義」與蔣介石反共的思想體系十分契合。當蔣介石發動「反革命」政變、建立蔣家王朝時，「戴季陶主義」無疑成了為之吶喊助威的官方哲學。可以說，戴季陶為蔣氏政權「建立綱紀」而呼號，蔣氏政權則汲取他的理論重構為所謂「力行哲學」。兩者之間的各取所需，使得蔣介石與戴季陶在之後的幾十年內建立起非同尋常的友誼。

1927年，蔣介石委派戴季陶擔任國民黨政府代表赴日，謀求日本政府對蔣介石的諒解與合作，為日後共同反俄反共做準備。

1928年8月，國民黨召開第二屆五中全會，蔣介石改組中央執委，戴季陶是七名常委之一。10月10日，國民黨政府行政、立法、司法、監察、考試五院正副院長在南京舉行就職典禮，戴季陶出任考試院院長。自此，他擔任該職長達二十年。

「九一八」事變後，國民黨政府設立了「特種外交委員會」，專門負責制定對日政策。戴季陶被任命為委員長。他秉承蔣介石的旨意，對日妥協，推行不抵抗政策。國民黨遭到社會各界愛國之士強烈譴責的「攘外必先安內」的方針，就是由他一手主導的。

1948年，戴季陶因患嚴重的心臟病和神經衰弱，身體每況愈下，只得辭去考試院院長職務，改任國史館館長度其垂暮之年。

後人評述：戴季陶歷來多愁善感，「常懷悲天憫人之心，時有厭世離俗之念，既想超然人世，卻又不斷介入政治，成了一個具有悲劇性格

▼1946年12月31日，蔣介石（右一）與五院院長戴季陶（右三）、于右任（左一）等在審視憲法。

的人物」。同時，他長期為疾病所困，行徑舉止頗多異於常人，例如他曾在《天鐸報》上發表過一篇小說《子規啼》，將一位羈旅他鄉的才子與淪落風塵的佳人之間的羅曼史寫得纏綿悱惻，「竟自落淚」。在中山大學擔任校長時，因聽說學生沉迷於考證民間傳說孟姜女哭長城眞偽而痛心疾首，當著學生的面便大哭起來。1922年，他受孫中山委派去四川聯絡川軍以抗擊陳炯明叛軍。一路舟行勞頓的他，得知川軍即開內戰，十分焦慮，神經衰弱加重，數夜不能眠。船抵漢口江面，他在恍惚中投江自盡，被漁民救起。在四川見到母親時，母子倆抱頭痛哭。自此，戴季陶開始隨母信佛，思想逐變消極、保守。國民黨「二大」後，他去香港療養，因心情煩躁，病情加重，途中幾次伺機跳海，護送人又哄又勸，不敢離開半步。戴季陶整日囈語不斷，自稱夜間行舟，四處茫茫，時顯絕望之感。

1948年底，國民黨風雨飄搖，敗局已定。跟隨了蔣介石幾十年的戴季陶感到前途渺茫，惶惶不可終日。11月13日，蔣介石的國策顧問、戴季陶的文場好友陳布雷自殺。戴季陶支撐病體到陳的寓所弔唁，一進門就在陳布雷的床前大號：「啊！布雷，布雷，我跟你去；我跟你去，人生總有一死，我的心已死了……」

三個月後，「人民解放戰爭」三大戰役大獲全勝，戴氏「主義」美夢徹底破滅。病入膏肓的戴季陶萬念俱灰，果然步上陳布雷的後塵，於1949年2月11日晚在廣州醫院吞食大量安眠藥自殺。蔣介石得知戴季陶的死訊，甚為悲痛，下令舉行國葬。後由戴氏之子戴安國扶靈返至四川，

成都西郊棗子巷。

4　　　5　　　7
戴　　季　　陶

「我六十七歲了，幹了一輩子，連間一百平方公尺的房子都不能有嗎？」

——貝赫戈瓦

貝 赫 戈 瓦

Pierre
Bɑrɑgovoy

(1 9 2 5 - 1 9 9 3)

法國前總理兼國防部長。
生於法國塞納濱海省。早年當過鉗
工，後來加入法國社會黨。在法國政
界要人中，他是少有的「自學成才」
者。1981年，密特朗當選總統後，他
被任命為總統府秘書長，日後歷任社
會黨政府的社會事務部長和主管經
濟、財政的國務部長等職。1992年4月
起擔任總理，兼任國防部長，1993年3
月，法國社會黨在國民議會選舉中慘
敗，他失去總理職務，但仍當選國會
議員，並繼續擔任納韋爾市市長。

1993年5月1日下午6時20分左右，法國東南部涅夫勒省（Ni vre）納韋爾市（Nevers）附近羅亞爾河畔的一條渠邊，一輛小車緩緩停了下來。法國前總理、現任法國國會議員兼納韋爾市市長的貝赫戈瓦，要求警衛與司機先下車去，說他想獨自在車裡待一會兒。兩人下車後不久，貝赫戈瓦也從車上走了下來。這裡是他和妻子吉爾貝特常來散步的地方，觸景生情，總能喚起他對人生不少美好的回憶。

警衛勒斯帕仔細打量著四周，專注地履行自己的職責。他原是總理府負責官方旅行的警衛人員，貝赫戈瓦離開總理府後，像歷任總理一樣，可以保有三名警衛，他點名要了勒斯帕。這次貝赫戈瓦從巴黎來納韋爾市度週末，也只帶了這位貼身警衛。

貝赫戈瓦走了幾步後停了下來，對勒斯帕和司機說想一個人靜靜地散一會兒步，請他們坐車去別處「轉一圈」，過幾分鐘再來接他。勒斯帕深知上司的脾氣，便與司機遵命而去。

看到座車逐漸消失，貝赫戈瓦隨即進入了一片草叢，從懷中掏出一支手槍舉向頭部。一聲清脆的槍聲掠過曠野後，四周又漸漸恢復了沉寂。

十分鐘後，勒斯帕與司機驅車回來接他，卻不見他的人影。勒斯帕頓時慌了手腳，因為按照慣例，警衛上車後應卸下武器，於是他稍早時把手槍放在車前的雜物箱內。此刻，警衛的直覺促使他察看雜物箱，果真手槍不見了。二人立即四處尋找，最後在渠邊的草叢裡發現貝赫戈瓦已倒在血泊中。他朝自己的頭部開了一槍，子彈穿過太陽穴，而自殺的工具正是警衛的那支手槍。

勒斯帕趕緊到車上打電話，突然發現電話線已被切斷，無疑是貝赫戈瓦的事先所為。

　　他只好跑到最近一家住戶打電話報警。救護人員很快趕到，在現場做了急救處理後，立即把處於昏迷狀態的貝赫戈瓦送進納韋爾醫院。醫生從技術角度考量後，決定用直升機把貝赫戈瓦送往巴黎。雖然只有兩百公里的飛行航程，可是因貝赫戈瓦傷勢太重，巴黎時間22點15分時，他在直升機上停止了呼吸。在巴黎瓦爾德格拉斯軍醫院裡等候的法國總統密特朗（François Mittérand）、總理巴拉杜（Edouard Balladur）、貝赫戈瓦夫人，以及聞訊趕來的數百名新聞記者和平民百姓，最後接到的是貝赫戈瓦的屍體。

　　經過多年奮鬥，貝赫戈瓦由一個普通鉗工成為入主總理府馬提紐宮（Hotel Matignon）的政府顯貴，已經書寫了大半輩人生的輝煌篇章，為何會在功成名就時選擇自殺？由於貝赫戈瓦未留下遺書，而且在自殺的當天，沒有改變任何既定的行程安排，先後參加了「五一」集會，接見了工會領導人，甚至在自殺前一小時還為當地的自行車賽獲獎者授獎，與熟人打招呼與微笑握手，顯得平靜坦然，並沒有表現出任何精神崩潰的症狀。因此，他這種突如其來又極帶神秘的死因，為人們帶來了種種分析與猜測。

　　貝赫戈瓦自殺後的接連幾天裡，法國政界與輿論界對此事評論達到高潮，雖眾說紛紜，但對其死因的分析逐漸集中在以下三方面：

　　首先是這年三月舉行的法國國會選舉中，社會黨的慘敗給他很大的打擊。貝赫戈瓦身為密特朗總統的親信，是在距離議會選舉僅剩十個來月

時才被任命為總理的。時間極短，但擔子很重：必須重振經濟和提高社會黨威信，以贏得國會選舉。但當時社會黨因總書記法比尤斯（Laurent Fabius）被輸血案（外國血液輸入染發愛滋病）搞得焦頭爛額，幾乎已處於群龍無首的狀態，社會黨政府先前對人民的承諾愈來愈難以兌現。貝赫戈瓦竭盡全力慘澹經營支撐了十多個月，結果卻是以社會黨的慘敗告終。在這次國會選舉中，社會黨只獲得五百七十七個席次中的七十席，因此失去了組閣的權力。在法國政治舞台稱霸多年的社會黨終於落到這般田地，印證了前總統季斯卡（Valery Giscard d'Estaing）所言：「這場選舉標誌著社會黨統治的結束。」

只當了不到一年「短命總理」的貝赫戈瓦，因為身為社會黨競選活動的領導者卻無力回天，在自己任上丟掉了總理寶座，一方面深深自責，憂心如焚，充滿罪惡感；另一方面，又受到黨內外的攻擊，尤其是黨內種種流言蜚語，許多人要他為社會黨的失敗負責。這種不近人情的指責為他的精神帶來極大壓力。

其次，貝赫戈瓦原本十分自信在他主導了十多個月中的經濟政策下，已在抑制通貨膨脹、保持法郎走勢上做出相當的成績。例如，他為了「挽救本國軍火工業、減少失業」，甘冒與中國惡化關係的危險，堅持對台灣出售六十架幻象2000-5型戰鬥機就是一例，可謂煞盡心機，使出渾身解數。但是右翼的新政府則認為，貝赫戈瓦政府使法國經濟陷入的困境遠比人們瞭解的還要嚴重得多，包括政府赤字、失業人口、經濟嚴重衰退等各方面，因此揚言要將真實情況公諸於世。貝赫

戈瓦被描繪成無所作為又使「法國陷入困境」的罪人。勝者為王，敗者為寇，下台的貝赫戈瓦雖無法接受這一事實，但又無奈於敵手咄咄逼人的全盤否定與窮追猛打，這種責難與中傷像一把把利劍刺痛了他自信的心。

第三則是最使他自尊心受到傷害的「百萬法郎貸款」事件。社會黨執政先後十餘年，醜聞接連不斷，但貝赫戈瓦一直被譽為社會黨內唯一一名「乾淨」的領導人。然而，就在1993年2月，國會選舉活動處於高潮、貝雷戈瓦全力以赴投入競選時，法國一家專門披露內幕新聞的報紙《鴨鳴報》（Le Canard Enchaine）卻披露了一則驚人消息：1986年，貝赫戈瓦以無息的條件接受了企業家佩拉（Roger-Patrice Pelat）的一百萬法郎貸款，買下位於巴黎第十六區一間面積一百平方公尺的住宅。沒有任何證據能證明貝赫戈瓦已經償還這筆貸款，貝赫戈瓦因此有受賄嫌疑。《鴨鳴報》聲言消息是來自「佩拉醜聞」一案的審理，證據確鑿，不容抵賴。

佩拉是總統密特朗的密友。在貝赫戈瓦任財政部長時，佩拉曾神秘地得到法國一家公司將與美國公司合併的消息，於是先大量購入再大筆拋售該公司的股票，一進一出讓佩拉賺取數百萬法郎。醜聞披露後，貝赫戈瓦的辦公室主任被迫辭職並被追究法律責任。法庭在調查此一案件時，發現了貝赫戈瓦曾向佩拉借一百萬法郎的證據。《鴨鳴報》正是利用此事大作文章。

貝赫戈瓦涉嫌受賄的消息傳出，法國社會一陣嘩然，反對派趁機口誅筆伐，窮追猛打。貝赫戈瓦毫不示弱，立即反擊，表示貸款是透過經紀

人辦理的，並向稅務部門申報過，合乎法律程續，因此「毫無可議之處」。他同時強調，在1986年，他不過是個在野黨議員，向他行賄沒有意義。當新聞界向他提出辭職問題時，他聲稱不可能，但他承認，報上攻擊他的文章，使他感到非常痛苦。

輿論焦點逐漸集中到貸款的償還問題，對此，貝赫戈瓦作了如下說明：從1986年起到1989年間，他以有收藏價值的舊書、舊家具和工藝品做抵償還了五十萬，餘下的五十萬已於1992年底以支票一次付清。但新聞界不滿意這種解釋，仍窮追不捨，認為貝赫戈瓦出身貧寒，也從未對藝術品表現過興趣，價值甚高的舊書、舊家具、工藝品從何而來？事實證明，輿論的導向仍發揮了作用。在貝赫戈瓦發表競選演說時，有人哄他、噓他，嘲諷地對他喊：「貝赫，你沒有一百萬！」也有標語牌上寫著「百分之零」。這對從當鉗工起就開始為爭取社會公正而鬥爭、當總理後的第一件事就是打擊腐敗的貝赫戈瓦來說，簡直是奇恥大辱。他私下不無委屈地抱怨：「我六十七歲了，幹了一輩子，連間一百平方公尺的房子都不能有嗎？」

貝赫戈瓦身邊的人後來回憶說，「百萬法郎貸款」事件後，貝赫戈瓦表面上強顏歡笑，心裡卻淒苦難言。他以為自己一生清白，現在名譽受到誹謗，有口難辯，遭受不白之冤，真是人言可畏。尤其是在法國民眾拋棄標榜崇尚社會主義的社會黨後，他更認為是自己的形象對黨造成了損害，因此心緒日益消沉。離開總理府後，貝赫戈瓦迴避新聞界，在家閉門不出。除了必須參加的

議會會議外，他漸不在公眾面前露面，就連社會黨內吵得不可開交時，他也一言不發。遇上推不掉的公開場合，他總是強打起笑臉，儘量保持坦然、自我感覺良好的形象。視名譽爲生命的貝赫戈瓦，這一事件的打擊是異常沉重的。

面對這充滿爭鬥的世界，貝赫戈瓦感到很難找到平靜與安慰。一連串的打擊，終於使貝赫戈瓦不能自己地走上了絕路。

值得玩味的是，貝赫戈瓦去世後，無論是左派或右派，無論是他的朋友還是敵人，都表現得十分寬容。他們在震驚之餘，紛紛發表談話，稱讚貝赫戈瓦是位傑出的政治家，忠誠、勇敢，在位期間頗有建樹，爲維護法郎、發展法國經濟做出了重大貢獻，功不可沒。可惜的是，貝赫戈瓦聽不到這些讚譽了。也許這正是他希望透過死亡得到的結果？但活著的人或許可以從中思索問自己：難道只有以生命作代價，人才能換得世間的善意嗎？

後記

　　萌發寫作這本書的念頭是在1992年初，當時我正在從事人才研究工作。在蒐集的資料中，我發現中外名人中有一些是在功成名就、事業如日中天時突然自行辭世的，這使我感到了某些迷惑。儘管他們的自絕原因各有不同，但他們中不少人，如拉法格、馬雅可夫斯基、朱湘、老舍等過早離世，對社會、對某項事業或某個領域是不可彌補的損失。在現今，如何瞭解、關心、幫助、挽救那些自認陷入絕望而又不該絕望的人，應該是人們值得思考的問題。這是對社會的負責，也是對歷史的負責。基於這個出發點，我動了蒐集與整理這方面情況的興趣。

　　要尋覓這些名人的人生軌跡，找出他們自絕的原因，這就必須擁有大量的資料。為此，從1992年夏天開始，我把大部分業餘時間花在這些資料的蒐集、整理和本書的寫作上。有時為了訂正某位名人的生辰年月或是從某個事件的不同說法中理出合理性觀點，往往要耗費數天乃至數星期的時間。目的無非是為了使這本書的真實性、歷史性、史料性得到保證。

　　本書的部分篇章曾在《東方時報》、《人才導報》、《三湘都市報》、《長沙論壇》、《長沙社科》等報刊發表。成書由中國社會出版社出版發行，並獲長沙市第三屆優秀社會科學成果獎。這次本書修訂再版，承蒙汪立康先生題寫書名，劉耀傑先生欣然作序，在此深表謝意！（編按：本書簡體中文版原書名《人生苦旅》，由岳麓書

社出版）本書在編著過程中，參考或引用了一些
資料，因篇幅有限未能一一列出，在此予以說明
並順致謝忱！

李多山
2002年7月於長沙雅廬

參考書目

《簡明不列顛百科全書》
吉布尼主編，中國大百科全書出版社

《中國大百科全書》
胡喬木主編，中國大百科全書出版社

《名人之死全鑑》
余百戰主編，改革出版社

《敗鑑》
宋衛忠主編，中國物資出版社

《自殺論》
迪爾凱姆著，馮韻文譯，商務印書館

《自殺與文化》
布施豐正著，馬利聯譯，文化藝術出版社

《自殺的藝術家》
許明善著，北方文藝出版社

《中外名人之死》
潘興軍編著，廣西民族出版社

《中外名人自殺之謎》
劉勁生等編著，四川辭書出版社

《世界文豪自殺之謎》
周淑蘭、林玉和著，團結出版社

《世界著名作家自殺心理探祕》
鮑維娜著，陝西旅遊出版社

《世界傳記名著鑑賞詞典》
宗河主編，中國工人出版社

《世界通史》（圖文版）
張延玲、隆仁主編，南方出版社

《名人傳記大觀》
李松晨主編，當代中國出版社

《外國名作家傳》
張英倫等主編，中國社會科學出版社

《中華歷史三百名人故事》
周紅主編，福建少兒出版社

《圖片百年中國史》
張筱強主編，山東畫報出版社

《中國電影發展史》
程季華主編，中國電影出版社

《中國現代名人蒙冤錄》
石翔主編，吉林人民出版社

《「文化大革命」中的名人之死》
李永主編，中央民族學院出版社

《非正常死亡》
子西、葉紫、文塋編，北京師範學院出版社

《陳天華》
湖南人民出版社

《王國維之死》
羅繼祖主編，廣東教育出版社

《悲情詩人朱湘》
丁瑞根著，花山文藝出版社

《影星英茵的自殺真相》
馬佩著，《傳記文學》9/94

《國民黨理論家戴季陶》
范小方等著，河南人民出版社

《靈魂之路——顧城的一生》
江熙、萬象著，中國人事出版社

《難忘徐遲》
周明、向前主編，上海書店出版社

《梵谷自傳》
梵谷著，湖南文藝出版社

《拉法格傳》
李興耕著，人民出版社

《馬背上的水手——傑克·倫敦傳》
歐文·斯通著，董秋斯譯，山西高校聯合出版社

《葉賽寧傳》

王守仁著，湖南文藝出版社

《羅生門》
芥川龍之介著，樓適夷等譯，譯林出版社

《莫斯科三次公開審判》
康春林編著，中國社會科學出版社

《佛吉尼亞·吳爾夫傳》
易曉明著，中國文聯出版社

《自殺的女詩人》
阿·茨維塔耶娃著，陳耀球譯，灕江出版社

《茨威格小說全集》
高中甫主編，西安出版社

《維榮的妻子》
太宰治著，張嘉林譯，上海譯文出版社

《迷惘者的一生——海明威傳》
貝克著，林基海譯，湖南人民出版社

《瑪麗蓮·夢露之謎》
鍾磊磊、魏寧編譯，中國世界語出版社

《回憶西爾維亞·普拉斯》
阿爾瓦雷斯著，楊自伍譯，《外國文藝》5/88

《三島由紀夫傳》
唐月梅著，作家出版社

《川端康成》
進藤純孝著，何乃英譯，中央編譯出版社

《法國龔固爾文學獎作品選集》總序
柳鳴九著，北京師範大學出版社

國家圖書館出版品預行編目資料

選擇自殺：中外名人的人生苦旅／李冬山編
著. ―― 初版―― 臺北市：三言社出版：城邦
文化發行，2004〔民93〕
　面：　　公分
ISBN 986-7581-08-3

1. 世界傳記

781.05　　　　　　　　　　　93007449

選 擇 自 殺
中外名人的人生苦旅

作　　　者／李冬山

總　編　輯／劉麗真
主　　　編／陳逸瑛
責 任 編 輯／何維民
美 術 設 計／沈佳德

發　行　人／蘇拾平
出　　　版／三言社
　　　　　　台北市信義路二段213號11樓
　　　　　　電話：（02）2356-0933 傳真：（02）2356-0914
發　　　行／城邦文化事業股份有限公司
　　　　　　台北市民生東路二段141號2樓
　　　　　　電話：（02）2500-0888 傳真：（02）2500-1938
　　　　　　郵撥帳號：1896600-4 城邦文化事業股份有限公司
　　　　　　城邦網址：http://www.cite.com.tw
　　　　　　E-mail：service@cite.com.tw

香港發行所／城邦（香港）出版集團
　　　　　　香港北角英皇道310號雲華大廈4/F 504室
　　　　　　電話：25086231 傳真：25789337

馬新發行所／城邦（馬新）出版集團
　　　　　　Cite（M）Sdn.Bhd.（458372U）
　　　　　　11, Jalan 30D/146, Desa Tasik, Sungai Besi,
　　　　　　57000 Kuala Lumpur, Malaysia
　　　　　　電話：（603）90563833 傳真：（603）90562833

■初版一刷／ 2004年5月18日

版權所有・翻印必究（Printed in Taiwan）
ISBN 986-7581-08-3

定價：299元

《選擇自殺－中外名人的人生苦旅》繁體中文版，由岳麓書社正式授權三言社出版